高等职业教育规划教材

高职生职业生涯规划

主　审　应金萍
主　编　任一波
副主编　庄朝霞　张　军
　　　　李可依　郭瑞涛

電子工業出版社
Publishing House of Electronics Industry
北京 • BEIJING

内容简介

本书共分4章13个模块，内容包括绪论、自我探索、职业环境探索和职业决策等，在广泛吸收国内外同行最新研究成果的基础上，较好地实现了职业生涯规划理论探讨与实践指导的有机结合。本书在介绍理论的同时更注重实际操作性，通过引入大量鲜活的高职生实际案例让学生对职业生涯规划形成更感性的认识。通过对高职生职业生涯规划相关知识的讲解，力图激发高职生职业生涯发展的自主意识，引导高职生树立正确的就业观，促使高职生理性地规划自身未来的发展，并努力在学习过程中自觉地提高就业能力和生涯管理能力。

本书体例新颖，内容翔实，结构严谨，具有针对性、实用性、科学性、前瞻性等显著特色。本书为高职生职业生涯规划的理论研究和实践指导提供了资讯，既可作为各类高职院校开设职业生涯规划与就业指导课程的教材，也可作为从事职业生涯教育的指导人员和其他择业人员的职业培训教材和自学参考用书。

图书在版编目（CIP）数据

高职生职业生涯规划 / 任一波主编. —北京：电子工业出版社，2012.5
高等职业教育规划教材
ISBN 978-7-121-16858-1
Ⅰ. ①高…　Ⅱ. ①任…　Ⅲ. ①职业选择—高等职业教育—教材　Ⅳ. ①G717.38

中国版本图书馆CIP数据核字（2012）第077591号

策划编辑：吕　迈　　责任编辑：夏平飞　　特约编辑：郭茂威
印　　刷：北京虎彩文化传播有限公司
装　　订：北京虎彩文化传播有限公司
出版发行：电子工业出版社
　　　　　北京市海淀区万寿路173信箱　邮编：100036
开　　本：880×1 230　1/32　印张：9.125　字数：263千字
版　　次：2012年5月第1版
印　　次：2022年11月第9次印刷
定　　价：33.00元

凡所购买电子工业出版社图书有缺损问题，请向购买书店调换。若书店售缺，请与本社发行部联系，联系及邮购电话：（010）88254888，88258888。

质量投诉请发邮件至zlts@phei.com.cn，盗版侵权举报请发邮件至dbqq@phei.com.cn。

本书咨询联系方式：（010）88254569，xuehq@phei.com.cn，QQ1140210769。

序

走进大学一切都是新的：新的环境、新的生活、新的目标、新的感觉、新的挑战。然而，同学们可曾想过，已经到来的大学生活将如何度过，毕业时又将以怎样的姿态去面对社会的挑战，未来又将如何实现自己的人生价值。对于眼下的高职生活和走向社会后的职业生涯更需要我们自己去设计和构思！《礼记·中庸》中有云："凡事预则立，不预则废。"人的一生如果没有一种规划和长远发展的战略思考，那就只能随性而为。随机而动，把自己的未来和命运建立在不可捉摸的偶然性上，每天生活在茫然而又没有目标的生活之中。做任何事情都要有明确的计划与准备，否则难以收到良好的结果，大学生活也同样如此。

面对严峻的就业压力，如果高职生希望在毕业时能有一个好的选择，在未来职业生涯中充分体现自我价值，就应该尽早地进行职业生涯规划，合理安排好高职三年的学习、生活、工作，避免学习的盲目性和被动性，并确定未来职业发展方向和实施策略，使其在大学期间和以后的人生发展道路中少走弯路。职业发展是人生全面发展的一部分，职业生涯开发与管理的根本目的就是为了人的全面发展。所以进行高职生职业生涯规划，是高职新生最先行、最基础的一项工作，也是我们高职生实现职业理想和职业目标的关键一环。

人生需要规划，只有规划了的人生才会闪烁出更加理性的光芒。我们今天站在哪里并不重要，但是我们下一步迈向哪里却很重要；我们可以不知道今后做成什么，但必须知道我们能做什么；我们不仅要知道应该做什么，而且还要知道不该做什么。一旦确立了人生目标，我们就必须时刻保持一颗进取之心，在人生轨迹上奋力追梦。那么，人生的成功也许就不再是一件难事而遥不可及。

此书是关于高职生职业生涯规划的指导性教材，帮助高职学生了解职业规划的有关知识与实践方法，以便同学们结合自身实际设计出自我奋斗的人生轨迹。但愿本书能给同学们的人生之旅带来警策与启迪，能使各位同学的大学生活和职业生涯变得丰富而精彩！此书具有很强的现实针对性，写得很实在。参与编写的人员都有多年从事高职学生工作和职业指导工作的经验，深知高职生职业生涯规划的关键点、重点、难点和疑点之所在。同时，此书语言简练流畅，内容丰富，案例贴近实际，结构合理，可读性强。此书力求理论与实践相结合，现实和未来相结合，个人的职业发展规划、前途命运与社会、国家和民族的发展相结合。既强调职业在人生发展中的重要地位，又关注学生的全面发展和终身发展，同时也对高职生职业生涯规划的方法进行指导。

希望本书能够激发高职生职业生涯规划的自主意识，树立正确的就业观，促使高职生理性地规划自身未来的发展，并努力在学习过程中自觉地提高就业能力和职业生涯管理能力，以及职业发展与生活管理能力，承担起社会责任，真正成为国家和民族的栋梁之才。

本书的编写与出版，是学校就业工作的重要成果，必将为实现毕业生充分就业和高质量就业、开创学校就业创业工作新局面发挥重要作用。同时，也希望通过此书，加强与兄弟院校之间的交流，为培养一批职业化、专家化的高职生职业指导队伍作出贡献。

是为序。

蔡泽伟

浙江工商职业技术学院党委书记

2012 年 2 月 7 日

前言

高职短短的三年，不同的学习、生活方式能勾画出不同的大学生活曲线，并对以后人生道路的铺设产生深远的影响。高职生在跨入大学校门时，都站在同一条起跑线上，但几年以后，彼此之间却呈现出很大差异，造成这种差异的本质原因就是“规划”。高职生职业生涯教育已经引起有关方面极大的重视，然而职业生涯规划不能仅仅就职业谈职业，而是要从根本上认识到职业规划、职业生涯规划必须根植于生涯规划之中，职业生涯规划只是人生规划的一部分。

随着职业生涯规划的深入人心，越来越多的院校正在探讨如何更有效地给高职生提供职业生涯辅导，一些院校建立了职业生涯规划中心、职业生涯辅导咨询室以及专职与兼职相结合的辅导咨询队伍，开展职业生涯辅导讲座，甚至还开设了“大学生职业生涯规划”课程。浙江工商职业技术学院于 2004 年开始，坚持从学生入学的第一学期开设职业生涯辅导讲座，研讨及开展高职院校学生职业生涯设计活动等。在实践过程中，我们深感需要一本适应高职生所用的职业生涯辅导教材。筹划编写适合高职生的职业生涯规划教材，既符合教育部关于《大学生职业发展与就业指导课程教育要求》的文件精神，也是广大教师做好高职生职业生涯教育的迫切要求。正是基于适应时需的考虑，我们组织编写了本书。全书从高职生职业生涯辅导出发，以高职学生个体为考察对象，以职业生涯发展进程为逻辑过程，向高职生介绍职业生涯规划的基本观念、基本概念、基本理论和基本方法。

本书的直接读者是高职学生群体，高职生可以从本书中得到具体的职业生涯指导。我们的出发点在于对高职学生进行终生规划，把大学学习、职业寻找乃至求职创业都纳入到生涯规划中去，使我们了解专业、了解自己、了解职业要求和了解就业形势。目的是引导高职学生确立人生目标、选择职业角色、寻求最佳发展途径，合理规划自己的职业生涯，增强自身的综合素质。《高职生职业生涯规划》是具有较强的针对性和实践性的应用型教材。以“精理论，强实践；精基础，强应用”为本教材编写的指导思想，紧紧围绕高职院校培养“高技能应用型人才”的目标，坚持“必需和够用”的原则，有效地把握教材内容的深度与广度。

本书对职业生涯管理的基础理论与方法进行了介绍，希望能够帮助高职生建立职业生涯管理理念，并把理论与实践、量表测试与技巧、案例分析与讨论等内容相结合，使读者不仅能够学习和掌握职业生涯管理的理论知识，更重要的是借此培养高职学生所必备的职业生涯开发与管理技能，从而帮助学生从人生发展的层面上树立正确的职业理想和择业观念，让学生对个人职业生涯早做规划，做好设计。本书结合许多实际典型案例，每章配合具体的案例、相关知识链接等形象化的素材，增强本教材的可读性。本书既可以作为高职院校学生职业生涯规划的教材，也可作为职业生涯指导工作人员及其他择业人员的培训教材和自学参考用书。

参与本书编写的人员均为浙江工商职业技术学院教师，一部分是从事职业生涯发展教育教学的教师，一部分则是长期从事高职生职业生涯辅导的辅导员老师。全书共分 4 章 13 个模块，由任一波副教授担任主编，并负责全书的统稿工作，由庄朝霞、张军、李可依和郭瑞涛担任副主编，由应金萍教授担任主审。具体分工如下：任一波（前言、第 4 章模块十、十一、十二），庄朝霞（第 2 章模块六、七），张军（第 3 章模块八、第 4 章模块十三），李可依（第 3 章模块九），郭瑞涛（第 2 章模块四、五），邓会（第 1 章模块一、二），马淑君（第 4 章模块十），郭璇（第 4 章模块十二）、阳勇（第 1 章模块三）。

编写《高职生职业生涯规划》的工作，时间紧，任务重，但参加编写的同志虚心钻研，团结合作。有的同志因篇章体系调整更改，第二稿修改时，几乎全章重写，毫无怨言，为的是对读者负责，精益求精，令人钦佩。同时，在本书的编写过程中，韩包海、徐隽、方程和贾辉等老师对本书提出了许多宝贵意见和建议，谨此表示衷心感谢。

本书在编写过程中，在强调其理论性、系统性和实用性基础上，借鉴、参考和引用了大量文献资料，限于篇幅，只列出了主要参考文献，对相关的论文和著作未能一一列出，谨此向有关作者和出版单位表示衷心感谢。但限于编写时间和水平，所选案例不一定理想和恰当，书中难免有错误和不足之处，敬请各位专家、同行及广大读者批评指正。

编　者

2011 年 12 月

目　录

第1章 绪论

学习目标

- 学习和了解职业、职业生涯、职业生涯规划的基本含义及相关内容。
- 深刻理解制定职业生涯规划的必要性。
- 掌握制定职业生涯规划的步骤与方法。

模块一　什么是职业生涯规划

一、模块目标

通过学习，初步建立职业意识、职业生涯意识，对职业生涯规划有一定的认识。

二、模块内容

主题 1：职业与职业生涯

教学目标：了解职业的基本含义、特点，职业对个人的作用和社会的功能，职业分类的方法。了解职业生涯的含义，掌握影响职业生涯的基本因素。了解职业生涯发展阶段。

主题 2：什么是职业生涯规划

教学目标：了解职业生涯规划的概念、特征，初步建立职业生涯规划意识。

主题 1 职业与职业生涯

案例 1–1

张成是某大学新闻专业毕业生，在谈及求职经历时，他满脸愤懑而又无奈。他说："我是名牌大学新闻系的毕业生。在读书期间对未来职业充满了美好遐想，希望毕业后能分配到大的新闻单位，能够跑遍世界各地，同各国首脑交谈，能发表震惊世界的新闻，渴望自己成为著名的新闻记者，没想到最后'记者梦'破灭，进了个私企，做了一名市场营销人员。心理一直不平衡，感到很压抑。"

点评

张成的经历每年在很多高职生身上重复上演，从他们的实际情况来看，明显地表现出职业意识不成熟，对职业生涯缺乏深刻的认识。一方面对未来职业（新闻记者）缺乏全面了解，不知道现实生活中的新闻工作是怎样的，只看到记者采访时花团锦簇，而未看到这条道路荆棘坎坷，甚至会有生命危险；另一方面自己缺乏适应未来职业的能力，缺乏对未来职业的准备。出现这种局面，与是否及早建立职业意识有密切的关系。

一、职业

1. 职业的定义

职业的产生和发展变化源于生产力和社会分工的发展，同时社会因素对职业的影响也不可忽视。对于职业的含义，学者们有着不同的看法，概括起来看，主要从社会学和经济学意义上进行了界定。所谓职业是指人们相对稳定从事的有一定专门职能的有酬工作，是在从事某项有酬工作中获得的社会角色。

根据这一定义，职业至少包含以下几个方面的含义。第一，职业是指有一定专门职能的工作。它是随着社会分工的产生而出现的，社会生产力越发展，社会分工就越细，职业的门类就越多，提供人们选择的机会就会越多。第二，职业体现了人们从事某种专业活动担当的角色。各种不同的职业使人们扮演了不同的社会角色，而不同的社会角色承担着不同的社会责任。第三，职业活动是人们创造社会价值或经济价值的活动并从创造的价值中取得自己应得到的报酬。因此，根据这一特点，不创造价值的活动不能称之为职业活动。第四，职业活动具有长期性、连续性、稳定性、知识性、技术性和规范性。短期行为不能称为职业活动。第五，职业是个人在社会劳动体系中从事的有酬活动，因此职业活动的过程是在整个社会大环境中进行的，体现了为社会提供有益服务的特点。总之，无论从社会发展角度上还是从个人发展角度上来说，职业是人们在社会分工情况下从事的社会劳动，它是一种经济现象与文化现象的统一体，是人们生活方式、经济状况、文化水平、行为模式、社会地位的综合反映，从本质上反映了人与社会的关系。

2. 职业的特征

固定的按照职业要求从事某种职业活动，我们称之为担任了相应的职业角色，如工人、商人、教师、公务员等。不同的职业角色有着不同的职业特点及对于人的素质要求，比如律师、教师等职业活动要求有较高的科学文化知识及适应职业要求的基本素质。因为职业具有明显的社会性，所以无论从事怎样的职业活动都体现了人的一种社会角色或职业角色，多种多样的职业角色分布在社会的不同领域，各自在职业活动中充分体现了职业的社会属性，职业与职业之间、职业与人之间、人与人之间交织为一种社会关系，在职业活动中表现出了属于职业本身的多种特征。

（1）基础性

职业是个人与社会存在和发展的基础，因为职业给人们解决了生活的经济来源问题。人们为了生存，必须从事职业活动，人们的各种活动大多建立在职业的基础上，“衣食足而知荣辱”，有了职业活动，才有其他一切社会生活的基础。

进一步说，人类社会的各种文明，大多建立在职业分工、分化、分类即职业范畴进步的基础上。人类有了农业，有了农民，就能够利用自然界提供长久的生存资料；人类有了手工业、机器大工业，有了工人，就能够创造品种丰富的、数量巨大的、甚至是无穷无尽的生活资料和生产资料；人类有了第三产业，有了各种服务性劳动者和管理人员、科学家、艺术家等脑力劳动者，使得人类社会更加丰富多彩。

（2）同一性

某一类别的职业内部，其劳动条件、工作对象、生产工具、操作内容、人际关系等都是相同或相似的。由于情景的同一，人们就会形成相同或相似的行为模式和劳动、生活习惯，有共同的职业体验，以及共同的语言习惯和道德规范等。进而，也就有可能有着共同的价值取向和对生活的理解，共同的对职业的感悟。正是因为这些特性，才有可能更多地强化行业的管理，促进行业的发展，为行业的联合创造了条件，因而形成了诸如行业工会、行业联合体、职业联谊会、协会等社会组织。

（3）差异性

不同职业之间可能有着巨大的差异，这些差异包括职业劳动的内容、职业的社会心理、从业者个人的行为模式等。一般来说，人类社会作为一个有机体，必然存在分工，存在多种多样的职业。古时世上是“三百六十行”，就是说职业种类的繁多。现代社会有着多达几千至上万种职业，各类职业之间大相径庭，隔行如隔山。职业的这种差异导致了不同职业者的不同社会人格，以及人与职业转换中的矛盾和困难。随着社会分工的细化、技术的进步、经济结构的变动和社会的发展，新职业不断产生，其数量要大于被淘汰的旧职业。当今社会，职业差异还在继续加大。

（4）区域性

职业分布的区域性特征主要表现在自然环境的差异、城乡区别、经济发展的不平衡等因素造成的职业分布上的差异。比如，草原地区畜牧业类的职业密集，大学教师的职业大多集中在大中城市，文教、科研和公务员之类的职业在城市的密度较大，而在农村的密度较小，在经济发达的城市，从事经济职业活动的密度就大，在经济、文化、教育、金融中心城市，相应类型的职业就比较普通。

（5）层次性

尽管从社会需要的角度来看，职业之间不必区分重要与否，或者说没有“高低贵贱”的等级性，但现实社会中，人们对不同职业的评价的确存在着差别，把众多的社会职业区分为不同的层次。这种职业评价的层次性，根源于不同职业的体力、脑力付出不同和工作复杂程度的不同，以及工作的轻松性、教育资格条件、在工作组织权力结构中的地位、工作的自主权、收入水平、社会声望等方面的差异。

（6）时代性

职业的时代性有两个含义：一是职业随着时代的变化而变化，一部分新职业产生，替代一部分过时的职业；二是每一个社会都有自己的“时尚”，它表现为该社会中人们所热衷的职业。例如，十年“文革”期间，知识分子被视为“臭老九”，受到责难；粉碎“四人帮”以后，大家都追求上大学，当工程师、科学家；改革开放以来，人们转而注重第三产业的职业，不少青年人把从事商业经营、饭店管理当做最可心的工作等。

3. 职业的功能

（1）职业的个人功能

职业既是人的一种社会活动和生活方式，又是人的一种经济行为，是人们从社会中牟取各种利益的资源，它对每一个人都极为重要。①利益功能。职业是人们获取经济利益的主要手段。职业是人的主要经济来源，作为个人获得经济收入的主要手段，成为个人生存和维持家庭的物质基础。“趋利”与“避害”一样，都是生物对外部环境的必然选择，人的“趋利”更多地体现在追求高收入的职业上，这也成为人们选择职业的主要标准。职业可以获得多种非经济利益，包括名誉、地位、权力、各种便利等，从而使个人获得心理满足，达到“乐业”的境地，也可能转化为金钱或者其他形式的经济利益。②个性功能。当个人从事的职业能使个人的特点、兴趣得到充分发挥的时候，也就促进了个性的充分发展，它是人们个性形成和发展的重要手段，而且随着职业内容的发展和变化及从事职业生活的延长，人的个性将不断变化或形成某种具有职业特点的个性。③贡献功能。一个人从事某种职业，就是进入一个社会分工体系之中参与其活动。个人在这个社会体系中的活动，就是他（她）为社会作出的贡献。同时，社会也会根据个人对社会贡献的大小，给予个人相应的回报。个人对社会的贡献越大，社会给予个人的回报也会越多。④个人发展功能。人们从事职业生活的过程中，他（她）的劳动奖获得社会的广泛认可，在长期稳定的职业生活中为社会创造了价值，为社会作出了贡献，因而，也将获得相应的荣誉、权力、地位和收入，这一来源对个人来说是十分重要的。

（2）职业的社会功能

第一，职业的存在和职业活动构成了人类社会的存在和社会活动，随着社会的不断发展，社会分工越来越细，职业的种类繁多，社会活动越来越多样化，社会生活表现得更为丰富多彩。

第二，职业劳动创造出社会财富，人们通过职业活动使物质财富不断丰富，社会不断进步，为社会的存在和发展奠定了物质基础。

第三，职业的分工是构成社会经济制度运行的主体，社会不断进步，社会分工越细，社会经济制度将越丰富。

第四，职业是推动社会发展、维持社会稳定、突出社会控制的手段。

4. 职业的分类

职业分类是指按照统一的分类原则，运用统一的标准和方法，对社会各行各业所从事职业进行的系统和全面的划分。通过职业分类，择业者可以更好地认识职业的特点和属性，把握不同职业的本质差别，并结合自身实际选择合适的职业。现代社会存在着许多职业、行业和工种，这些职业既相互区别，又相互联系、相互渗透。因此，职业的分类也比较复杂，分类的方式也多种多样，既可以按行业划分、专业划分，也可以按工作特点划分。

（1）国际标准职业分类法

从国际角度看，国际劳工组织（ILO）在 20 世纪 40 年代末，开始组织许多国家的有关专家和国际组织，共同编制职业分类的工具书。1958 年，国际劳工组织的工作机构——国际劳工局颁布了第一部《国际标准职业分类》，它成为各国编制职业分类的依据和各国间交流的标准。

国际标准分类体系，是一个提供了包括全部文职工作人员所从事的职业在内的系统化的分类结构。在这个体系中，包括 8 大类、83 个小类、284 个细类、1506 个职业项目。在这一分类体系中，每一个职业都有一个五位的职业编码、一个名称、一个定义，职业定义说明该职业工作者的一般职权、主要职责和任务。

（2）国家标准编码法

我国第三次、第四次、第五次全国人口普查中的职业，采用大类、中类、小类三个层次的体系。与此相关，我国国家统计局和国家标准局在 1986 年发布了《中华人民共和国标准职业分类和代码》。1995 年，我国开始编制详细的职业分类大典。该大典的体系与国际标准基本对应，于 2000 年颁布。

我国颁布的《中华人民共和国职业分类大典》把职业分为四个层次，包括 8 大类、66 个中类、413 个小类、1838 个细类。职业分类大典中的"细类"是我国分类体系中的最基本类别，即我们所关心的"职业"。内容包括职业编码、职业名称、职业概述、职业定义、职业内容描述，以及归属于本职业的工种的名称和编码。

（3）部门工作标准法

对于政府不同部门来说，由于所进行职业方面的管理内容、角度不同，因而也有着特定的职业分类。政府劳动部门从就业、劳动管理、职业技能的角度进行分类；政府教育部门从学校专业设置和学生职业选择的角度进行分类。例如，我国政府劳动部门制定了工作类别的“工种目录”；政府教育部门制定的学科分类、专业设置，与职业分类也有着相当密切的关系，如国际商务专业、会计专业、机械专业、文秘专业、烹调专业、计算机专业、旅游专业等。

（4）职业指导分类法

从对人进行职业指导工作的角度，也有着若干种职业分类方法，而且这些分类与心理学对“人”的划分紧密联系。职业指导领域的职业分类方法主要有：

① 霍兰德分类法。这一方法把职业分为现实型（即技能型）、调研型、艺术型、社会型、企业型（即领导型）、传统型（即常规型）6种。这是一种非常重要又应用普遍的分类法。

② 兴趣分类法。这一方法与人的活动兴趣相联系，把职业划分为户外型、机械型、计算型、科研型、说服型、艺术型、文学型、音乐型、服务型、文秘型10种。

③ 教育学科分类法。这一方法把专业大类分为人文科学、社会科学、理科、工科、农学、医科、家政、教育、艺术、体育10种，职业则与之近似或相关。

④ DPT 分类法。这一方法把职业分为与资料打交道为主的工作（D）、与人打交道为主的工作（P）和与事物打交道为主的工作（T）3种。有的学者还增加了“思维性工作”（I）的内容，这一方法拓展为DPTI分类法。

（5）人力资源管理实用分类法

从现实人力资源管理的角度看，职业或者工作、岗位，首先是体力、脑力两个最大的类别。进一步来说，能够为用人单位用于招聘选拔人员和进行岗位管理的职业，可以划分为科学研究、工程技术、经济工作、文化教育、文体教育、医疗卫生、行政事务、法律公安、生产工人、商业工作、服务工作和农林牧渔12个类别。

（6）社会地位分类法

在社会科学研究和统计工作中，还把职业按照社会地位或社会阶层进行划分，主要划分方法是爱德华兹的职业地位划分法。该方法把职业分为专业人员（或专门性人员）、业务经理和官员及类似职业、熟练工人与工长、半熟练工人、非熟练工人等。

二、职业生涯

1. 职业生涯的含义

生涯的英文为career，在希腊语中，这个词含“疯狂竞赛”的精神，最早常用作动词，如驾驭赛马，后来又引申为道路，即人生的发展道路，又可指人或事物所经历的途径，或指个人一生的发展过程，也指一个人一生中所扮演的系列角色与职业。

目前，对职业生涯的概念还没有形成统一的认识，不同国家的学者从不同角度对职业生涯进行了界定。美国学者罗斯韦尔（Willian J.Rothwell）将职业生涯界定为人的一生中与工作相关的活动、行为、态度、价值观、愿望的有机整体。格林豪斯（Geenhaus）认为，职业生涯是“贯穿于个人生命周期的、与工作相关的经历的组合”。他强调职业生涯的定义既包括客观部分，例如工作职位、工作职责、工作活动以及与工作相关的决策，也包括对工作相关事件的主观知觉，例如个人的态度、价值观和期望等。随着时间的推移，职业生涯是不断向前发展的，并且无论从事何种职业，具有何种晋升水平，工作模式的稳定性如何，所有人都拥有自己的职业生涯。施恩（Edgar H.Schein）进一步将职业生涯细化为内职业生涯与外职业生涯。内职业生涯是指在职业生涯发展中通过提升自身素质与职业技能而获取的个人综合能力、社会地位及荣誉的总和，它是别人无法替代和窃取的人生财富。外职业生涯是指在职业生涯过程中所经历的职业角色（职位）及获取的物质财富的总和，它是依赖于内职业生涯的发展而增长的。总地来讲，内职业生涯的发展是外职业生涯的前提，可以带动外职业生涯的发展；内职业生涯的如果匮乏，外职业生涯就会停滞或失败，当外职业生涯遭遇寒流时，内职业生涯发展更应该加紧修炼。外职业生涯与内职业生涯相比，恰当超前时有动力，超前较多时有压力，超前太多时有毁灭力；内职业生涯与外职业生涯相比，超前恰当时很舒服，超前较多时很烦心，超前太多时要变心。萨伯（D.E.Super）则认为，“生涯”是生活里各种事件的方向，它综合了个人一生中的各种职业和生涯的角色，由此表现出个人独特的自我发展形态；它也是人生青春期至退休时所有有酬或无酬的职位的综合，除了职位之外，还应包括与工作有关的各种角色。我国学者认为，职业生涯是一个人一生中所有与职业相联系的行为与活动，以及相关的态度、价值观、愿望等的联系性经历的过程，也是一个人一生中职业、职位的变迁及工作理想的实现过程。一般来讲，职业生涯是指人在一生中与职业有关的生命活动期。

尽管不同的学者对职业生涯有不同的认识，但作为一种客观存在，职业生涯有其基本含义，主要包括：

（1）职业生涯是个体的概念，是指个体的行为经历，而非群体或组织的行为经历。

（2）职业生涯是职业的概念，实质是指一个人一生中的职业经历和历程。

（3）职业生涯是时间的概念，意指职业生涯期，其起始于最初工作之前的专门职业学习和训练，终止于完全结束或退出职业工作。实际的职业生涯期在不同个体之间的差别很大，有长有短。

（4）职业生涯是发展和动态的概念，寓意着个人的具体职业内容和职位发展的变化。职业生涯不仅表示职业工作的时间长短，而且内含着职业变更与发展的经历和过程，包括从事何种职业、职业发展的阶段、职业的转换、晋升等具体内容。

2. 职业生涯发展阶段

职业生涯阶段的划分是职业生涯规划的一个重要内容，它是指个人职业生涯中具有各种不同特征的时期。对于职业生涯阶段的划分，不同的专家学者有不同的见解，有三阶段论、四阶段论、五阶段论和六阶段论。著名理论有：金斯伯格的职业生涯发展阶段理论、萨伯的终生职业生涯发展理论等。

中国学者将职业生涯分为广义和狭义两种。广义的职业生涯是指从职业能力的获得、职业兴趣的培养、选择职业、就职，直到最后完全退出职业劳动这样一个完整的职业发展过程，其上限从 0 岁人生起点开始。狭义的职业生涯则是指从职业学习开始，步入社会、从事工作直到职业劳动的最后结束、离开工作岗位为止的这段人生职业工作历程。就中国高职生而言，结合我国的教育年龄阶段，从人的劳动内容来看，或者从与进行社会职业劳动有关的生命活动内容来看，一般可以把个人职业生涯划分为五个时期：

（1）职业准备期：职业准备期是一个人就业前从事专业、职业技能学习的时期。由于教育发展水平和社会对不同文化水平劳动力的需求，人们在这一时期停留的时间长短不一，有的相差很悬殊。随着社会生产力发展和人民生活水平的提高，这一时期的平均年限有增加的趋势。在经济发达国家，大部分在 12 年以上。

（2）职业选择期：在这一时期，人们根据社会需要和自己的素质与愿望，做出职业选择，走上工作岗位，具体又可以分为初次职业选择期和再次职业选择期。初次职业选择期，是从接受职业技术技能教育结束、准备就业开始到选择职业、建立了劳动关系这一时期。再次职业选择期，是劳动关系建立之后，由于多种原因结束了前一个劳动关系，重新建立劳动关系这一时期。

（3）职业适应期：一般来说，有劳动能力的人开始就业时，不一定就下定决心长期在这个职业岗位上劳动下去，用人单位和择业者个人双方要进行双向考察，看看彼此能否适应。在我国这个时期一般是一年，如果在一年内，觉得不合适，可另选职业。在经济发达国家，这一时期比较长，有些劳动者初次就业后，要连续换四五个地方才相对地稳定在一个职业单位工作。

（4）职业稳定期：是职业适应期结束，相对稳定在一个职业单位到就业结束、开始领取退休金的时期。当然，这一时期的职业稳定不是绝对的。在这期间，职业单位和职业岗位都可能发生变化，甚至出现失业、重新择业的时期。但失业、重新择业的频率不会像职业适应期那么高。

（5）职业结束期：也可以叫做再就业期，是从劳动关系结束、领取退休金开始，到再从事有报酬的社会劳动结束的时期。这是职业生涯的结束期，在职业生涯中所占的时间不长，并且不是所有的职业劳动者都会经历这一时期。

择业者要弄清职业生涯，尽最大努力在职业准备期打好职业素质基础；尽量缩短职业选择期而相对延长职业稳定期，以增加劳动收入；尽可能延长职业结束期，以使晚年的生活水平不致比职业稳定期降低得太多。

3. 影响职业生涯的因素

影响职业生涯的因素可以分为个人因素和环境因素，它们之间是互相影响、互相制约的。对每个人而言，职业生涯将贯穿人的一生，个人或处于职业准备阶段，或处于职业选择阶段，或处于职业工作阶段，或处于职业结束阶段。在不同的阶段，每个人的职业生涯受各种不同因素的影响会产生各种截然不同的结果。

（1）个人需求与动机。由于个体差异的存在，因而不同的人对不同的职业有着不同的态度与选择，而同样的职业对于不同的个人有着不同的价值。人们出于自己的主客观条件，在不同的年龄阶段、不同的阅历特别是职业经历状况下，在职业生涯的选择和调整方面，都会有不同的心理需求与动机，这正是人的成功素质的体现。就一般情况而言，人在年轻时比较有劲头，心气比较高。而人过中年以后，就会越来越现实，这是随着实践和阅历的逐步积累，对于社会环境的约束认识得更加全面、深刻，其成功的目标、职业的标准就会变得非常实际。

（2）能力。能力是指劳动能力，也就是运用各种资源从事生产、研究、经营活动的能力，包括体能、心理素质、智慧三方面，它是职业发展的基础。个人能力对个体职业发展有着重要的影响。第一，能力越强者，对自我价值实现、声望和尊重的要求越高，发展的欲望越强烈，对个体发展的促进也越大；同时，能力强者接受新事物、新知识快，其自我完善的提高快，能力与发展成良性循环，不断上升。第二，在其他条件一定的情况下，能力越强，贡献越大，收入相对越高。高收入一方面为个人发展提供了物质保证，另一方面能提供更多自我发展的空间。所以，能力既对个人发展提出了强烈需求，又为个体职业发展提供了条件，它是个人职业发展的重要基础和影响因素。

（3）教育背景。教育是赋予个人才能、塑造个人人格、促进个人发展的社会活动。它奠定了一个人的基本素质，对人的职业生涯有着巨大影响。不同的教育程度、不同的专业类别、所在的不同院校及不同的教育思想，都会使受教育者形成不同的思维模式，从而使人们以不同的态度对待自己、对待社会、对待职业与职业生涯的发展。

（4）职业锚。这一概念是美国麻省理工学院的埃德加·施恩教授提出的。他认为，职业计划实际上是一个持续探索的过程。在这一过程中，每个人都在根据自己的天资、能力、动机、需要、态度和价值观等慢慢形成较为明晰的与职业有关的自我概念。随着一个人对自己越来越了解，他会逐渐形成一个占主导地位的“职业锚”，职业锚实际上就是人们选择和发展自己职业时所围绕的中心。施恩教授提出了五种职业锚：技术或功能型职业锚、管理型职业锚、创造型职业锚、自主与独立型职业锚、安全型职业锚。

（5）机遇。机遇是影响职业生涯的偶然因素。这种因素既包括社会各种就业岗位对一个人展示的随机岗位的可能性，或者说是一个人能够就业和流动的各种职业岗位，也包括能够给一个人提供个人发展、向上流动的职业环境。对个人的职业生涯而言，这种偶然性的机遇有时又具有决定性的作用。机遇本身是客观存在的，但机遇只垂青那些有准备的人。许多事业上成功的人，不是靠家庭、亲友的帮助，也不依赖社会给予的就业机会，而是靠自己的努力奋斗和开拓进取。

（6）社会环境。社会环境主要是指社会的政治、经济体制，人才市场的管理体制，社会文化习俗，职业的社会评价等。一个人生活在社会环境中，必然会受到社会价值观念的影响。大多数人的价值取向是被社会主体价值取向所左右的。一个人的思想发展、成熟的过程，其实就是认可、接受社会主体价值观念的过程。社会价值观念正是通过影响个人价值观而影响了个人的职业选择和发展。另外，不同地区的经济发展水平不同、企业规模和数量不同，个人职业选择的机会也不一样。一般来说，经济发展水平高的地区，企业尤其是优秀企业比较多，个人择业和发展的机会相对就多，就会有利于个人的职业发展。

（7）企业环境因素。企业环境因素主要是指企业文化、管理制度及领导者素质和价值观。企业文化决定了一个企业如何看待它的员工，即它对待员工的态度。所以，员工的职业生涯是受企业文化所左右的。一个主张员工参与的企业显然比一个独裁的企业能为员工提供更多的发展机会，而渴望发展、追求挑战的员工也很难在论资排辈的企业中受到重用。员工的发展，归根到底要靠管理制度来保障，包括合理的培训制度、晋升制度、考核制度、奖惩制度等。企业的价值观、企业经营哲学也只有渗透到制度中，才能得到切实的贯彻执行。没有制度或制度定的不合理、不到位，员工的职业发展就难以实现，甚至可能成为空谈。一个企业的员工发展是否能够顺利实施，在很大程度上取决于领导者的重视程度，而其是否重视又取决于领导者的素质和价值观。所有这些都会影响员工的职业发展。

主题2 什么是职业生涯规划

案例1－2

比塞尔是西撒哈拉沙漠中的一个小村庄，它靠在一块1.5平方公里的绿洲旁，在英国皇家学院院士肯·莱文1926年发现它之前，这儿的人没有一个走出过沙漠。这里的人一直认为：从这儿无论向哪个方向走，最后还是要转回到这个地方来。所以村庄里的人从来没有走出去过。为了证实这种说法的真伪，肯·莱文做了一次试验，从比塞尔一直向北走，结果3天半就走了出来。

肯·莱文非常纳闷：比塞尔人为什么走不出来呢？最后他只得雇了一名比塞尔人，让他带路，看看到底是何原因。他们带了半个月的水和食物，牵上两匹骆驼，肯·莱文收起指南针等现代化设备，只拄着一根木棍跟在后面。10天过去了，他们走了数百英里的路程，第11天的早晨，一块绿洲出现在眼前。他们果然又回到了比塞尔。经过这次试验，肯·莱文终于明白，比塞尔人之所以走不出沙漠，是因为他们根本不认识北斗星。

肯·莱文在离开比塞尔的时候，带了一位叫阿尔古特的年轻人，这个青年就是上次和他合作的人，他告诉小伙子，只要白天休息，夜晚朝着北面那颗最亮的星走，就能走出沙漠。阿尔古特跟着肯·莱文，3天后果然来到了沙漠的边缘。

点评

一个人在一望无际的沙漠里，如果只凭着感觉往前走，他会走出许许多多大小不一的圆圈，最终仍是回到起点。比塞尔处在浩瀚的沙漠中间，方圆上千公里没有一点参照物，若不认识北斗星，又没有指南针，想走出沙漠，确实是不可能的。现在比塞尔已是西撒哈拉沙漠中的一颗明珠，每年吸引着数以万计的游客来到这里。阿尔古特作为比塞尔的开拓者，他的铜像被竖在比塞尔城中央。铜像的底座上刻着一行字：新生活是从选定方向开始的。同学们，如果你要开始你未来的新生活，就从现在开始认识我们的职业生涯规划吧！

一、职业生涯规划的发展

通过对职业生涯概念的了解，我们知道，职业生涯规划不应该简单地等同于找工作，或者仅仅与工作相关。职业生涯规划最早起源于1908年的美国。有“职业指导之父”之称的帕森斯（Frank Pasons）针对大量年轻人失业的情况，成立了波士顿职业局，首次提出职业指导的概念。从此，职业指导开始系统化。在随后的几十年中，心理测验的蓬勃发展促进了职业指导的扩展。第二次世界大战中对大量不同人才快速分类与安置的需要和战后复原人员就业安置的需要，使职业指导成为一种时髦。当时的职业指导主要关注人职匹配，内容以测评和提供职业资讯为主。到五六十年代，舒伯等人提出“生涯”的概念，于是职业生涯规划不再局限于职业指导的层面。舒伯的职业生涯发展理论将职业生涯的过程视为从出生到死亡，包括成长期（0～14 岁）、探索期（15～24 岁）、建立期（25～44 岁）、维持期（45～65 岁）和衰退期（65 岁以上）。在舒伯的理论中，职业生涯规划更注重职业对人的意义。该理论认为，一个完美的人生，未必仅仅依赖于职业角色的完美与否，更多的非职业角色使人生有更多自我实现的可能性。

二、职业生涯规划的定义

现代的职业生涯规划是由早期职业辅导运动发展起来的，分为组织职业生涯规划和个人职业生涯规划。组织职业生涯规划是由组织（企业）的人力资源管理部门根据组织发展需要而采取的一种现代管理工具，用以了解员工、激励员工，从而发掘、留用优秀人才，其根本目的是为了组织（企业）的发展。个人职业生涯规划是个人的一种主观行为，它是指一个人对其各阶段所从事的工作、职务或职业道路进行的设计和规划。个人职业生涯规划不仅包括从业前的选择专业和职业，还包括从业后的职业调整设计。平常人们谈职业生涯规划谈的多是个人的职业生涯规划。

职业生涯规划（career planning）简称生涯规划，又叫职业生涯设计，是指个人与组织相结合，在对一个人职业生涯的主客观条件进行测定、分析、总结的基础上，对自己的兴趣、爱好、能力、特点进行综合分析与权衡，结合时代特点，根据自己的职业倾向，确定其最佳的职业奋斗目标，并为实现这一目标做出行之有效的安排。

三、个人职业生涯规划的特征

（1）个性化。个人职业生涯规划是个体的经历，每个人的成长环境、文化背景、教育经历、人生观、价值观等不尽相同，所以不同的人对自己职业生涯追求不同，规划也不同。

（2）时间性。按照规划的时间长短，可以划分为短期、中期、长期和人生规划四种类型。

（3）开放性。人生活在不断变革的开放社会中，社会上的各种事物时刻在影响着人，如果在制定自己的职业生涯规划时，只从个人的主观愿望出发，而不考虑社会和企业环境的需求与发展趋势，闭门造车，这样的规划目标是无法实现的。

（4）动态性。当今社会处于激烈的变化过程中，职业生涯是一个不断探索、动态的过程，个人职业生涯规划需要根据各种变化来不断修正、调整。

四、职业生涯规划的分类

职业生涯规划按照时间的长短来分类，可以分为短期规划、中期规划、长期规划、人生规划四种类型，如表 1-1 所示。

表 1-1 职业规划的类型

类 型	定义及任务
人生规划	整个职业生涯的规划，时间长至 40 年左右，设定整个人生的发展目标和阶段，如规划成一个有数亿资产的公司董事
长期规划	5～10 年规划，主要设定较长远的目标，如规划 30 岁成为一家中型公司的部门经理，规划 40 岁成为一家大型公司副总经理等
中期规划	一般为 3～5 年内的目标和任务，如规划到公司的不同业务部门做部门主管等
短期规划	3 年以内的规划，主要确定近期目标，规划近期完成的任务，如对专业知识的学习，2 年内掌握哪些业务知识等

我们提倡个人职业生涯规划，掌握在5～10年内比较好。

五、职业生涯规划的原则

（1）利益整合原则。利益整合是指员工利益与组织利益的整合。这种整合不是牺牲员工的利益，而是处理好员工个人发展和组织发展的关系，寻找个人发展与组织发展的结合点。每个个体都是在一定的组织环境与社会环境中学习发展的，因此，个体必须认可组织的目的和价值观，并把他的价值观、知识和努力集中于组织的需要和机会上。

（2）公平、公开原则。在职业生涯规划方面，企业在提供有关职业发展的各种信息、教育培训机会、任职机会时，都应当公开其条件标准，保持高度的透明度。这是组织成员的人格受到尊重的体现，是维护管理人员整体积极性的保证。

（3）协作进行原则。协作进行原则，即职业生涯规划的各项活动，都要由组织与员工双方共同制定、共同实施、共同参与完成。职业生涯规划本是好事，应当有利于组织与员工双方。但如果缺乏沟通，就可能造成双方的不理解、不配合以至于造成风险，因此必须在职业生涯开发管理战略开始前和进行中，建立相互信任的上下级关系。建立互信关系的最有效方法就是始终共同参与、共同制定、共同实施职业生涯规划。

（4）动态目标原则。一般来说，组织是变动的，组织的职位是动态的，因此组织对于员工的职业生涯规划也应当是动态的。在“未来职位”的供给方面，组织除了要用自身的良好成长加以保证外，还要注重员工在成长中所能开拓和创造的岗位。

（5）时间梯度原则。由于人生具有发展阶段和职业生涯周期发展的任务，职业生涯规划与管理的内容就必须分解为若干个阶段，并划分到不同的时间段内完成。每一时间阶段又有“起点”和“终点”，即“开始执行”和“完成目标”两个时间坐标。如果没有明确的时间规定，会使职业生涯规划陷于空谈和失败。

（6）发展创新原则。发挥员工的“创造性”这一点，在确定职业生涯目标时就应得到体现。职业生涯规划和管理工作，并不是指制定一套规章程序，让员工循规蹈矩、按部就班地完成，而是要让员工发挥自己的能力和潜能，达到自我实现，创造组织效益的目的。还应当看到，一个人职业生涯的成功，不仅仅是职务上的提升，还包括工作内容的转换或增加、责任范围的扩大、创造性的增强等内在质量的变化。

（7）全程推动原则。在实施职业生涯规划的各个环节上，对员工进行全过程的观察、设计、实施和调整，以保证职业生涯规划与管理活动的持续性，使其效果得到保证。

（8）全面评价原则。由组织、员工个人、上级管理者、家庭成员及社会有关方面对职业生涯进行全面的评价。在评价中，要特别注意下级对上级的评价。

成功规划案例

某高职院校日语专业08届毕业生孙珊，大一上学期非常苦闷，一是课程感觉没意思，二是对前途很迷茫，经过老师的建议，她接触了职业生涯规划，并开始努力实施。根据规划的目标和对自己及外部环境的了解，她开始有目标地学习生活着，并在实习期间找到一家心仪的公司。初到公司，一切都是新鲜的：新的同事，新的角色，新的岗位，新的工作任务……同事们见到热情、谦虚的她格外热心，每当她遇到问题，他们总是群策群力，给这位可爱的姑娘出谋划策，良好的人缘也为她迅速进入岗位角色奠定了良好的基础。她所面临的最大挑战还是源自于工作岗位和工作任务，五金行业对她来说是个全新的领域，对于一个文科生而言，要熟练地给各个零部件命名本身就是一项繁琐的任务，更何况初来乍到的她还需娴熟地记下各零部件的日语名及其主要功能。勤奋好学的她在短短的几个月时间内，竟然能准确无误地完成这项不可能完成的任务，赢得了公司领导和同事的赞许。从应聘时的翻译岗位到而后的业务员角色，她有过很多困惑：如何建立新的业务关系，如何处理与新、老客户的关系，如何跟进产品的生产进度，如何与货代、船运公司沟通联络等。大家对她的踏实苦干甚为佩服，也因此改变了前辈们对当代毕业生眼高手低的观念。现今的她，凭着自己认真的工作态度，耐心仔细的做事风格，永不言弃的工作精神，已能游刃有余地处理各类业务，为公司的业务额增光添彩。

模块二 为什么要进行职业生涯规划

一、模块目标

1. 认识职业生涯规划的必要性。
2. 理解制定职业生涯规划的重要意义。
3. 明确开展职业生涯规划教育的目的。

二、模块内容

主题 1：职业生涯规划的目的与意义

教学目标：引导学生理解为什么要在大学开展职业生涯规划教育。让学生明白制定职业生涯规划对自己意味着什么。

主题 2：职业生涯规划对个体生活的影响

教学目标：使学生明白职业生涯规划对个人未来职业发展、生活的重要影响。

主题 1 职业生涯规划的目的与意义

案例 1-3

山重水复，不知路在何方

于晓，男，2008 年 6 月从广州某高职计算机专业毕业。毕业以来，在三年多的时间里他先后换了四份工作，每家公司工作时间最长也只有近一年，最短的一家单位只上了一个月的班就辞职了。

于晓毕业后第一份工作是在城区一家店铺做销售人员，负责销售品牌音响。因为生意是季节性的，所以工作强度不大，而且待遇还不错，老板待人也挺热情，让他好好干，将来会有很大的发展空间。但由于他感觉工作很枯燥，常常无事可做，在坚持了11个月之后还是选择了辞职。

于晓的第二份工作是在一家工厂当技术工人，负责产品质量检测。因为和自己学的专业对口，一开始上班还干劲十足。可是由于每天要面对同样的机器，重复同样的工作，他很快又觉得这份工作很无聊。半年后，他辞去了第二份工作。

此后，他经家人介绍，进了一家外贸公司从事采购工作。但由于工作不认真，采购的一批货物因为质量问题遭外国客商退货，致使公司蒙受了较大的经济损失而被辞退。

被辞退后，他应聘到现在公司担任网管工作，负责单位计算机网络日常维护工作。现在的工作干了快半年了，渐渐又萌生了辞职的打算。他很想再换一份工作，但不知道自己还能干什么，也不清楚自己适合干什么。想起刚读大学时的美好设想，对比当下现状，他感到非常苦恼。

点评

于晓的求职经历说明，每个人都需要职业生涯规划，明确职业发展目标，在具体工作中选准人生坐标，实现事业理想。

一、职业生涯规划的目的

随着我国教育事业的不断发展，一方面，高职毕业生的数量不断增加，另一方面，企业之间的竞争日趋激烈，方式也日趋多样化，人才的竞争起了关键的作用。因此，各类企业对人才的要求也是越来越高，这就使得毕业生找工作的难度不断加大。但职业生涯规划的目的绝不仅是帮助个人按照自己的资历条件找到一份合适的工作，达到与实现个人目标，更重要的是帮助个人真正了解自己，为自己定下事业大计，筹划未来，拟定一生的发展方向，根据主客观条件设计出合理且可行的职业生涯发展方向。

二、职业生涯规划的意义

职业生涯活动将伴随我们的大半生，在我们人生的旅途中留下永恒的印迹。一个没有规划的职业生涯是迷茫的，没有方向的，有时会走很多的弯路，浪费许多宝贵的时光；一份成功的职业生涯规划会帮助一个人实现自己的目标，拥有成功的人生。因此，职业生涯规划对一个人的一生具有特别重要的意义。

第一，职业生涯规划可以发掘自我，充分认识自我，不断提高自我。

一份有效的职业生涯规划将：引导你认识自身的个性特质、现有和潜在的资源优势，帮助你重新认识自身的价值并使其持续增值；引导你对自己的综合优势与劣势进行对比分析；使你树立明确的职业发展目标与职业理想；引导你评估个人目标与现状之间的距离；引导你前瞻与实际相结合的职业定位，搜索或发现新的或有潜力的职业机会；使你学会如何运用科学的方法、采取切实可行的步骤和措施，不断增强你的职业竞争力，实现自己的职业目标与职业理想。总之，使你能够充分发挥个人的专长，开发自己的潜能，克服职业生涯发展困阻，避免人生陷阱，获得事业的成功。

第二，职业生涯规划可以使自己的奋斗目标更加明确，增强自身发展的目的性与计划性。

职业生涯规划是一个过程，规划的功能在于为职业生涯设定目标，并找出达成目标所需采取的步骤。目标可以为人生带来希望和意义，奥地利心理学家维克多·弗兰克（Viktor Emil Frank）凭借生命的意义成为奥斯维辛集中营中少有的幸存者之一，并开创了心理治疗中的“意义疗法”。他说：“你不要去问生命，你应该要回答生命对你的质询。”职业生涯规划是在充分认识自我和对外界环境进行评估的基础上做出的职业选择。有了自己的职业目标和职业方向，也就明确了自己的奋斗方向，好像为飘忽不定的人生加了一个锚，无论风雨来自何方，人生之船都自有它的方向。

第三，职业生涯规划可以激发一个人的潜能，提升成功的概率。

当今社会处在变革的时代，到处充满着激烈的竞争。要想在这场激烈的竞争中脱颖而出并立于不败之地，必须设计好自己的职业生涯规划。有了自己的职业生涯规划，有了自己的奋斗目标，也就有了前进的动力。在目标的指引下，一个人往往会唤醒自己的潜能，迸发出惊人的力量。

第四，职业生涯规划可以有助于促成自我实现。

美国心理学家马斯洛曾指出“人是永远不能满足的动物”，并提出了著名的“人生需求理论”，指出人的需求由低级向高级层次推进，而所有这些需求实际上都要通过职业生涯活动来丰富。一个人的职业生涯是生命、生活的重要组成部分，选择了一份职业，就是选择了一种社会角色，进而选择了一种生活方式。有了职业生涯规划不仅使你找到自己喜欢且适合的工作，取得更快的成功和更大的成就，更重要的是，它引导我们努力去追寻自己理想的生活方式。

主题 2 职业生涯规划对个体生活的影响

案例 1-4

未雨绸缪

王明是浙江某高职院校信息技术学院学生，刚入学不久，他就和同校大三同乡好友郝全去参加人才交流会了。在会上，他切实感受到了就业求职的艰辛。回到学校后，王明更加有针对性地努力学习专业知识，为日后的求职做准备。

后来，王明考取了“微软认证证书”，连续两年获得奖学金，并在学校运动会上获得了优异的成绩，还利用课余时间积极参加各类志愿服务和社会实践活动。毕业时，他已经拿到了专业对口用人单位所要求的所有证书。最后，他进了一家对于他的同学来说是可望而不可即的国际大公司，这是他在学习期间有意识地锻炼自己的结果。

点评

古人言：凡事预则立，不预则废。机会总是青睐有准备的人，个人的职业发展同样如此。美国著名管理学教授道格拉斯·霍尔说：“一个人的目的、意向和期望对其活动方向和影响力都具有强有力的影响。简言之，意欲所往，则无往不达；假如你知道自己要去哪儿，你最终达到该地的可能性就会大得多。”因此，包括高职学生在内的大中专学生从进校的第一天起，就应该主动培养求职意识，制定自己的职业生涯规划，为未来职业发展做好思想、技能、心理各方面准备，根据社会需求，发挥自己的优势和特长，调整自己的知识结构，随着就业形势的变化，广泛搜集社会用人信息，不断修正自己的就业意向，主动适应社会需求和发展。

职业生涯规划对所有工作年龄的人来说都很重要。对于刚刚步入社会的年轻人来说，职业生涯规划将对其一生的成就产生重大影响。“如果不做职业生涯规划，你离挨饿只有三天。”——徐小平（中国职业生涯规划、人生设计专家）

全球职业规划师周其洪曾经说过：“职业生涯规划教育对高职生来说越早越好，早一些认识自己，明确方向，就能打有准备的就业之战。同时，职业生涯规划教育还有助于拓宽学生的视野和就业渠道，树立科学的就业观念，缓解就业的心理压力。”从学校走向社会，高职生将会面对一个全新的世界，在这个社会里，使高职生能够立足的是所选职业，它不仅是生活的基础，更重要的是它所体现出每个人存在的价值。但调查发现，相当大的一部分高职生对于自己将来的职业没有一个非常明确的定位，不知道自己将来一定要做什么。他们从学校走向社会，许多人一开始根本没有考虑到事业发展会怎么样，在找工作时一个是看哪个单位的牌子大，再就是哪个单位能出国，第三就是挑哪家单位待遇高，而并没有考虑到自身的发展问题。因此，进行职业规划，针对个人特点，确立未来发展方向，对一个人的一生来说，显得格外重要。但职业怎么发展，是有一系列科学讲究的，这个在科学上就是职业生涯设计的过程或者方法。高职生们要根据职业生涯规划理论与原则及职业成功的标准，掌握正确的职业生涯设计方法，准确进行自我定位，合理规划职业人生，列出具体措施和日程，通过具有前瞻性的职业生涯设计，减少在人生路上的徘徊犹豫，避免浪费时光，为主动迎接未来职业发展的挑战做好充分准备。

我们都生活在一个变革的时代。不仅公司在变革，社会在变革，每个人也在不断地进行自我变革。对每个人来说，这种自我变革的重要手段就是职业生涯规划，它是现代管理的重要思想，是每个员工充分开发自己的潜能，并自觉地进行自我管理的有效工具。只有善于对自己所从事的职业进行自我规划的人，才能有正确的前进方向和有效的行动措施，才能充分发挥自我管理的主动性，充分开发自身的潜能，保证在事业上能够取得更大的业绩。具体地说，职业生涯规划对每个人有以下作用。

1. 规划能帮助个人确定职业发展目标

职业生涯规划的重要内容之一，是对个人进行分析。通过分析，认识自己，了解自己，估计自己的能力，评价自己的智慧；确认自己的性格，判断自己的情绪；找出自己的特点，发现自己的兴趣；明确自己的优势，衡量自己的差距；获取公司内部有关工作机会的信息。通过这些分析，确定符合自己兴趣与特长的职业生涯路线，正确设定自己的职业发展目标，并制订行动计划，使自己的才能得到充分发挥，使自己得到恰当的发展，以实现职业发展目标。

通过职业生涯规划，可选择适合自己的职业，运用科学的方法，采取有效的行动，化解人生发展中的危机与陷阱，使事业获得成功，实现自己的人生理想。

2. 规划能鞭策个人努力工作

在制定职业生涯规划之后，它就在两个方面起作用：它是努力的依据，也是对你的鞭策。规划给了你一个看得着的射击靶。随着你把这些规划一步一步地转为现实，你就会有成就感。对许多人来说，制定和实现规划就像一场比赛，随着时间推移，你一步一步地实现规划，这时你的思想方式和工作方式又会渐渐改变。有一点很重要，你的规划必须是具体的，可以实现的。如果规划不具体——无法衡量是否实现了，就会降低你的积极性。

3. 规划有助于个人抓住重点

制定职业生涯规划的一个最大的好处是有助于我们安排日常工作的轻重缓急。没有职业生涯规划，我们就很容易陷进跟人生目标无关的日常事务当中。一个忘记最重要事情的人，会成为琐事的奴隶。有人曾经说过："智慧就是懂得该忽视什么东西的艺术。"的确如此，通过规划，能使我们紧紧抓住工作的重点，增加我们成功的可能性。

4. 规划引导个人发挥潜能

没有职业生涯规划的人，即使他们有巨大的力量与潜能，也很容易把精力放在小事情上，小事情使他们忘记了自己本应做什么。规划能助你集中精力，全神贯注于自己有优势并且会有高回报的方面，这样有助于你发挥尽可能大的潜力。另外，当你不停地在自己有优势的方面努力时，这些优势会得到进一步发展。最终，在达到目标时，你自己成为什么样的人比你得到什么东西重要得多。

5. 规划能评估目前工作成绩

职业生涯规划的一个重要功能是提供了自我评估的重要手段。如果你的规划是具体的，规划的实施结果是看得见、摸得着的，你就可以根据规划的进展情况评价你目前取得的成绩。失败者面临的共同问题，就是他们无法度量取得的进步。

为了有效地实现自我价值，以保证在事业上取得更大的成就，任何人都需要对个人所从事的职业、要去工作的组织和单位、要担负的工作职务以及在工作职位上的发展道路进行全面的策划，确立明确的目标，并为实现各阶段的事业目标自觉地进行有关个人的知识、技术与能力的开发活动。因此，职业生涯设计在现代人力资源管理中是强化自我管理、有效开发与利用员工智能的重要手段。

当然，规划的作用不仅仅是以上几个方面，它的许多作用是无法用语言来表达的，这只有我们在生活和工作中慢慢去体会。

模块三 如何进行职业生涯规划

一、模块目标

1. 了解职业生涯规划的步骤与方法。
2. 为正确实行职业生涯规划打下基础。

二、模块内容

主题 1：职业生涯规划的步骤

教学目标：引导学生初步掌握高职生职业生涯规划的步骤。

主题 2：职业生涯规划的方法

教学目标：引导学生掌握高职生职业生涯规划的方法。

主题 3：职业生涯规划的准则与注意事项

教学目标：使学生知晓职业生涯规划的准则和注意事项。

主题 1 职业生涯规划的步骤

其实，职业生涯规划并不难，它和制订一份旅游计划有很多相似之处，如目标的制定、实现的过程、可能出现的意外情况的处理等。而所谓高职生职业生涯规划就是指高职生在大学期间通过学习知识、转变观念、提高技能等手段，来改善当前自身的状况，发展与今后职业生涯目标相适应的潜在职业能力的过程。这个过程是以高职生自身为开发对象，工作的重点是为获得和改进可能与工作有关的知识、技能、动机、态度、行为等因素，以利于提高自己今后的职业效绩，最终实现其职业生涯目标的各种规划。其设计目的是为自己制定今后的职业目标，设计出合理且可行的职业生涯发展方向。高职生的职业生涯规划是一个周而复始的连续过程，一般有以下几个步骤。

一、正确评估自我

自我评估是个人职业生涯规划的基础，也是能否获得可行的规划方案的前提。高职学生要对自己作全面分析、了解自己的职业兴趣、性格和价值观念及成长过程中获得的知识、能力和经验。借助于职业兴趣测验和性格测验，使学生进一步了解自己的性格，了解对哪些问题较为感兴趣，擅长哪些技能等。自我评估的主要内容是与个人相关的所有因素，包括兴趣、年龄、个性、能力、特长、身体状况、学识水平、思维方式、价值观、情商及潜能等。通俗地说，即弄清楚自己是谁、想要什么、能做什么。值得留意的是，在自我评估中还应当借鉴他人的意见，即“角色意见”，这样才能得到比较客观、中肯的评估结论。一个人只有在充分而且正确认识到自身条件，才有可能做出正确的决定。正确评估自我是一个自我觉醒的过程，要查明自己为人处世所遵循的价值观念，要体验到自己内心深处的需求，明确做人的基本原则和追求的目标，同时，还要熟悉自己所掌握的技能，了解自己的优势和弱势。

二、科学分析环境

环境因素对个人职业生涯发展有极大的影响，包括组织环境、政治环境、社会环境、经济环境、政策法律、人力资源需求、工作内容等因素。只有顺应外部环境的需要，才能最大限度地发挥个人的优势，实现职业生涯的目标。分析环境对自己提出的要求及环境对自己有利的与不利的条件，要相应地调整自己，适应环境的要求。社会环境对我们的职业生涯乃至人生发展都有重大影响作用。我们只有通过对社会大环境的分析，了解所在国家或地区的政治、经济、法制建设发展方向，才能寻找各种发展机会。同时还要进行职业分析，对一种职业是否有深刻的认识将关系到我们能否长期坚定职业方向，能否建立明确的职业目标。职业分析是我们需要认清所选定的职业在社会环境中的发展过程和目前的社会地位，以及社会发展趋势对职业的影响。我们所需要考虑的问题是：社会发展趋势对于目前所从事的职业有何影响和需求？你选择这个职业是不是社会越来越需要的职业？是不是适合你的职业？有了这些正确的分析与认识，我们将能把握社会环境，给自己的职业规划创造一个有利的条件。

三、全面了解职业

在对自己有一个基本认识后，就会形成一定的职业倾向。在此基础上，还必须了解就业市场上对应自己倾向的职业情况，包括其发展前景、收入、竞争形势及从事该职业的要求等信息。分析这些职业是否与自己当初的理解有偏差，能否满足自己对薪水、福利等的需要与价值追求。可以通过媒体、网络、家长、家庭等渠道搜集信息，也可以通过实习或兼职工作等亲身体验该职业的各个方面，尽量做到详细和客观。

四、理性确立目标和路线

分析了相关职业情况后，要确定自己的职业目标，制定个人职业生涯规划的最终目的就是实现自己的职业目标，因此，目标抉择是职业生涯规划的核心。职业生涯规划中所确立的目标，是指可预想到的、有一定实现可能的最长远目标，它包括终极目标、长期目标、中期目标和短期目标。一般来说，我们首先可根据个人素质与社会大环境条件确立人生目标和长期目标，然后通过目标分解，分化为符合组织需要的中期、短期目标。通常设立目标时要考虑以下几个问题：

我想往哪个目标发展？

我适合往哪个目标发展？

我可以往哪个目标发展？

我的职业选择能帮助我实现人生的最终目标吗？

在确立目标时，要明白目标不是唯一的。一般来讲，人的一生不可能只从事一种职业。因此，人的职业目标也未必是唯一的。目标要分层次、分阶段。职业生涯必将跨越人的青年、中年和中老年几个时期，人在各时期的体能、精力、技能、经验、为人处世的方式与态度必定会有所变化，与此同时，社会政治、经济也在不断发展前进。

五、科学实施策略

职业目标计划设定好以后，就要制定相应的行动方案来实施，主要包括教育、学习、训练、工作轮岗等。在这个阶段，通过亲身体验或向从事这项工作的人了解该职业的职责功能与要求。实施策略包括职业生涯发展路线、教育培训安排、实践计划等方面的措施。

六、客观评估回馈

有效的职业生涯规划还要求我们不断地反省和修正目标和策略方案。影响职业生涯的因素很多，有些因素难以预测，要使职业生涯行之有效，就必须不断进行修订，要及时针对规划的目标和行动方案做出调整，从而保证高职生最终实现人生理想。只有不断修正自己的目标，才能立于不败之地。

练习

我的旅游计划

☆ 任务：请同学参考世界地图，为自己制订一份详细可行的旅游计划。

☆ 讨论：你的旅游计划是什么？

你制订这个计划经过了哪几个步骤？

你将如何落实这个旅游计划？

☆ 思考：旅游计划制订过程与职业生涯规划有哪些相似之处？

主题2 职业生涯规划的方法

案例1-5

快乐的小盐粒

李亭是一所高职学校旅游专业的毕业生，毕业后到人才招聘会上去找工作，每次都是无果而归。用人单位有的认为她的学历太低，有的觉得她的专业不对口，有的虽然觉得她的专业对口了，但认为她刚毕业，没有工作经验，最后一律将她拒之门外。由于找工作屡屡受挫，她对工作失去了信心。

一次，李亭妈妈做饭时故意没放盐，菜显得平淡无味。通过这件小事，妈妈让李亭认识到了一颗小盐粒的重要作用，认识到了每个人都有适合自己的位置。李亭从中受到启发，决心从小事做起，做好自己的本职工作。从此，李亭变得乐观了，主动给外国学生当义务导游，从中锻炼了自己，受到了外国游客的交口称赞。后来，她加入了一家涉外旅行社，并把工作干得热火朝天。

点评

每个人都是社会大机器上不可或缺的零件，各有各的作用。在制定职业生涯规划时，高职生一定要掌握科学的方法，客观、全面地分析自己，给自己一个准确的定位。只有找准自己的坐标才能充分发挥作用，让自己快乐地工作，快乐地生活。

在一些关于职业生涯规划的书中，制定职业生涯规划常见方法有自然发生法、跟随潮流法、最轻松法、拜金主义法、市场选择法、借助他人法等。所谓拜金主义法是指选择待遇最好的行业；跟随潮流法就是跟随现在市场的趋势，盲目地投入到新兴产业，例如“出国热”、“房地产热”；借助他人法就是由他人代替自己决定和选择，这些人可能包括：父母、家人、朋友、老师或其他人；最轻松法就是选择最容易的行业，企求最好的结果；市场选择法指到工作场所去转一番，再选择最适合自己的工作。

以上的方法优点是省时省力省心，缺点是无法根据个人的能力和兴趣，制定长远的计划和目标，严格来讲是属于选择职业时常见的一些方法，并不能算是职业生涯规划的方法。在这种情况下制定的职业生涯规划目标，将来所承担的生涯风险就比较高，并不适用于高职学生用来制定职业生涯规划。

在制定职业生涯规划时，要认识自我，根据自己和社会上的实际情况来确定自己的目标规划。下面介绍比较实用的 SWOT 法。

SWOT 法又叫态势分析法，它是旧金山大学的管理学教授于 20 世纪 80 年代初提出来的，SWOT 四个英文字母分别代表：优势（Strength）、劣势（Weakness）、机会（Opportunity）、威胁（Threat）。SWOT 可分为两部分，第一部分为 SW，主要用来分析内部条件；第二部分为 OT，主要用来分析外部条件。这样，可以通过这种分析，来认识自己的优点和缺点，发现外界存在的机会和挑战，从而可以根据分析的情况，避开不利因素，按照有利于自己的方向发展。

1. 自我评估

在进行 SWOT 分析时，首先要进行自我评估。比如：自己的性格特点是什么，兴趣爱好是什么，自己的优势在哪里，自己讨厌的事情是什么，自己性格上的弱点是什么？每个人都有自己的爱好和特长，也都有自己的缺点，所以一个人要想什么都做得好是不可能的，只有从事自己喜欢并能发挥自己特长的职业，才能快乐开心地工作，才能体会到工作的乐趣。

2. 调查分析

在分析了自己的优势和劣势之后，就要对外部存在的机会和威胁进行调查分析。不同的行业，情况不同，面临的挑战也不同。可以对自己感兴趣的企业进行调查分析，然后结合自己的优势和劣势，寻找出一份适合自己的有发展前景的工作。

3. 建构 SWOT 矩阵

将调查得出的各种因素根据轻重缓急和影响程度等排序，建构 SWOT 矩阵。将那些对个人职业发展有直接的、重要的、大量的、迫切的、久远的影响因素优先排列出来，而将那些间接的、少许的、次要的、短暂的、临时的影响因素排列在后面。

4. 制订计划

在完成 SWOT 矩阵的建构后，便要制订出相应的行动计划。制订计划的基本思路是：发挥优势因素，克服弱势因素；利用机会因素，化解威胁因素。原则是考虑过去，立足当下，着眼未来。运用系统分析的综合分析方法，将各种环境因素相互匹配起来加以组合，得出可选择的对策。包括：

最小与最小对策（WT 对策），即考虑劣势因素和威胁因素，目的是努力使这些因素趋于最小；

最小与最大对策（WO 对策），着重考虑劣势因素和机会因素，目的是努力使劣势因素趋于最小，使机会趋于最大；

最大与最小对策（ST 对策），着重考虑优势因素和威胁因素，目的是努力使优势因素趋于最大，使威胁因素趋于最小；

最大与最大对策（SO 对策），着重考虑优势因素和机会因素，目的在于努力使这两种因素都趋于最大。

在做 SWOT 分析时，需要对自己和职业进行分析，同时还要借助一些工具和方法，所以需要花费一定的时间和精力，但是 SWOT 分析会为你提供切实可行的、实用的参考意见，对一个人的职业规划是很有帮助的。

主题 3　职业生涯规划的准则与注意事项

案例 1-6

适合你的才是最好的

小王和小林在大学时是睡上下铺的好朋友，毕业后因为是去大公司还是去小公司发生了争执。小王认为，大公司名气大，牌子硬，管理规范，发展的机会很多，所以，他立志要到大公司去实现自己的梦想，并且通过努力如愿以偿进了一家大公司。小林则认为，人在哪里工作不重要，重要的是要能施展自己的才能，实现自己的价值。他还认为，在小公司里，人少，个人发展的机会反而可能更多，所以，毕业时他找了一家小公司。

后来，在工作实践中，由于小王所在的公司人才济济，他只能做一些与自己专业没有什么关系的杂活，在相当长的一段时间里，他所在部门的重要工作都由领导安排其他人去做，根本轮不到他去实现自己的愿望。小林的公司由于人手少，有了活大家一起干，工作成果见效快，他的才能在这里也很快显露出来。不久，小林的公司由于业务发展，成立了策划部，由他出任策划部的经理，负责招聘一批年轻人来部门工作。小王和小林经过一段时间后，一个是郁郁寡欢，很不得志；一个是如鱼得水，快马加鞭。

点评

政府机关、事业单位因待遇好、工作稳定、社会地位高而备受广大毕业生青睐，每年报名参加公务员考试的毕业生如过江之鲤。但在过五关、斩六将之后，很多人发现政府工作并不像自己想象得那样轻松，渐生悔意。高职生在制定个人职业生涯规划时，应该对自己做出正确的评价，切记：最好的未必适合自己，只有适合自己的才是最好的。

一、职业生涯规划的准则

1. 定位准确，目标清晰

职业生涯规划是建立在对自己的兴趣、特长、能力、社会需要等各方面全面了解评估的基础上的，进行目标设定时一定要结合自身特点和情况，不能完全脱离现实。要认清兴趣与能力，能力与社会需求都是存在一定差异的，我们所要做的是要在这诸多因素中找一个结合点，将自己的经历经验、专业技能、兴趣特长都有机地结合起来，这样的职业目标才会有生命力。要注意有边界性，不要定得太远，也别定得太近。目标或措施要有一定高度、难度，应有挑战性；符合自己的性格、兴趣和特长，能对自己产生激励作用。

2. 评估科学，措施可行

要先进行科学的内部分析和外部分析。内部分析就是对自己的分析，自己的兴趣爱好——喜欢干什么；特点是什么——适合干什么；能力——能够干什么；价值观是什么——最看重什么。外部分析就是分析家庭因素、学习因素、社会因素（你选择的行业在社会上是否好找工作、待遇和前景是否广阔等）。然后是你选择的职业的分析：该职业的行业分析、岗位责任的分析（你是否胜任）、行业的发展前景等。

措施要有可行性。针对职业目标制定的措施一定要具有可行性，这是一个重要部分。最好制订出长期、中期、短期计划，并拟定详细的执行方案和时间限制。大三的同学可将重点放在就业三至五年内的职业规划；大一的同学可将重点放在高职生涯的规划上，但都应突出为职业发展所做的准备工作。

3. 层次明确，内容充实

在措施的制定上要有阶段性、层次性，实施的措施内容要先急后缓，先易后难。规划是一个长期过程，一般为短期、中期和长期三个区间。每个时期都会有不同的目标：我想要达成什么目标，达到这个目标所需的时间和条件，达到这个目标的标准是什么。

二、职业生涯规划的注意事项

通过职业生涯规划，可以分析自我，以既有的成就为基础，确立人生的方向，提供奋斗的策略。要制定适合自己的职业生涯规划，需明确注意以下几个问题。

1. 你是谁?

首先问自己，你是什么样的人？这是自我分析过程，内容包括个人的兴趣爱好、性格倾向、身体状况、教育背景、专长、过往经历和思维能力。这样可以对自己有个全面的了解。

2. 你想要什么?

你想要什么？这是目标展望过程，包括职业目标、收入目标、学习目标、名望期望和成就感。特别要注意的是学习目标，只有不断确立学习目标，才能不被激烈的竞争淘汰，才能不断超越自我，登上更高的职业高峰。

3. 你能做什么?

你能做什么？自己专业技能何在？最好能学以致用，发挥自己的专长，在学习过程中积累自己的专业知识技能。同时个人工作经历也是一个重要的经验积累。

4. 你的优势在哪里？

什么是你的职业支撑点？你具有哪些职业竞争能力，以及你的各种资源和社会关系。个人、家庭、学校、社会的种种关系，也许都能够影响你的职业选择。

5. 你最适合什么？

什么是最适合你的？行业和职位众多，哪个才是适合你的呢？待遇、名望、成就感和工作压力及劳累程度都不一样，看个人的选择了。选择最好的并不是合适的，选择合适的才是最好的。这就要根据前四个问题再回答这个问题。

6. 你的选择有哪些？

你能够选择什么？通过前面的过程，你就能够做出一个简单的职业生涯规划了。机会偏爱有准备的人，你做好了职业生涯规划，为未来的职业做出了准备，当然比没有做准备的人机会更多。

思考题

1. 什么是职业？职业具有什么特点和特性？
2. 在个人职业生涯发展过程中，会受到哪些主客观因素的影响？
3. 结合自己高职生的角色，理解为什么要进行职业生涯规划。
4. 参考职业生涯规划的定义和步骤，为自己设计一份职业生涯规划。

小资料

1. 职业生涯规划的三大要素

我国著名职业生涯规划专家罗双平曾用一个“公式”总结了职业生涯规划的三大要素，即：“职业生涯规划=知己+知彼+抉择”。

“知己”是对自身条件的充分认识和全面了解；“知彼”是对欲从事的职业的环境、相关的组织等信息的有效掌握；“抉择”是在知己知彼的基础上，再来确定既是自己有浓厚兴趣的、能充分发挥自己专长的，又是符合现实，与组织环境、社会环境相适应的职业目标。从而做到择已所长、择世所需，并达到效益最大的效果。

2. 关于职业生涯发展的格言

（1）在职业生涯发展的道路上，重要的不是你现在所处的位置，而是迈出下一步的方向。

（2）职业生涯设计与原理：只要开始，永远不晚；只要进步，总有空间。

（3）职业生涯的每一次飞跃发展都是以学习新知识、建立新观念为前提条件的。

（4）在职业生涯早期，对自己锻炼最大的工作是最好的工作；在职业生涯中期，挣钱最多的工作是最好的工作；在职业生涯后期，能最好地实现人生价值的工作是最好的工作。

（5）在职业生涯发展过程中，什么时候你的工作热情、努力程度不为工资待遇不高、上级评价不公而减少，从那时起你就为自己打工了。

（6）职业生涯的道路上没有空白点，每一种环境、每一项工作都是一种锻炼，每一个困难、每一次失败都是一次机会。

（7）在职业生涯发展的道路上，只要不放弃目标，每一次挫折、每一次失败都是有价值的。

（8）在职业生涯初期，我很可能做得是自己不喜欢而且不想从事一生的工作。要分清：喜欢不喜欢这份工作是一回事，应该不应该做好这份工作、是否有能力做好这份工作是另一件事。切记：职业生涯发展是从做好本职工作开始的。当你还没有能力做好一件工作时，就没有资格说不喜欢。

（9）职业生涯没目标不行，目标太多不行，目标总变也不行。对目标的处理方法是：选择、明确、分解、组合，加上时间坐标。

（10）目标分解是在现实处境与美好愿望的实现之间建立可拾级而上的阶梯，目标组合是找出不同目标之间互为因果、相互促进的内在关系。

（11）求职是自我实现的前提，求美是自我实现的过程。

（12）只有暂时没有找到解决办法的困难，没有解决不了的困难。

（13）自我实现让人兴奋，天人合一使人平静。

（14）企业不仅是挣钱谋生场所，更是学习进步、实现人生价值的舞台。

（15）内职业生涯发展是外职业生涯发展的前提，内职业生涯带动外职业生涯的发展。

（16）外职业生涯的因素通常由别人决定、给予，也容易被人否定、剥夺；内职业生涯的因素主要靠自己探索、获得，并且不随外职业生涯的因素改变而丧失。

（17）外职业生涯略超前时有动力，超前较多时有压力，超前太多时有毁灭力；内职业生涯略超前时很舒心，超前较多时很烦心，超前太多时要变心。

（18）正确的角色定位需要立志，及时的角色转换需要智慧。

第2章 自我探索

学习目标

- 了解职业性格和职业兴趣的概念、职业性格和职业兴趣的类型、职业性格和职业兴趣与职业的相宜性、职业性格和职业兴趣的认识方法。
- 了解能力和职业能力的相关知识：能力和职业能力的概念、类型，能力与职业的关系，职业能力的构成。
- 掌握职业性格和职业兴趣的认识方法，以便较准确地认知自己的职业性格和职业兴趣，并加以归类，做到使自己的职业性格和职业兴趣与自己的职业相适宜。
- 通过学习，掌握价值观、职业价值观的概念、特性，了解自己的价值观。

模块四 职业性格

一、模块目标

1. 了解职业性格的概念、类型及职业性格与职业的相宜性。
2. 掌握职业性格的认识方法，认识自己的职业性格。

二、模块内容

主题 1：职业性格概念

教学目标：引导高职学生了解职业性格的概念、职业性格类型及职业性格与职业的相宜性，引导学生对自我职业性格的关注和探索，认识到了解自我职业性格及相适宜的职业的重要性，从而使高职学生积极地参与到自我职业性格的认识当中去，认识自我。

主题 2：职业性格的认识方法

教学目标：通过介绍职业性格的认识方法：MBTI、卡特尔 16 种人格因素测验，让高职学生懂得如何利用这两种测验认识自己的职业性格，并了解和掌握其他的认识方法或工具来帮助自己认识自己的职业性格，以便对自己做出全面的、科学的认识，指导自己做出科学合理的选择。

主题 1　职业性格概念

案例 2-1

小刘的“跳槽”经历

在一家律师事务所工作的小刘是一位聪明精干、办事麻利的律师。她从一所重点大学法律专业毕业后，进入国家律政部门工作，成为一名令人羡慕的白领。虽然薪酬水平和工作环境都不错，也没有太多的烦心事，但小刘还是觉得这里的工作环境比较沉闷，与自己的开朗性格有些不协调。在一帮做生意的朋友的鼓动下，两年后她辞去了工作，进入了房地产事务所。可是没过多久，小刘发现这并不是自己的性格倾向所在，营销工作不是自己的能力优势，为此开始叫苦不迭，巨大的工作压力让她发现自己更适合在机关单位工作，而此时她还发现，其实自己很擅长处理机关中的人际关系，外向的性格特别受到同事的爱戴。可是由于年龄、社会环境及自身的身体状况等因素所限，她已经无法再和他人在律政圈内进行竞争了，现在真是进退两难，骑虎难下。

像小刘这样仅仅由于一时冲动、受亲戚朋友鼓动就选择了“跳槽”的人不在少数，且其中有很大一部分人在换了新工作以后后悔不及，发现不论是从职业发展还是从个人性格上来说，自己都更加适合原来的职业。无奈时光无法倒流，只能眼睁睁看着别人不断迈上新台阶，而自己还在原地踏步，甚至退步。在一个传统儒家思想影响深远的环境中，“跳槽”在很长一段时间内都被认为是离经叛道的行为，是不能专注工作的表现，一般人应当在一个单位里踏踏实实地干一辈子。然而，随着改革开放的发展和人们认识水平的提高，“跳槽”被越来越多的人接受。据2005年一项针对20～40岁的职业者的调查显示，有超过30%的人在三年内离开了第一个工作单位，同时又有30%的人近期有离职意向；另一组数据表明，有超过25%的人在五年中换了三次或者三次以上的工作，有另外43%左右的人换过一次工作。由此可见“跳槽”已经成为年轻人职业生涯中一个普遍的、不可回避的话题，成为职业规划中的重要组成部分。但是跳槽就要掌握好“门道”。

然而，调查同时显示，有不少人仅仅是为了“跳槽”而跳槽，没有真正弄清楚自己跳槽是为了什么。（史梅，万金淼，应金萍. 职业生涯规划与就业指导. 武汉：武汉大学出版社. 2008.）

点评

职业规划专家John指出，跳槽是一项高深的“技术”。从广义上来说，跳槽不仅包括更换工作单位，还包括在同一公司中更换工作种类，跳槽前一定要权衡利弊，比较充分地了解自己性格特点、能力优势，了解准备进入的岗位是否与自己的人格特点匹配后再考虑付诸行动。可是小刘从原来专业对口、性格能力匹配的律师事务所跳槽到房地产销售部门，就是缺乏必要准备的不太明智的跳槽。刚刚走出校门的年轻学生，一般对自己能力、素养、性格的了解还不够，而通过一两年的工作实践，对自身有了较为完整的认识，心理也比较成熟，才可以重新考虑自己新的职业目标。事实上，规划自己的职业生涯，从某种程度上来说，就是规划“跳槽”生涯。

思考题

1．你了解自己的职业性格吗？可以试着描述自己的职业性格。

2．根据自己的职业性格，你感觉自己适合从事什么样的职业？

一、性格与职业性格

从心理学上讲，职业性格是性格的一个分支。要清楚什么是职业性格，首先就必须了解什么是性格。所谓性格是指一个人在生活中形成的对现实的稳定的态度以及与之相适应的习惯了的行为方式。态度和行为方式是统一的。一个人对现实的稳定的态度决定了其行为方式，而习惯化了的行为方式又体现了其对现实的态度。性格形成和发展不但与个体遗传（如气质、神经活动类型）、家庭、教育等因素有关，而且与个体的社会实践有关联，是在社会生活实践中逐渐形成的，一经形成便比较稳定，它会在不同的时间和情况下稳定地表现在言谈、举止、工作、学习等各个方面，影响一个人的一生，但是性格的稳定性并不是说它是一成不变的，性格也是可塑的。性格是在生活中形成的，一个人生活环境的重大变化，也一定会带来其性格特征的显著变化。职业活动作为一个人社会生活实践的重要内容，与一个人性格的形成有很大关系。研究表明，性格影响着一个人的职业取向，由于性格的不同，每个人对工作和职业的态度也是不同的。一定的性格必然适合从事一定的职业。那么什么是职业性格呢？所谓职业性格，概括起来讲就是一个人为适应职业工作，而必须具备的稳定的态度，以及与此相适应的行为方式的独特结合。不同的职业，必须有不同的职业性格与之相适应。良好的职业性格一经形成，往往能够使自身的优良品质成为一种自觉的行为表现。比如将来从事商业、服务性职业的高职学生，就必须养成开朗、活泼、热情、温和的职业性格。将来从事护理工作、财会工作的高职学生，就必须养成办事认真、细致、一丝不苟的职业性格。而将来献身于公安、政法事业的高职学生，则必须养成对人民满腔热忱，对违法犯罪的行为深恶痛绝和刚毅、勇敢、沉着与果断的职业性格。

二、性格差异与性格类型

人与人之间的性格差异主要表现在以下五个方面：

第一是性格的态度特征。在对待社会、集体、他人的态度上，有的人热心社会活动，关心集体，助人为乐；有的人却事不关己，高高挂起，甚至损公肥私。在对待工作、劳动、学习的态度上，有的人认真负责，吃苦耐劳，积极向上；有的人却马虎草率，好逸恶劳，不思进取。在对待自己的优点和缺点的态度上，有的人严于律己，扬长避短，言行一致；有的人却自傲或自卑，或文过饰非。

第二是性格的气质特征。每种类型的气质都可以形成不同的性格：胆汁质的人可能勇敢、爽朗、有进取心；也可能简单、粗暴，爱闹矛盾。多血质的人可能活泼、机敏、爱交际；也可能轻浮、不踏实、不诚实。黏液质的人可能稳重、坚毅、扎实；也可能冷淡、固执、知错难改。抑郁质的人可能办事细致、严守纪律、独立思考；也可能多疑、多愁善感、缺乏信心。

第三是性格的理性特征。表现在以思维为核心的智力活动上，如有主观性与客观性、主动性与被动性、细致性与粗略性、深刻性与肤浅性、广阔性与狭隘性、严谨性与轻率性等差异。

第四是性格的意志特征。如反应有快有慢、体验有深有浅、表现或强或弱、保持或长或短、心平气和与焦躁易怒、乐观开朗与抑郁低沉、慷慨激昂与冷淡消沉等差异。

第五是性格的意志特征。如有独立性与依赖性、自觉性与盲目性、果断性与犹豫性、坚持性与动摇性、自律与任性、勇敢与怯懦、顽强与脆弱等差异。

人与人之间的性格差异，根据不同的分类方法，可以把性格分为多种类型。

第一种分类方法是按照个人心理能量倾向于外部世界还是倾向于内部世界，我们把人的性格分为外向型和内向型，这是一种比较普通的分类方法。

外向型性格的人心理倾向于外部世界，容易把自己投入到对客观事物、人与物、周围环境的知觉、思维和情感之中。他们活泼开朗、善于交际、心直口快、感情外露、待人热情，且与人交往时随和、不拘小节、适应环境的能力较强。但是，外向型性格的人注意力不稳定、兴趣容易转移、活动不能持久。内向型性格的人心理倾向于内部，对内部心理活动的体验深刻而持久。他们感情比较深沉，待人接物小心谨慎，喜欢单独工作，喜爱思考，且具有自我分析和自我批评精神。但是，内向型性格的人不善于表达自己的思想，不善社交，对新环境的适应不够灵活。

一般来说，外向型性格的人更适合从事与外界广泛接触的职业，如管理人员、律师、政治家、推销员、记者、教师等，而不适合从事做一些程序操作、理论研究方面的工作；内向型性格的人比较适合从事有计划的、稳定的、不需要与人过多交往的职业，如科学家、技术员、会计师、打字员、统计员、资料管理员、一般办公室职员等，而不适合做公关、营销方面的工作。需要注意的是，在现在生活中，典型外向或典型内向的人并不多，大部分人属于中间型，这就增加了我们适应不同岗位的能力。

第二种分类方法是按知、情、意三个因素在性格结构中的地位，把性格分为理智型、意志型、情绪型。理智型的人爱分析、爱钻研、文静、少冲动。意志型的人目标明确、主动积极、敢作敢为、坚忍不拔。情绪型的人情绪产生迅速、情绪体验深刻、言谈举止受情绪制约。

第三种分类方法是按性格的多种特性的不同组合分为不同类型。不论哪一种性格，都是在一定的社会历史条件下，在长期的社会实践中逐步形成的。职业劳动是性格的重要成因之一，不同的职业造就不同的性格，如导游热情礼貌，能说会道；保镖胆大心细，临危不乱；演员活泼好动，善于表现；作家文静多思，勤于动笔……这都是在职业活动中养成的性格特征。

第四种分类方法是按个体独立性的程度分为顺从型和独立型。顺从型的人喜欢按别人的意见办事，按常规办事，希望别人对自己的工作负责，不愿意自己做主。独立型的人自尊、自信、自立、自强，独立思考，自主决策，应变能力强，喜欢让别人接受自己的观点。

三、性格与职业的适宜性

对于高职学生来说，求职时必须考虑的一个重点就是自身性格与职业的适宜性。性格的要素很复杂，包括的范围也很广。它作为个性中具有核心意义的成分，几乎涉及人的心理过程和个性特征的各个方面。由于性格不同，每个人对工作和职业的态度也不同。有的人勤劳，有的人懒惰；有的人勇于创新，有的人因循守旧。职业心理学的研究表明，性格影响着一个人对职业的适应性。选择职业要考虑性格的职业品质，尽量选择适合自己性格特点的工作。因为无论哪种职业都会对人的性格提出特定的要求，要适应这一职业就必须具备这一职业要求的性格特征。一定的性格适合从事一定的职业，同时，不同的职业对人有不同的性格要求。一个人在考虑和选择职业时，不仅要考虑自己的兴趣和能力，还要考虑自己的职业性格特点，从而根据自己的特点选择最易适应的职业，或者改变自己的性格来适应职业的要求。

瑞士一位心理学家曾把性格分为四类，认为每一类性格都有与之相适应的职业范围：

敏感类：这类人精神饱满，好动不好静，办事喜欢速战速决，但行为常有盲目性，有时情绪不稳定。这类人最多，约占 40%，职业范围包括运动员、行政人员及一般性职业。

情感性：这类人情感丰富，喜、怒、哀、乐溢于言表，不喜欢单调生活，爱刺激，爱感情用事，对新事物很有兴趣。这类人约占 25%，合适的职业范围包括演员、导游、活动家、护理人员等。

思考型：这类人善于思考，逻辑思维发达，有比较成熟的观点，生活、工作有规律，时间观念强，重视调查研究的精确性，但有时思想僵化，缺乏灵活性。这类人约占25%，合适的职业范围包括工程师、教师、财务人员和数据处理人员等。

想象型：这类人想象力丰富，憧憬未来，喜欢思考问题，有时行为刻板，不易合群。这类人约占10%，合适的职业范围包括科学工作者、技术研究人员、艺术工作者和作家等。

性格类型及人数的划分不一定符合我国的实际，但是性格类型与职业范围相匹配，给我们很大的启迪作用。作为求职者，有必要了解职业对从业者性格的要求，了解自己的性格特点，在条件许可的范围内，尽可能选择适合自身性格特点的职业。

主题2 职业性格的认识方法

案例2-2

昊杰，男，21岁，某高职院校市场营销专业的学生，自我评价认识是一个性格外向、活泼，喜欢跟人打交道，善于交际，能说会道，当初选择市场营销专业，也是考虑到自己的性格可能很适合做销售工作，也希望自己以后做销售业务。

昊杰进入高职院校后努力学习自己的专业知识，并广泛参加学校的活动锻炼自己，表现优异。时间过得很快，随着毕业的临近，昊杰跟大部分高职学生一样，开始着手考虑就业的问题，可是在做出选择的过程中，有些问题让他很烦恼。开始，昊杰选择自己的专业，感觉自己的性格很适合从事销售业务，但是临到毕业，他又感觉自己性格的很多方面又不很适合，有很多的缺陷，他在原来职业生涯规划的基础上，不断地调整，重新认识自己的性格。为了全面了解自己性格的优劣势，他做了很多的性格测试，发现不是很准，很多方面有冲突，这让昊杰对自我性格的认识变得越发模糊，自己也很困惑。昊杰说："我想通过全面地了解自己的性格，然后针对自己的性格优劣，制订出一套方案，改进和弥补性格缺陷，因为我认为一个人的性格对这个人是否能成功有很大的作用，我是一个渴望成功的人，但是我又不是一个有天赋的人，只是一个很普通的人，甚至是有很多缺点的人，但是我愿意改，我希望成功。”

点评

性格被视为一种人与生俱来的天性。人们显然更愿意在生活处世中顺应天性，然而个人的行为表现却注定逃不脱后天因素的影响，如文化传统、教养习惯、利益目标、行动时的客观条件乃至环境的种种限制，因此，尽管在理论上性格可以对行为表现作出某种“解释”，但是从行为表现出发推测性格，或者相反，从性格出发推测行为表现的努力却不得不面对太多不确定因素。换言之，就个体而言，外显的行为、态度与其性格之间并没有必然的、直截了当的关联，承认这种不确定性是一种基本的科学态度，它告诉我们任何单一的逻辑都不足以确定一个人的性格或者根据性格推论行为表现，请教受过严格训练的专业人士还是必要的。

一种测量方法说到底就是不断引导人们探索自我、进而认清自我的本来面目。甚至问卷得分也只是一种辅助或者参考，当测试结果与自评结果不符时，施测师将尝试找出原因或者作出解释，利用性格类型描述帮助被试者澄清自我认识，但必须承认最清楚自己性格的还是你自己。

思考题

1. 你知道哪些性格认知方法？你懂得去运用这些认知方法或工具认识自己的性格吗？

2. 运用这些性格认知方法或工具来认识自己的性格，如果跟自我评价不符合又如何？

性格的认知，可以结合自己的外显的行为、态度得以体现。通过自我评价、周围人的评价得以认知，但是个人的行为表现却注定逃不脱后天因素的影响，如文化传统、教养习惯、利益目标、行动时的客观条件乃至环境的种种限制，因此，尽管在理论上性格可以对行为表现作出某种“解释”，但是从行为表现出发推测性格，或者相反，从性格出发推测行为表现的努力却不得不面对太多不确定因素。所以，对性格的认识，还要从多个方面加以认识。

性格不是先天赋予的，而是在先天素质的基础上通过家庭、教育和社会环境的影响，以及人的自身积极活动逐渐形成的。但性格一经形成就比较稳固，这种比较稳定的对现实的态度和行为方式贯穿在人的全部行为活动中。由于人的性格特征存在这种稳定的类型差异，职业性格的自测量表便根据人的性格特点和职业对人的性格要求这两个方面来设置，每一种性格类型都有其相适应的专业。通过职业性格自测量表的自测，求职者可以认识自己的职业性格类型，并有效选择适合自己性格的职业。有关性格的自测量表很多，如当今世界上应用最广泛的性格测试工具 MBTI、最著名的美国心理学家卡特尔编辑的卡特尔 16 种人格因素测验等。

下面介绍这两个测量工具。

1. MBTI

MBTI 全称 Myers-Briggs Type Indicator，是一种迫选型、自我报告式的性格评估工具，用以衡量和描述人们在获取信息、作出决策、对待生活等方面的心理活动规律和性格类型。它以瑞士心理学家 Carl Jung 的性格理论为基础，由美国的 Katherine C. Briggs 和 Isabel Briggs Myers 母女共同研制开发。

MBTI 性格类型理论是一把深入、系统地了解人的本我的奇妙的钥匙。它揭示了不同类型的人有不同的本能的、自然的思维、感觉和行为模式，同一种类型的人本能的、自然的思维、感觉、行为模式又是何其地相似，从而使我们明白为什么不同的人对不同的事物感兴趣，为什么不同的人擅长不同的工作，人们为什么不能相互理解、有效配合。一个人的 MBTI 性格类型是由遗传、成长环境决定的，16 岁以后，很难改变（存在有个别人在经历过特殊处境（如濒临死亡）后性格类型有改变的例外情况），只有性格倾向的程度会随着年龄的增长而有所变化。

MBTI 性格类型系统分为 4 个维度，每个维度有 2 个方向，共 8 个方向，如表 2-1 所示。

表 2-1　MBTI 4 个维度

我们与外界相互作用的程度以及自己的能量被引向何处	（E）外倾—内倾（I）
我们自然注意到的信息类型	（S）触觉—直觉（N）
我们做决定和得出结论的方法	（T）思维—情感（F）
我们喜欢以一种较固定的方式生活（或做决定），还是以一种更自然的方式生活（或获取信息）	（J）判断—知觉（P）

每个人的性格都在 4 个维度相应分界点的这边或那边，我们称之为性格倾向或性格偏好。例如，如果你落在触觉的那边，称为“你具有触觉的倾向”；如果你落在直觉的那边，称为“你具有直觉的倾向”。

在现实生活中，每个维度的两个方向你都会用到，只是其中的一个方向你用得更自然、更容易、更快、更舒适，就好像每个人都会用到左手和右手，习惯用左手的人是左撇子，习惯用右手的人是右撇子。同样，你的性格倾向就是你用得更自然、更容易、更快、更舒适的那个方向。

4 个维度各有两个方向，一共组成 2×2×2×2=16 种性格类型，如表 2-2 所示。

表 2-2　16 种性格类型

ISTJ	ISTP	ISFJ	ISFP	INTJ	INTP	INFJ	INFP
ESTJ	ESTP	ESFJ	ESFP	ENTJ	ENTP	ENFJ	ENFP

维度解释如图 2-1～图 2-4 所示。

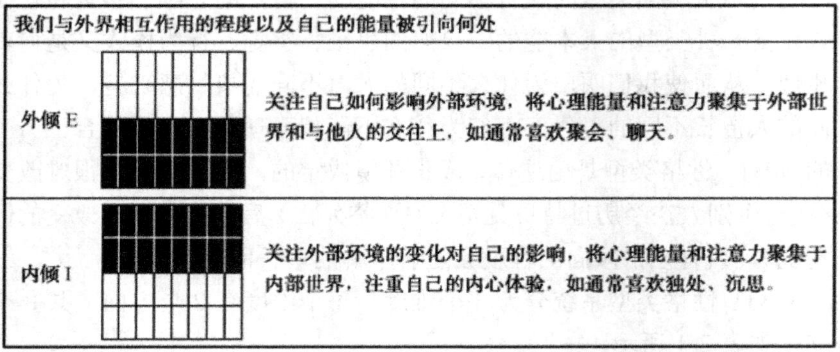

图 2-1

我们做决定和得出结论的方法		
思维 T	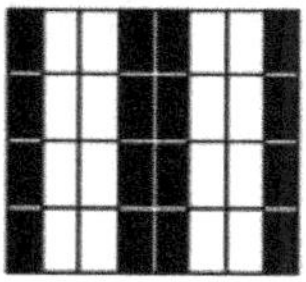	着重事物之间的逻辑关系，喜欢通过客观分析做决定、评价，如通常感情不丰富、对情感不敏感。
情感 F		以自己和他人的感受为重，将价值观作为判定标准，如通常感情丰富、对情感敏感。

图 2-2

我们喜欢以一种较固定的方式生活（或做决定），还是以一种更自然的方式生活（或获取信息）		
判断 J	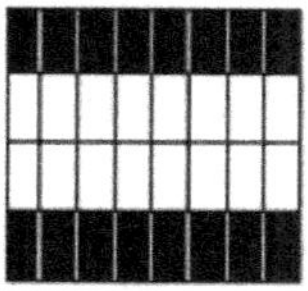	倾向于确定，不随时改变，如通常按部就班、有条理，喜欢在生活中想方设法管理和控制。
知觉 P	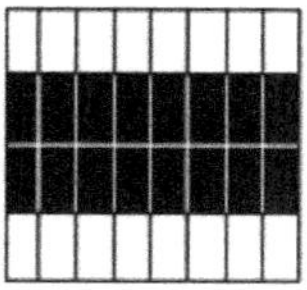	倾向于随时随着信息的变化不断调整目标，如通常灵活多变、任事情自由发展。

图 2-3

我们自然注意到的信息类型		
触觉 S	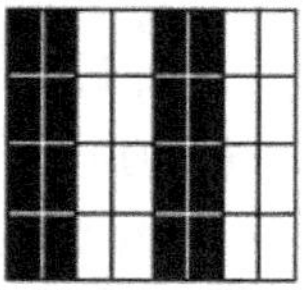	关注由感觉器官获取的具体信息：看到的、听到的、闻到的、尝到的、触摸到的事物，如喜欢描述。
直觉 N	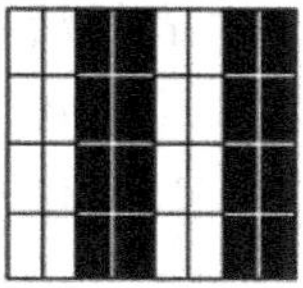	相对于事物本身更关注基于事物的含义、关系、可能性，如喜欢推测。

图 2-4

注：（1）自己根据维度解释判断自己的性格类型往往不准，必须使用可靠性得到充分验证的专业的测试工具进行测试，并与对 MBTI 性格类型系统和测试工具经验丰富的专业人士充分沟通，由这个专业人士对测试结果进行修正或确认，才能确定你的性格类型。

（2）以上 4 个维度展示的是性格倾向、性格偏好，不是知识、技能、经验。

（3）每一种性格倾向（性格类型）都既是优点，也是缺点，没有绝对的好与坏之分，但不同特点对于不同的工作存在“适合”与“不适合”的区别，从而表现出具体条件下的优劣势。

（4）MBTI 性格类型系统中的“外倾”、“内倾”相当于我们日常生活中说的外向、内向，但日常生活中对外向、内向的判断不够标准。普遍的现象是，日常生活中如果判断一个人性格外向，但按照 MBTI 性格类型系统的标准应该是“内倾”。中国人 90%以上性格“内倾”。

（5）不要试图改变你的性格类型，而应该通过深入、系统地把握自己的优劣势，扬性格和天赋之长，避性格和天赋之短，选择适合自己的职业。

（引自：职业规划中国网 http：//www.ienjoyjob.com/moshi.htm）

测量：MBTI 职业性格测试完整版（静态题库）

http：//www.apesk.com/mbti/dati.asp

2. 卡特尔 16 种人格因素测验

卡特尔 16 种人格因素测验（Cattell Sixteen Personality Factors Questionnaire，简称 16PF）是由美国伊利诺州立大学人格及能力测验研究所（Institute of Personality and Ability Testing）的卡特尔教授（Raymend B. Cattell）所编制的人格测试量表（自测网站：http：//www.sojump.com/jq/176289.aspx）。

问卷目的：人格是稳定的、习惯化的思维方式和行为风格，它贯穿于人的整个心理，是人的独特性的整体写照。人格对于管理者来说是很重要的，它渗透到管理者的所有行为活动中，影响管理者的活动方式、风格和绩效。大量研究和实践表明：一些样式的人格类型和管理活动有着特定的关系，它们对团体的贡献不同，所适宜的管理环境也不同。利用成熟的人格测验方法对管理者或应聘人员的人格类型进行诊断，可为人事安置、调整和合理利用人力资源提供建议。这正是本测验的使用目的所在。16PF 广泛用于人员的选拔和评定。

问卷功能：其主要功能是对个体的人格因素进行分析，从 16 个方面描述个体的人格特征。这 16 个因素分别为：乐群性（A）、聪慧性（B）、稳定性（C）、恃强性（E）、兴奋性（F）、有恒性（G）、敢为性（H）、敏感性（I）、怀疑性（L）、幻想性（M）、世故性（N）、忧虑性（O）、实验性（Q1）、独立性（Q2）、自律性（Q3）、紧张性（Q4），并可以了解应试者在环境适应、专业成就和心理健康等方面的表现。在人事管理中，16PF 能够预测应试者的工作稳定性、工作效率和压力承受能力等，可广泛应用于心理咨询、人员选拔和职业指导的各个环节，为人事决策和人事诊断提供个人心理素质的参考依据。

适用对象：本测验适用范围很广，凡是有相当于初中以上文化程度的青、壮年和老年人都适用。16PF 属于团体施测的量表，当然也可以个别施测。

职业性格可以借助相关的性格测量工具加以认识，所得的数据或者分数可以作为我们认识自我性格的参考，但是对自己性格最清楚的还是你自己。

补充资料

专家解读：一个喷嚏 4 种性格

打喷嚏是再正常不过的生理现象，而最近有专家称：一个喷嚏就能暴露一个人的性格特征。

肢体语言专家帕蒂·伍德说："虽然打喷嚏是我们无意识的行为，但它比打哈欠或咳嗽这样的行为有着更加丰富的含义。我们大多数人都会有一种与我们的性格相吻合的打喷嚏方式。"伍德通过观察研究，把打喷嚏者分成了四种类型，即完美型、睿智型、决策型和热情型。

如果你一打喷嚏就转过脸去，根据伍德的分析，你就是一个"完美型"的人，这类人大多对人热情、乐于助人，而且还很有修养；如果你总爱打那种声音特别大的喷嚏的话，你则是一个"决策型"的人，这类人反应速度快，具有很强的决策能力，是个出色的领导者；如果你在感觉到自己要打喷嚏时会赶忙拿身边的东西遮住自己的嘴巴，那么你就是一个“睿智型”的人，这种类型的人非常细心敏感，爱做深度的思考；最后一种类型就是“热情型”，这类人要么打喷嚏的次数特别多，要么一打就是惊天动地式的，他们总是具有超凡的魅力，这使得他们在社交活动中如鱼得水，很有号召力和感染力。

有关数据显示，一个喷嚏可以以大约每小时 100 公里的时速把气体从你的鼻子里面推出来，使你身体中 10 万多细菌扩散在方圆 2 到 3 米的空气中。（来源：北京晚报）

小组讨论

1．运用性格认知方法分析自己的性格特点，并与相对应的职业进行匹配。

2．当自己的职业性格与目前所学的专业或者就业岗位存在差异时，如何调整自己？

附录 1　卡特尔 16 种人格因素测验

本测验共有 187 道题目，都是有关个人的兴趣和态度等问题的。每个人对这些问题是会有不同的看法的，回答也是不同的，因而对问题的如何回答，并没有“对”与“不对”之分，只是表明你对这些问题的态度，请你要尽量表达个人的意见，不要有顾忌。应当记住的是：（1）尽量不要选择中性答案。（2）本测验不计时间，但凭自己的直觉反应进行作答，不要迟疑不决，拖延时间。（3）有些题目你可能从未思考过，或者感到不太容易回答，对于这样的题目，同样要求你做出一种倾向性选择。

每个题目都要回答，不要有遗漏。务必根据自己的实际情况回答，对每个问题不要过多考虑，请用“ √ ”号尽快确定答案。

1．我很明了本测验的说明。

A．是的　　B．不一定　　C．不是的

2．我对本测验的每一个问题，都能做到诚实地回答。

A．是的　　B．不一定　　C．不是的

3．如果我有机会的话，我愿意：

A．到一个繁华的城市旅行

B．介于 AC 之间

C．游览清净的山区

4．我有能力应付各种困难。

A．是的　　B．不一定　　C．不是的

5．即便是关在铁笼里的猛兽，也会使我惴惴不安。

A．是的　　B．不一定　　C．不是的

6．我总是不敢大胆批评别人的言行。

A．是的　　B．有时如此　　C．不是的

7．我的思想似乎：

A．比较先进　　B．一般　　C．比较保守

8．我不擅长说笑话、讲趣事。

A．是的　　B．介于 AC 之间　　C．不是的

9．当我见到亲友或邻居争吵时，我总是：

A．任其自己解决　　B．介于 AC 之间　　C．予以劝解

10．在群众集会中，我：

A．谈吐自如　　B．介于 AC 之间　　C．保持沉默

11．我愿做一个：

A．建筑工程师　　B．不确定　　C．社会科学教授

12．阅读时，我喜欢选读：

A．自然科学书籍　　B．不确定　　C．政治理论书籍

13．我认为很多人都有些心理不正常，只是他们不愿意承认。

A．是的　　B．介于 AC 之间　　C．不是的

14．我希望我的爱人擅长交际，无须具有文艺才能。

A．是的　　B．不一定　　C．不是的

15．对于性情急躁爱发脾气的人，我仍能以礼相待。

A．是的　　B．介于 AC 之间　　C．不是的

16．受人侍奉时我常常局促不安。

A．是的　　　　B．介于AC之间　　　　C．不是的

17．在从事体力或脑力劳动后，我总是需要比别人有更多的休息时间才能保持工作效率。

A．是的　　　　B．介于AC之间　　　　C．不是的

18．半夜醒来，我常常因为种种惴惴不安而不能入睡。

A．常常如此　　　　B．有时如此　　　　C．极少如此

19．事情进行得不顺利时，我常常急得涕泪交流。

A．从不如此　　　　B．有时如此　　　　C．常常如此

20．我认为只要双方同意就可以离婚，不要受传统观念的束缚。

A．是的　　　　B．介于AC之间　　　　C．不是的

21．我对人或物的兴趣都很容易改变。

A．是的　　　　B．介于AC之间　　　　C．不是的

22．在工作中我愿意：

A．和别人合作　　　　B．不确定　　　　C．自己单独进行

23．我常常会无故地自言自语。

A．常常如此　　　　B．偶然如此　　　　C．从不如此

24．无论是工作、饮食或外出游览，我总是：

A．匆匆忙忙、不能尽兴

B．介于AC之间

C．从容不迫

25．有时我怀疑别人是否对我的言行真正有兴趣。

A．是的　　　　B．介于AC之间　　　　C．不是的

26．如果我在工厂里工作，我愿做：

A．技术科的工作　　　　B．介于AC之间　　　　C．宣传科的工作

27．在阅读时我愿意阅读：

A．有关太空旅行的书籍

B．不太确定

C．有关家庭教育的书籍

28. 本题后面列出的三个单词，哪个与其他两个单词不雷同：

A. 狗　　　B. 石头　　　C. 牛

29. 如果我能到一个新的环境，我要：

A. 把生活安排得和从前不一样

B. 不确定

C. 和从前相仿

30. 在一生中，我总觉得我能达到预期的目标。

A. 是的　　　B. 不一定　　　C. 不是的

31. 当我说谎时，总觉得内心羞愧，不敢正视对方。

A. 是的　　　B. 不一定　　　C. 不是的

32. 假如我手里拿着装有子弹的手枪，我必须把子弹拿出来才能安心。

A. 是的　　　B. 介于AC之间　　　C. 不是的

33. 多数人认为我是一个说话有趣的人。

A. 是的　　　B. 不一定　　　C. 不是的

34. 如果人们知道我内心的成见，他们会大吃一惊。

A. 是的　　　B. 不一定　　　C. 不是的

35. 在公共场合，如果我突然成为大家注意的中心，我会感到局促不安。

A. 是的　　　B. 介于AC之间　　　C. 不是的

36. 我喜欢规模庞大的晚会或集会。

A. 是的　　　B. 介于AC之间　　　C. 不是的

37. 在学科中，我喜欢：

A. 音乐　　　B. 不一定　　　C. 手工劳动

38. 我常常怀疑那些出乎意料的、对我过于友善的人的诚实动机。

A. 是的　　　B. 介于AC之间　　　C. 不是的

39. 我愿意把生活安排得像一个：

A. 艺术家　　　B. 不确定　　　C. 会计师

40. 我认为目前所需要的是：

A．多出现一些改造世界观的思想家

B．不确定

C．脚踏实地的实干家

41．有时候我觉得需要剧烈的体力劳动。

A．是的　　B．介于 AC 之间　　C．不是的

42．我愿意跟有教养的人来往，而不愿意同粗鲁的人交往。

A．是的　　B．介于 AC 之间　　C．不是的

43．在处理一些必须凭借智慧的事物中，我的亲人的确：

A．比一般人差　　B．普通　　C．超人一等

44．当领导召见时，我：

A．觉得可以趁机提出建议

B．介于 AC 之间

C．总怀疑自己做错了事

45．如果待遇优厚，我愿意做护理工作。

A．是的　　B．介于 AC 之间　　C．不是的

46．读报时，我喜欢读：

A．当前世界上的基本问题

B．介于 AC 之间

C．地方新闻

47．在接受困难任务时，我总是：

A．有独立完成的信心

B．不确定

C．希望有别人的帮助和指导

48．在游览时我宁愿参加一个画家的写生，也不愿听人家的辩论。

A．是的　　B．不一定　　C．不是的

49．我的神经脆弱，稍有点刺激就会使我战栗。

A．时常如此　　B．有时如此　　C．从不如此

50．早晨起来我常常感到疲乏不堪。

A．是的　　B．介于 AC 之间　　C．不是的

51．如果待遇相同，我愿做：

A．森林管理员　B．不一定　C．中小学教师

52．每逢年节或亲友结婚时，我：

A．喜欢赠送礼品　B．不太确定　C．不愿相互送礼

53．本题后面列举的三个数字中，哪个数字与其他两个不雷同。

A．5　B．2　C．7

54．猫和鱼就像牛和：

A．牛奶　B．牧草　C．盐

55．我在小学时敬佩的老师，到现在仍然值得我敬佩。

A．是的　B．不一定　C．不是的

56．我觉得我确实有一些别人所不及的优良品质。

A．是的　B．不一定　C．不是的

57．根据我的能力，即使让我做一些平凡的工作，我也会安心的。

A．是的　B．不太确定　C．不是的

58．我喜欢看电影或参加其他娱乐活动。

A．比一般人多　B．和一般人相同　C．比一般人少

59．我喜欢需要精密技术的工作。

A．是的　B．介于AC之间　C．不是的

60．在有威望有地位的人面前，我总是较为局促、谨慎。

A．是的　B．介于AC之间　C．不是的

61．对于我来说，在大众面前演讲或表演是一件难事。

A．是的　B．介于AC之间　C．不是的

62．我愿意：

A．指挥几个人工作

B．不确定

C．和同志们一起工作

63．即使我做了一件让人笑话的事，我也能坦然处之。

A．是的　B．介于AC之间　C．不是的

64．我认为没有人会幸灾乐祸希望我遇到困难。

A．是的　　B．不确定　　C．不是的

65．一个人应该：

A．考虑人生的真正意义

B．不确定

C．踏踏实实地工作和学习

66．我喜欢去处理被别人弄得一塌糊涂的工作。

A．是的　　B．介于AC之间　　C．不是的

67．当我非常高兴时，总有种“好景不长”的感觉。

A．是的　　B．介于AC之间　　C．不是的

68．在一般困难的情境中，我总能保持乐观。

A．是的　　B．不一定　　C．不是的

69．迁居是一件极不愉快的事。

A．是的　　B．介于AC之间　　C．不是的

70．在年轻的时候，当我和父母的意见不同时，我：

A．接受父母的意见

B．介于AC之间

C．不接受父母的意见

71．我希望把我的家庭建设得：

A．有其自身的活动和娱乐

B．介于AC之间

C．成为邻里交往活动的一部分

72．我解决问题时多借助于：

A．个人独立思考　　B．介于AC之间　　C．和别人互相讨论

73．在需要当机立断时，我总是：

A．镇静地利用理智　　B．介于AC之间　　C．常常紧张兴奋

74．最近在一两件事情上，我觉得我是无辜受累的。

A．是的　　B．介于AC之间　　C．不是的

75．我善于控制我的表情。

A．是的　　B．介于AC之间　　C．不是的

76．如果待遇相同，我愿做一个：

A．文学研究工作者 B．不确定 C．旅行社经理

77．“惊讶”与“新奇”犹如“惧怕”与：

A．勇敢 B．焦虑 C．恐怖

78．本题后面列出的三个分数，哪一个数与其他两个不雷同。

A．3/7 B．3/9 C．3/11

79．不知为什么，有些人总是回避或冷淡我。

A．是的 B．不一定 C．不是的

80．我虽然善意待人，但常常得不到好报。

A．是的 B．不一定 C．不是的

81．我不喜欢争强好胜的人。

A．是的 B．不一定 C．不是的

82．和一般人相比，我的朋友的确太少。

A．是的 B．介于AC之间 C．不是的

83．不在万不得已的情况下，我总是回避参加应酬性的活动。

A．是的 B．不一定 C．不是的

84．我认为对领导逢迎得当，比工作表现更重要。

A．是的 B．介于AC之间 C．不是的

85．参加竞赛时，我总是着重在竞赛的活动中，而不计较其成败。

A．总是如此 B．一般如此 C．偶然如此

86．按照我个人的意愿，我希望做的工作是：

A．有固定而可靠的工资收入

B．介于AC之间

C．工资高低应随我的工作表现随时调整

87．我愿意阅读：

A．军事与政治的实事记载

B．不一定

C．富有情感和幻想的作品

88．我认为有许多人之所以不敢犯罪，其主要原因是惧怕惩罚。

A．是的　　B．介于AC之间　　C．不是的

89．我的父母从来不严格要求我事事顺从。

A．是的　　B．不一定　　C．不是的

90．“百折不挠、再接再厉”的精神似乎被人们所忽略。

A．是的　　B．不一定　　C．不是的

91．当有人对我发火时，我总是：

A．设法使他镇静下来

B．不太确定

C．也会发起火来

92．我希望：

A．人们都要友好相处

B．不一定

C．进行斗争

93．无论是在极高的房屋上还是在极深的隧道中，我很少感到胆怯不安。

A．是的　　B．介于AC之间　　C．不是的

94．只要没有过错，不管别人怎么说，我总能心安理得。

A．是的　　B．不一定　　C．不是的

95．我认为凡是无法用理智来解决的问题，有时就不得不靠权力处理。

A．是的　　B．介于AC之间　　C．不是的

96．我在年轻的时候和异性交往：

A．较多　　B．介于AC之间　　C．较别人少

97．我在社团活动中，是一个活跃分子。

A．是的　　B．介于AC之间　　C．不是的

98．在人声嘈杂中，我仍然能不受干扰，专心工作。

A．是的　　B．介于AC之间　　C．不是的

99．在某些心境下，我常常因为困惑陷入空想而将工作搁置下来。

A．是的　　B．介于AC之间　　C．不是的

100．我很少用难堪的语言去刺伤别人的感情。

A．是的　　B．不太确定　　C．不是的

101．如果让我选择，我宁愿做：

A．列车员　　B．不确定　　C．描图员

102．“理不胜词”的意思是：

A．理不如词

B．理多而词少

C．辞藻华丽而理不足

103．“铁锹”与“挖掘”犹如“刀子”与：

A．琢磨　　B．切割　　C．铲除

104．我在大街上，常常避开我所不愿意打招呼的人。

A．极少如此　　B．偶然如此　　C．有时如此

105．当我聚精会神地听音乐时，即使有人在旁边高谈阔论：

A．我仍然专心听音乐

B．介于 AC 之间

C．不能专心而感到愤怒

106．在课堂上如果我的意见与老师的不同，我常常：

A．保持沉默　　B．不一定　　C．当场表明立场

107．我单独与异性谈话时，总显得不自然。

A．是的　　B．介于 AC 之间　　C．不是的

108．我在待人接物方面的确不太成功。

A．是的　　B．不完全是这样　　C．不是的

109．每当做一个困难工作时，我总是：

A．预先做好准备

B．介于 AC 之间

C．相信到时候总会有办法解决的

110．在我结交的朋友中，男女各占一半。

A．是的　　B．介于 AC 之间　　C．不是的

111．我在结交朋友方面：

A．结识很多人

B．不一定

C．维持几个深交的朋友

112．我愿意做一个社会科学家，而不愿意做一个机械工程师。

A．是的　　B．不确定　　C．不是的

113．如果我发现了别人的缺点，我会不顾一切地提出指责。

A．是的　　B．介于AC之间　　C．不是的

114．我善于设法影响和我一起工作的同事，使他们能协助我实现我所计划的目标。

A．是的　　B．介于AC之间　　C．不是的

115．我喜欢做戏剧、音乐、歌舞、新闻采访等工作。

A．是的　　B．不一定　　C．不是的

116．当人们表扬我的时候，我总觉得羞愧窘促。

A．是的　　B．介于AC之间　　C．不是的

117．我认为一个国家最需要解决的问题是：

A．政治问题　　B．不太确定　　C．道德问题

118．有时我会无故产生一种面临大祸的恐惧。

A．是的　　B．有时如此　　C．不是的

119．我在童年时害怕黑暗的次数：

A．极多　　B．不太多　　C．几乎没有

120．在闲暇的时候，我喜欢：

A．看一些历史性的探险电影

B．不一定

C．读一本科学性的幻想小说

121．当人们批评我古怪不正常时，我：

A．非常气恼　　B．有些动气　　C．无所谓

122．到一个新城市里去找地址，我：

A．找人问路

B．介于AC之间

C．参考市区地图

123．当朋友声明他要在家休息时，我总是设法怂恿他同我一起到外面去游览。

A．是的　　B．不一定　　C．不是的

124．在就寝时我常常：

A．不易入睡　　B．介于 AC 之间　　C．极易入睡

125．有人烦扰我时，我：

A．能不露声色

B．介于 AC 之间

C．总要说给别人听，以泄气愤

126．如果待遇相同，我愿做一个：

A．律师　　B．不确定　　C．航海员

127．“时间变成了永恒”这是比喻：

A．时间过得很快　　B．忘了时间　　C．光阴一去不复返

128．本题后面列的哪一项应接在 X0000XX000XXX 的后面？

A．X0X　　B．00X　　C．0XX

129．我无论到什么地方，都能清楚地辨别方向。

A．是的　　B．介于 AC 之间　　C．不是的

130．我热爱所学的专业和从事的工作。

A．是的　　B．介于 AC 之间　　C．不是的

131．如果我急于想借朋友的东西，而朋友又不在家时，我认为不告而取也没有关系。

A．是的　　B．介于 AC 之间　　C．不是的

132．我喜欢向朋友讲述一些我个人有趣的经历。

A．是的　　B．介于 AC 之间　　C．不是的

133．我宁愿做一个：

A．演员　　B．不确定　　C．建筑师

134．业余时间，我总是做好安排，不使时间浪费。

A．是的　　B．介于 AC 之间　　C．不是的

135. 在和别人交往中，我总是无缘无故地产生一种自卑感。

A. 是的　　B. 介于AC之间　　C. 不是的

136. 和不熟识的人交谈对我来说：

A. 毫无困难　　B. 介于AC之间　　C. 是一件难事

137. 我所喜欢的音乐是：

A. 轻松活泼的　　B. 介于AC之间　　C. 富于感情的

138. 我爱想入非非。

A. 是的　　B 不一定　　C. 不是的

139. 我认为未来二十年的世界局势定将好转。

A. 是的　　B. 不一定　　C. 不是的

140. 在童年时，我喜欢阅读：

A. 神话幻想故事　　B. 不确定　　C. 战争故事

141. 我向来都对机械、汽车等发生兴趣。

A. 是的　　B. 介于AC之间　　C. 不是的

142. 即使让我做一个缓刑释放的罪犯的管理人，我也会把工作搞得较好。

A. 是的　　B. 介于AC之间　　C. 不是的

143. 我仅仅被认为是一个能够苦干而稍有成就的人而已。

A. 是的　　B. 介于AC之间　　C. 不是的

144. 就是在不顺利的情况下，我仍能保持精神振奋。

A. 是的　　B. 介于AC之间　　C. 不是的

145. 我认为节制生育是解决经济与和平问题的重要条件。

A. 是的　　B. 不太确定　　C. 不是的

146. 在工作中我喜欢独自筹划，不愿受别人干涉。

A. 是的　　B. 介于AC之间　　C. 不是的

147. 尽管有的同事和我意见不合，但我仍能跟他团结。

A. 是的　　B. 不一定　　C. 不是的

148. 我在工作和学习上，总是设法使自己不粗心大意、不忽略细节。

A. 是的　　B. 介于AC之间　　C. 不是的

149．在和别人争辩或险遭事故后，我常常表现出震颤、筋疲力尽、不能安心工作。

A．是的　　B．介于AC之间　　C．不是的

150．未经医生处方，我是从不乱吃药的。

A．是的　　B．介于AC之间　　C．不是的

151．根据我个人的兴趣，我愿参加：

A．摄影组活动　　B．不确定　　C．文娱队活动

152．“星火”与“燎原”犹如“姑息”与：

A．同情　　B．养奸　　C．纵容

153．“钟表”与“时间”犹如“裁缝”与：

A．服装　　B．剪刀　　C．布料

154．生动的梦境，常常干扰我的睡眠。

A．经常如此　　B．偶然如此　　C．从不如此

155．我爱打抱不平。

A．是的　　B．介于AC之间　　C．不是的

156．如果我要到一个新城市，我要：

A．到处闲逛

B．不确定

C．避免到不安全的地方去

157．我爱穿朴素的衣服，不愿穿华丽的服装。

A．是的　　B．不太确定　　C．不是的

158．我认为安静的娱乐远远胜于热闹的宴会。

A．是的　　B．不太确定　　C．不是的

159．我明知自己有缺点，但不愿意接受别人的批评。

A．偶然如此　　B．极少如此　　C．从不如此

160．我总是把“是非善恶”作为处理问题的原则。

A．是的　　B．介于AC之间　　C．不是的

161．当我工作时，我不喜欢有许多人在旁观看。

A．是的　　B．介于AC之间　　C．不是的

162. 我认为侮辱那些有错误但有文化教养的人，如医生、教师等也是不应该的。

A. 是的　　B. 介于AC之间　　C. 不是的

163. 在各种课程中，我喜欢：

A. 语文　　B. 不确定　　C. 数学

164. 那些自以为是、道貌岸然的人使我生气。

A. 是的　　B. 介于AC之间　　C. 不是的

165. 和循规蹈矩的人交谈，我觉得：

A. 很有兴趣并有所得

B. 介于AC之间

C. 他们的思想简单，使我厌烦

166. 我喜欢：

A. 有几个有时对我很苛求但富有感情的朋友

B. 介于AC之间

C. 不受别人的干涉

167. 如果征求我的意见，我赞同：

A. 根绝精神病患者及智能低下的人的生育

B. 不确定

C. 杀人犯判处死刑

168. 有时我会无缘无故地感到沮丧痛苦。

A. 是的　　B. 介于AC之间　　C. 不是的

169. 当和立场相反的人辩论时，我主张：

A. 尽量找出基本概念的差异

B. 不一定

C. 彼此让步

170. 我一向是重感情，不重理智，因此我的观点常常动摇不定。

A. 是的　　B. 不致如此　　C. 不是的

171. 我的学习多依赖于：

A. 阅读书刊　　B. 介于AC之间　　C. 参加集体讨论

172．我宁愿不在乎是否有保障，选择一个工资较高的工作，不愿做工资低的固定工作。

A．是的　　B．不太确定　　C．不是的

173．在参加讨论时，我总是能把握住自己的立场。

A．经常如此　　B．一般如此　　C．必要时才能如此

174．我常常被一些无所谓的小事所烦扰。

A．是的　　B．介于AC之间　　C．不是的

175．我宁愿住在嘈杂的闹市区，而不愿住在僻静的郊区。

A．是的　　B．不太确定　　C．不是的

176．下列工作如果让我挑选的话，我愿做：

A．少先队辅导员　　B．不太确定　　C．修表工作

177．一人___事，众人受累。

A．偾　　B．愤　　C．喷

178．望子成龙的家长往往___苗助长。

A．揠　　B．堰　　C．偃

179．气候的变化并不影响我的情绪。

A．是的　　B．介于AC之间　　C．不是的

180．因为我对一切问题都有一些见解，所以大家都认为我是一个有头脑的人。

A．是的　　B．介于AC之间　　C．不是的

181．我讲话的声音：

A．洪亮　　B．介于AC之间　　C．低沉

182．一般人都认为我是一个活跃热情的人。

A．是的　　B．介于AC之间　　C．不是的

183．我喜欢做出差机会较多的工作。

A．是的　　B．介于AC之间　　C．不是的

184．我做事严格，力求把事情办得尽善尽美。

A．是的　　B．介于AC之间　　C．不是的

185．在取回或归还借的东西时，我总是检查，看是否保持原样。

A．是的　　　　　　　B．介于 AC 之间　　　　C．不是的

186．我通常总是精力充沛，忙碌多事。

A．是的　　　　　　　B．不一定　　　　　　C．不是的

187．我确信我没有遗漏或不经心回答上面的任何问题。

A．是的　　　　　　　B．不确定　　　　　　C．不是的

计分方法

1．原始分。本项测验共包括对 16 种性感因素的测评，以下是各项性格因素所包括的测试题。

A：3，26，27，51，76，101，126，151，176；

B：28，53，54，77，78，102，103，127，128，152，153，177，178，180；

C：4，5，29，30，30，55，79，80，104，105，129，130，154，179；

E：6，7，31，32，56，57，81，106，131，155，156，180，181；

F：8，33，58，82，83，107，108，132，133，157，158，182，183；

G：9，34，59，84，109，134，159，160，184，185；

H：10，35，36，60，61，85，86，110，111，135，136，161，186；

I：11，12，37，62，87，117，137，138，162，163；

L：13，38，63，64，88，89，113，114，139，164；

M：14，15，39，40，65，90，91，115，116，140，141，165，166；

N：16，17，41，42，66，67，92，117，142，167；

O：18，19，43，44，68，69，93，94，118，19，143，144，168；

Q1：20，21，45，46，70，95，120，145，169，170；

Q2：22，47，71，72，96，97，121，122，146，171；

Q3：23，24，48，73，98，123，147，148，172，173；

Q4：25，49，50，74，75，99，100，124，125，149，150，174，175。

将每项因素所包括的测试题得分加起来，就是该项性格因素的原始

得分。具体每题的积分法如下：

（1）下列题凡是选以下对应的选项加 1 分，否则加 0 分。

28. B　53. B　54. B　77. C　78. B　102. C　103. B　127. C　128. B　152. B　153. C　176. A　177. A　178. A。

（2）下列题凡是选 B 均加 1 分，选以下对应的选项加 2 分，否则计 0 分。

3. A　4. A　5. C　6. C　7. A　8. C　9. C　10. A　11. C　12. C　13. A　14. C　15. C　16. C　17. A 18. A　19. C　20. A　21. A　22. C　23. C　24. C　25. A　26. C　27. C　29. C　30. A　31. C　32. C　33. A　34. C　35. C　36. A　37. A　38. A　39. A　40. A　41. A　42. A　43. A　44. C　45. C　46. A　47. A　48. A　49. A　50. A　51. C　52. A　55. A　56. A　57. C　58. A　59. A　60. C　61. C　62. C　63. C　64. C　65. A　66. C　67. C　68. C　69. A　70. A　71. A　72. A　73. A　74. A　75. C　76. C　79. C　80. C　81. C　82. C　83. C　84. C　85. C　86. C　87. C　88. A　89. C　90. C　91. A　92. C　93. C　94. C　95. C　96. C　97. C　98. A　99. A　100. C　101. A　104. A　105. A　106. C　107. C　108. C　109. A　110. A　111. A　112. A　113. A　114. A　115. A　116. A　117. A　118. A　119. A　120. C　121. C　122. C　123. C　124. A　125. C　126. A　129. A　130. A　131. A　132. A　133. A　134. A　135. C　136. A　137. C　138. A　139. C　140. A　141. C　142. A　143. A　144. C　145. A　146. A　147. A　148. A　149. A 150. A　151. C　154. C　155. A　156. A　157. C　158. C　159. C　160. A　161. C　162. C　163. A　164. A　165. C　166. C　167. A　168. A　169. A　170. C　171. A　172. C　173. A　174. A　175. C　179. A　180. A　181. A　182. A　183. A　184. A　185. A　186. A。

注：第 1、2、187 题不计分。

2. 标准分换算。在统计出各项性格因素的原始分之后，对应表 2-3 换算成标准分。

表 2-3 16 种性格因素测试得分表

得分情况 16 种性格因素	1	2	3	4	5	6	7	8	9	10	平均数	标准差
A	0～1	2～3	4～5	6	7～8	9～11	12～13	14	15～16	17～20	9.06	3.40
B	0～3	4	5	6	7	8	9	10	11	12～13	7.65	1.60
C	0～5	6～7	8～9	10～11	12～13	14～16	17～18	19～20	21～22	23～26	14.08	4.11
E	0～2	3～4	5	6～7	8～9	10～12	13～14	15～16	17～18	19～26	9.82	3.50
F	0～3	4	5～6	7	8～9	10～12	13～14	15～16	17～18	19～26	10.69	3.84
G	0～5	6～7	8～9	10	11～12	13～14	15～16	17	18	19～20	1.69	2.85
H	0～1	2	3	4～6	7～8	9～11	12～14	15～16	17～19	20～26	8.76	4.95
I	0～5	6	7～8	9	10～11	12～13	14	15～16	17	18～19	11.42	2.87
L	0～3	4～5	6	7～8	9～10	11～12	13	14～15	16	17～20	10.25	3.05
M	0～5	6～7	8～9	10～11	12～13	14～15	16～17	18～19	20	21～26	13.27	3.39
N	0～2	3	4	5～6	7～8	9～10	11	12～13	14	15～20	8.21	2.67
O	0～2	3～4	5～6	7～8	9～10	11～12	13～14	15～16	17～18	19～26	10.42	3.79
Q1	0～4	5	6～7	8	9～10	11～12	13	14	15	16～20	10.15	2.54
Q2	0～5	6～7	8	9～10	11～12	13～14	15	16～17	18	19～20	12.26	2.88
Q3	0～4	5～6	7～8	9～10	11～12	13～14	15～16	17～19	20～31	22～26	11.46	4.79
Q4	0～2	3～4	5～6	7～8	9～11	12～14	15～16	17～19	20～31	22～26	11.46	4.79
标准分	1	2	3	4	5	6	7	8	9	10		

结果说明

以下是每项性格因素得分者的特征，每项因素得分在 8 分以上者为高分，3 分以下者为低分。测试者在各项因素上得分不同，其适宜的职业也不同。请综合参考各项素质测评结果，再总体权衡你自身的性格适宜哪些类型的职业。

1．A：乐群性

低分数的特征（以下简称低分）：缄默、孤独、冷漠。标准分低于3者通常固执，对人冷漠，落落寡合，喜吹毛求疵，宁愿独自工作，对事而不对人，不轻易放弃自己的主见，为人做事的标准常常很高，严谨而不苟且。

高分数的特征（以下简称高分）：外向、热情、乐群。标准分高过8者通常和蔼可亲，与人相处，合作与适应的能力特强。喜欢和别人共同工作，参加或组织各种社团活动，不斤斤计较，容易接受别人的批评。萍水相逢也可以一见如故。教师和推销员多系高 A，而物理学家和电机工程师则多系低 A。

2．B：聪慧性

低分：思想迟钝，学识浅薄，抽象思考能力弱。低者通常对学习与了解能力不强，不能“举一反三”。迟钝的原因可能是由于情绪不稳定，或答题时未准确把握题意造成的。

高分：聪明，富有才识，善于抽象思考。高者通常学习能力强，思考敏捷。教育、文化水准高，个人心身状态健康。机警者多有高 B。高 B 反映心智机能的正常。

3．C：稳定性

低分：情绪激动，易生烦恼。他们很易受环境的支配，对生活上所遭遇的阻挠或挫折不能泰然处之；容易受环境的支配，心神动摇不定；不能面对现实，时时会急躁不安，甚至有失眠、噩梦等现象。

高分：情绪稳定而成熟，能面对现实。高分者通常以沉着的态度应付现实中的各种问题，行动充满魄力，具有维持团体的精神，但有时可能由于不能彻底解决许多生活难题，而不得不自我安慰。

4．E：恃强性

低分：很谦逊、顺从、通融、恭顺。他们的行为很温和，善于迎合别人的旨意。也可能是由于认为自己的希求是可望而不可求的，即使他们正处于十分好的境地，也经常会有“事事不如人”的感觉。

高分：十分好强，固执，独立，积极。他们非常看重自己的能力与才识，对自己的评价很高，喜欢坚持自己的观点，经常反抗有权力者或驾驭不如自己的人。有时自以为是，武断。一般地说，领袖以及有地位、有成就的人多属高E。救火队员和航空飞行员的E高。

5．F：兴奋性

低分：十分严肃、冷静、寡言。他们的一言一行都很审慎、内省而不轻易发言。给人以稳重的感觉。但常常过分深思熟虑，在行为上又近乎骄傲自大。在职责上，他们是非常认真可靠的工作人员。

高分：这种类型的人十分轻松兴奋，随遇而安。他们非常活泼、愉快、健谈。对人对事很热心而富有感情，常常会因为过分冲动而导致行为变化莫测。行政主管人员多有高F，实验技术人员则不必有高F。

6．G：有恒性

低分：十分容易权宜敷衍。他们不看重高超的目标与理想，对人类社会没有绝对的责任感。他们不会墨守成规，有时甚至会不惜知法犯法，不择手段以达到目的。因此，他们经常能够有效地解决实际问题，而无须浪费时间与精力。

高分：非常有责任感，做事尽职尽责，有始有终。他们以是非善恶作为行为的指针，他们的朋友一般都是努力苦干的人。他们不喜欢诙谐有趣的场合。

7．H：敢为性

低分：畏怯退缩，缺乏自信心。低者通常在人群中羞怯，有不自然的姿态，有强烈的自卑感；拙于发言，更不愿和陌生人交谈；凡事采取观望的态度；有时由于过分的自我意识而忽视了社会环境中的重要事物与活动。

高分：冒险敢为，少有顾忌。高者通常不掩饰，不畏缩，有敢作敢为的精神，使他能经历艰辛而保持坚强的毅力；有时可能太粗心大意，忽视细节，遭受无谓的打击与挫折；可能无聊多事，喜欢向异性献殷勤。消防员和飞行员有高H，事务员多系低H。

8．I：敏感性

低分：理智的，着重现实。低分者常多以客观、坚强、独立的态度处理当前的问题，并重视文化修养，以及一些主观和感情用事的看法，可能过分骄傲，冷酷无情。

高分：敏感，感情用事。高者通常心肠软，易受感动，较女性化，爱好艺术，耽于幻想；有时过分不切实际，缺乏耐性与恒心，不喜欢接近粗俗的人和做笨重的工作。音乐家、艺人、女人属高 I，而工程师、外科医生、统计师等则多低 I。

9．L：怀疑性

低分：信赖随和，易与人相处。低者通常无猜忌，不与人角逐竞争；顺应合作，善于体贴人。

高分：怀疑、刚愎、固执己见。高者通常多怀疑，不信任别人。与人相处时常斤斤计较，不顾念到别人的利益。工程师、精神病护理员多系低 L，而行政人员和警察常是高 L。

10．M：幻想性

低分：非常现实，合乎成规，力求妥善合理。他们凡事都力求妥善处理，从不鲁莽行事，在紧要关头也十分镇静，但常常会因为过于重视现实而为人索然无味。

高分：有非常多的幻想，十分不注重现实。他们忽视生活的细节，以自身的动机、当时的兴趣等主观因素作为行为的出发点。他们可能富有创造力，但常常会过分不切实际，做出近乎冲动的行为，因而很容易被别人误解和奚落。艺术家、作家及从事研究者多有高 M。

11．N：世故性

低分：非常坦白、直率、天真。他们思想很单纯，能够做到与人无争，有自许、满意之感。正因为如此，常常显得十分幼稚、粗鲁、笨拙，给人一种缺乏教养的感觉。

高分：十分精明、能干，非常世故。他们处事老练，行为很是得体，能够冷静地分析一切，他们对于事物的看法是极为理智、客观的，很少会对看不惯的事情讥笑和批评。科学家、工程师、飞行员多系高 N，牧师、神父、护士等多系低 N。

12．O：忧虑性

低分：十分安详、沉着，非常有自信心。他们做事决不轻易动摇，相信自己有应付各种问题的能力。他们有安全感，对人对事能够应付自如，但显得缺乏同情心，会引发别人的反感与恶意。

高分：非常容易忧虑抑郁，常常会感到很烦恼。他们时时觉得世道艰辛，人生不如意的事情太多，甚至会沮丧悲观；常常会有患得患失之感，自觉自己不被人接受，缺乏与人接近的勇气。

13．Q1：实验性

低分：十分保守，非常尊重传统观念与行为准则。他们经常无条件地接受社会中许多相沿已久的有权威性的见解，不愿尝试探求新的境界。往往激烈地反对新思潮及一切变动。在政治与宗教信仰上十分墨守成规，被别人称为老顽固或时代的落伍者。

高分：非常激进、自由，很少拘泥于现实。他们很喜欢检验一些现有的理论与事实，而予以新的评价，不轻易判断是非，企图了解先进的思想和行为。他们往往见多识广，十分愿意充实自己的生活经验。行政主管、政治家、科学家都必须具有高 Q1，护士、牧师、神父与许多未受高等教育的技工等则多有低 Q1。

14．Q2：独立性

低分：十分依赖、随群附众。他们非常愿意与人共同工作，而不愿意单独完成；常常会放弃自己的主见，附和大家的意见，以取得别人的好感。他们很需要集体的支持以维持自己的自信心，但并非真正的乐群者。

高分：独立自强，当机立断，往往自作主张，十分独立地完成自己的工作，不依赖别人，也不受社会舆论的约束。他们无意控制或支配别人，不被别人讨厌，但也不需要别人的好感。科学家、行政主管人等多有高 Q2。

15．Q3：自律性

低分：矛盾冲突，不顾大体。他们往往不能克制自己，很难尊重礼俗，更加不愿意考虑到别人的需要。他们的内心充满了各种矛盾，却无法靠自己来解决。生活适应有问题者多有低 Q3。

高分：知己知彼，自律严谨。他们言行一致，能够非常合理地支配自己的感情和行为。为人处世能够保持自己的自尊心，受到别人的尊重，但常常固执己见。高 Q3 者多具有领袖能力的才干。

16．Q4：紧张性

低分：心平气和、安逸宁静。他们很善于保持内心的平衡，遇事很少有紧张困扰之感。他们很容易知足常乐。但常被别人认为过分懒惰，缺乏进取心。

高分：紧张困扰，很容易激动兴奋。他们缺乏耐心，心神不定，常常会因过度兴奋而感觉疲乏，又无法摆脱以求宁静；生活战战兢兢，不能控制自己。未能在生活或职业中发挥本身才智潜能的人多具高 Q4，如餐厅招待、家庭主妇，缺乏生活保障的工作等。

模块五 职业兴趣

一、模块目标

1．了解职业兴趣的概念、类型、职业兴趣与职业的相宜性，职业兴趣的认识方法。

2．掌握职业兴趣的认识方法，利用职业兴趣认知方法或工具认识自己的职业兴趣。

二、模块内容

主题 1：职业兴趣概念

教学目标：引导高职学生了解职业兴趣的概念、类型、职业兴趣与职业的相宜性，引导高职学生对自我职业兴趣进行关注和探索，认识到了解自我职业兴趣及相适宜的职业的重要性，鼓励高职学生积极地参与到自我职业兴趣的认识和探索中去，认识自我。

主题 2：职业兴趣的认识方法

教学目标：通过介绍一种职业性格的认识方法——霍兰德职业兴趣测验，让高职学生懂得如何利用这种测验认识自己的职业兴趣，并了解和掌握其他的认识方法或工具来帮助自己认识自己的职业兴趣，以便对自己做出全面的、科学的认识，指导自己做出科学合理的选择。

主题 1　职业兴趣概念

案例 2-3

戴夫高中毕业后就立即进入了大学，甚至都不知道大学是做什么的。我之所以去上大学，是因为我认为找工作和人生发展都需要一份大学文凭。

由于大学一年级要适应新环境，所以感觉有些难熬。感觉自己在班里就像一个符号一样，在不在似乎无所谓。大学的自由度很大，我在班级里也是愿意展示自己的。处理这些自由时间对我来说有些难度。不用说，我的成绩直线下降，后来就成为试读生。因此，我决定去一个社区学校，但是换了学校以后我还是不能认真对待学业。

尽管我希望最终能完成大学学业，但是我知道那时的大学生活不适合我。我决定从父母家里搬出来一心一意地工作。工作的同时还在社区参加了夜校的学习。我知道如果完全离开学校，将来再想上学就会变得更加困难。

最后，我在一家市场拓展公司找到了工作。公司分配给我许多任务，在完成任务的过程中我找到了真正的乐趣。我问自己："怎么样才能做自己想做的事情，并且使之成为我的事业？"这个问题引导我对运动娱乐领域进行深入研究，想在这一领域找到自己职业发展的道路。

知道了自己想要的事业，这让专业选择变得更容易。我主修了市场销售专业，而且学得相当好。我从专业不及格变成了优秀毕业生。

跟随兴趣找了满意的职业。我期盼着投身于极有趣又富有挑战性的工作。我把业余爱好与职业结合在一起。这份工作对于我来说不仅是工作，而且是体现生活价值的一个关键方面。

点评

职业兴趣是一个人事业成功的强大动力，一个人找到与自己职业兴趣相匹配的职业，他就可以积极热情、富有创造性地投入到工作中，保持高效率地工作，容易取得事业的成功和辉煌，相反，则缺乏工作的热情和前进的动力，难有建树。探寻自己的职业兴趣和相匹配的职业对一个人非常重要。从职业兴趣的产生来看，有趣、乐趣、志趣是职业兴趣的三个阶段，一些人往往容易混淆。特别是高中阶段的学生甚至高职学生容易分辨不清楚，加上这阶段他们的兴趣模式还不稳定，不能够预测事业的成功程度和满意度。他们没有掌握充分的自我知识，或者所需要的专业知识和训练机会，很难做出符合现实的决策，但这个阶段又要他们做出选择，选择专业、职业和生活方式等，结果常常是选择了自己不感兴趣的、不符合实际情况的决策，这往往让他们付出很大的代价，走了很多的弯路。作为高职学生，需要全面的、科学的认识自我，认识职业兴趣的相关知识，了解自己职业兴趣，掌握职业兴趣的认知方法或工具，以便做出科学合理的判断、选择。

思考题

1．你了解自己的职业兴趣吗？可以试着描述自己的职业兴趣。

2．根据自己的职业兴趣，你感觉自己适合从事什么样的职业？

一、职业兴趣

兴趣是人对认识某种事物或从事某种活动的选择倾向和主动探究的态度。兴趣直接指向与职业有关的活动，称之为职业兴趣，即职业兴趣是指人们对某类职业或工作所抱的态度积极性。一个人如果找到感兴趣的职业，就可以集中精力去学习相关知识，如果所从事的工作与他的职业兴趣相吻合，他就可以积极热情、富有创造性地投入到工作中，并能长时间地保持高效率的工作；相反，则因缺乏学习和工作的热情，不能积极、主动地投入到学习和工作中，难以在本专业或行业中有所建树。兴趣是一个人行动的动力，也是事业成功的动力，这样的例子比比皆是。如在课堂上“智力平平”的达尔文，在大自然的怀抱里显得异常聪明和敏锐，创立了进化论；在学校里被骂成“傻瓜”、“低能儿”而被勒令退学的爱迪生，在发明的王国里却显示出超凡的才华。这样的变化都是因为兴趣，如果谁找到了自己的兴趣所在，实现了自己的兴趣与职业的匹配，那么他就找到了通向成功的道路。对面临就业的高职学生，如果能够找到并从事与自己的兴趣相吻合的职业，那么就可以发挥自己的才智，挖掘自己的潜能，使自己在自己的专业或行业中有所成就，实现自己的最大价值。

从职业兴趣的产生来看，有趣、乐趣、志趣是职业兴趣的三个阶段。第一阶段：有趣，兴趣发展的低级水平。这个阶段的职业兴趣是短暂的，易起易落，或者说是稍纵即逝，例如有些人，一会儿要做会计，一会儿要做营销员，一会儿又要做老师等，极易变化。第二阶段：乐趣，这个阶段是兴趣发展的中级水平，是在有趣的基础上定向发展形成的，如一个人对电子电器方面深有乐趣，他不但会学习这方面的知识，还会亲自装配和修理，参加有关的兴趣小组活动。第三阶段：志趣，这个阶段是兴趣发展的高级水平，即人的乐趣与人的社会责任感、理想、奋斗目标结合起来时，乐趣就转化为志趣。志趣具有社会性、自觉性、方向性的特点。

二、职业兴趣的类型与职业的适宜性

根据不同的视角，职业兴趣有不同的分类，如根据职业兴趣的内容，可以将其分为物质兴趣和精神兴趣；根据职业兴趣所指向的目标，可以将其分为直接兴趣和间接兴趣。

霍兰德职业兴趣分六种职业兴趣：现实型、研究型、艺术型、社会型、企业型和常规型。霍兰德所划分的六大类型不是并列的、有清晰的界线的。通过六边形标示出六大类型的关系。相邻关系：如 RI，这两种类型个体之间共同点较多，都不太偏好人际交往；相隔关系：如 RA，这两种类型个体之间共同点较相邻关系少；相对关系：如 RS，人格类型共同点少，如图 2-5 所示。

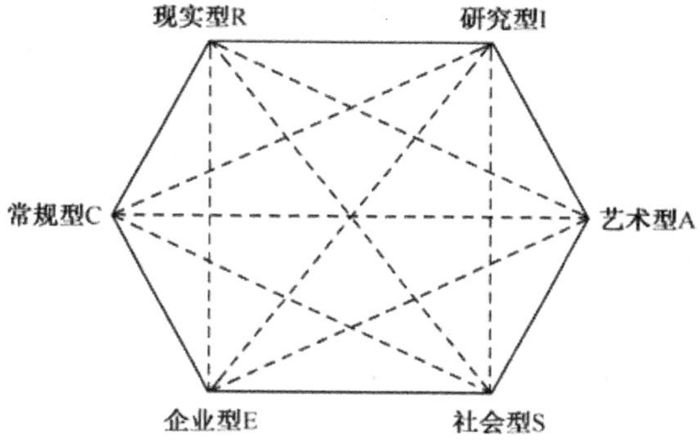

图 2-5　霍兰德职业兴趣六边形

霍兰德职业兴趣六种类型对应的职业如表 2-4 所示。

表 2-4　霍兰德职业兴趣六种类型对应的职业

类型	劳动者	职业
现实型	1．愿意使用工具从事操作性工作； 2．动手能力强，做事手脚灵活，动作协调； 3．不善言辞，不善交际	主要是指各类工程技术工作、农业工作。通常需要一定体力，需要运用工具或操作机器。 主要职业：工程师、技术员；机械操作、维修、安装工人，矿工、木工、电工、鞋匠等；司机、测绘员、描图员；农民、牧民、渔民等
研究型	1．抽象思维能力强，求知欲强，肯动脑，善思考，不愿动手； 2．喜欢独立的和富有创造性的工作； 3．知识渊博，有学识才能，不善于领导他人	主要是指科学研究和科学实验工作。 主要职业：自然科学和社会科学方面的研究人员、专家；化学、冶金、电子、无线电、电视、飞机等方面的工程师、技术人员；飞行员、计算机操作员等

续表

类型	劳动者	职业
艺术型	1．喜欢以各种艺术形式的创作来表现自己的才能，实现自身的价值； 2．具有特殊艺术才能和个性； 3．乐于创作新颖的、与众不同的艺术成果，渴望表现自己的个性	主要是指各类艺术创作工作。 主要职业：音乐、舞蹈、戏剧等方面的演员、艺术家、编导、教师；文学、艺术方面的评论员；广播节目的主持人、编辑、作者；绘画、书法、摄影家；艺术、家具、珠宝、房屋装饰等行业的设计师等
企业型	1．精力充沛、自信、善交际，具有领导才能； 2．喜欢竞争、敢冒风险； 3．喜爱权力、地位和物质财富	主要是指那些组织与影响他们共同完成组织目标的工作。 主要职业：经理企业家、政府官员、商人、行业部门和单位的领导者、管理者等
社会型	1、喜欢从事为他人服务和教育他人的工作； 2、喜欢参与解决人们共同关心的社会问题，渴望发挥自己的社会作用； 3．比较看重社会义务和社会道德	主要是指各种直接为他人服务的工作，如医疗服务、教育服务、生活服务等。 主要职业：教师、保育员、行政人员；医务人员；衣食住行服务行业的经理、管理人员和服务人员；福利人员等
常规型	1．喜欢按计划办事，习惯接受他人指挥和领导，自己不谋求领导职务； 2．不喜欢冒险和竞争； 3．工作踏实，重视可靠，遵守纪律	主要是指各类与文件档案、图示材料、统计报表之类相关的科室工作。 主要职业：会计、出纳、统计人员；打字员；办公室人员；秘书和文书；图书管理员；旅游、外贸职业、保管员、邮递员、审计人员、人事职员等

加拿大学者将职业兴趣分为十种：

（1）愿与事物打交道的人，从事制图、勘探、工程技术、出纳等工作；

（2）愿与人接触的人，从事记者、推销员、教师、行政管理人员等工作；

（3）愿做有规律工作的人，从事图书管理、档案管理、打字、办公室职员等工作；

（4）喜欢从事社会福利和助人工作的人，适合从事律师、咨询、医生护士等工作；

（5）愿做领导和组织工作的人，从事行政、企业管理干部、学校辅导员等工作；

（6）喜欢研究人的行为的人，从事心理学、政治学、教育学、人类学等研究工作；

（7）喜欢从事科学技术事业的人，从事生物、化学、工程学、物理学、地质学等研究工作；

（8）喜欢抽象的和创造性的工作的人，从事社会调查、经济分析、科学研究、实验室等工作；

（9）喜欢操作机器的技术工作的人，从事驾驶员、机器制造、建筑、石油开采等工作；

（10）喜欢具体的工作的人，从事园艺、理发、厨师、手工制作等工作。

兴趣可以为个体所从事的职业活动提供持久的动力，是引起和维持人的注意的重要内部因素。一个人对职业的兴趣，可以增强他对职业的适应性。对工作感兴趣，工作也就变得丰富多彩、趣味无穷，能提高工作效率。职业心理学的研究表明，对工作感兴趣的人，可以发挥他才能的 80%～90%，并能长时间保持高效率工作而不感到疲劳；相反，则只能发挥 20%～30%的才能，而且容易疲劳。因此，兴趣对人生事业的发展有着非常重要的作用，职业选择时要考虑这一因素，尽量实现兴趣与职业的匹配，这样才能让自己富有热情、积极主动、全身心地投入到工作中去，发挥自己的最大才能，挖掘自己的潜能，实现最大的成就。

主题 2 职业兴趣的认识方法

案例 2-4

王同学，女，19 岁，某高职学院大一学生，专业为经管类专业。大一第二学期，王同学参加学院组织的高职学生职业生涯规划大赛，在制作自己的职业生涯规划书过程中，在自我认知环节遇到了困惑，通过QQ向指导老师反映：在职业兴趣认知中，自己运用职业兴趣测量表测试的结果为企业型，但是把测量的结果与自己原来的想法相对比，发现自己原来的想法与现在的结果矛盾，不符合。鉴于这样的结果，自己不知道如何确立自己的职业选择，对自己真正的职业兴趣是什么，有点糊涂。

点评

在职业兴趣认知过程中，会出现测试结果与自己原来的想法不相符合，甚至相反的情况，特别是对王同学这样刚刚进入大学、年龄还小的孩子。导致这种结果的原因或许是多方面的，如测试过程的误差，对自我的判断不准确，特别是这么小的年龄，由于掌握的知识有限，或对社会等方面的认识不足，自己的职业兴趣还比较不稳定等，都可能导致对自我的职业兴趣认知不准确，需要从各个方面了解自己的兴趣，而不能只看测试的结果。

思考题

1. 你了解哪些职业兴趣测试方法或工具？

2. 你了解自己的职业兴趣吗？如果你认为的职业兴趣与测量的结果不一致你将如何面对？

一、职业兴趣的评价途径

1. 兴趣表达

评价兴趣最直接、最简单的方法是询问测试者自己所感兴趣的事情是什么，不过这种方法不够准确。因为被询者有时候可能并不清楚自己的兴趣是什么，或者接触的范围有限，对有些事情不能表示清楚是不是有兴趣。

2. 行为观察

观察所处的各种情景或参与各种活动时的情况，从中推测你的兴趣所在。

3. 知识测验

测量你在有关特殊职业中所掌握的特殊词汇和其他信息，根据测验分数推论兴趣。

4. 兴趣测验

一个人具有一定的兴趣模式，这种兴趣模式会让你更倾向于寻找特定的职业类型，并且一旦从事这种职业，会表现出更好的适应性。因此，如果自己表现出来的兴趣和爱好同在某种职业生涯中取得成功者的兴趣和爱好相似的话，那么你在这样的职业生涯中得到满足和取得成功的概率就大。兴趣测验是向你提供一系列问题，要求指出对诸如职业、学习、娱乐、业务活动等是否喜欢或不喜欢的程度，再根据测试结果进行分析，最后确定被试的兴趣类型或兴趣倾向。

在以上四种兴趣研究方法中，兴趣测验最具标准化、科学性、普遍性，是我们探寻自己职业兴趣的重要选择。

“兴趣岛”

恭喜你！你获得了一次免费度假的机会，有机会去下列 6 个岛屿中的 1 个。唯一的要求是你必须在这个岛上呆满至少 3 个月时间。请不要考虑其他因素，仅凭自己的兴趣按一、二、三的顺序挑出你最想前往的 3 个岛屿。

1. ________________________
2. ________________________
3. ________________________

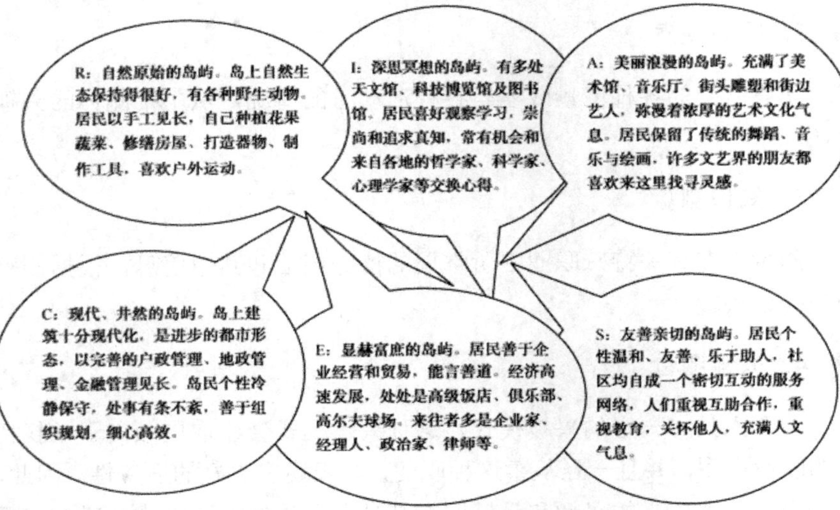

问题：

1．假如只有 7 天的假期，让你选择一个岛屿生活（只能是一个），你的选择是什么？第二个选择？第三个选择？

2．假如要生活一辈子的话，你会选择哪个岛屿？第一个选择？第二个选择？第三个选择？

3．这两个选择一致吗？为什么？

二、职业兴趣测验

职业兴趣测验很多，我们可以借助相关的测试获得参考。

美国著名职业指导专家约翰·霍兰德（John Holland）是美国约翰·霍普金斯大学心理学教授，他于 1959 年提出了具有广泛社会影响的职业兴趣理论。他认为人的人格类型、兴趣与职业密切相关，兴趣是人们活动的巨大动力，凡是具有职业兴趣的职业，都可以提高人们的积极性，促使人们积极地、愉快地从事该职业，且职业兴趣与人格之间存在很高的相关性。他将人的兴趣及社会职业划分为六种基本类型，即现实型、研究型、艺术型、社会型、企业型和常规型六种类型并建立了霍兰德职业兴趣测验，此测验是目前世界上应用最广泛的职业兴趣测验。

测验见附录 2。

补充材料

本练习能帮助你更熟悉霍兰德的人格类型。

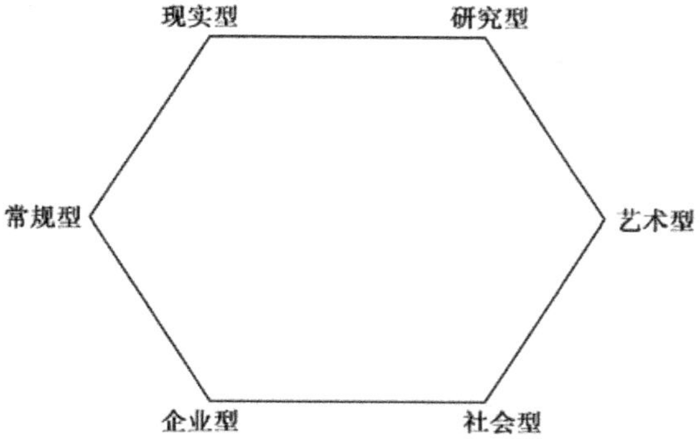

霍兰德职业兴趣六边形

（1）至少阅读两到三遍霍兰德六种人格类型的描述及相关信息。

（2）六种人格类型中，哪种最能描述你的情况？没有任何一种类型能完全符合你的情况，但是会有一些描述更接近你的情况。要全面考虑每种类型的所有描述，而不要只关注类型中的一两种类型，当找到较为适合你的类型时，在本练习末尾部分的序号 1 后面写上这种类型。

（3）第二种最为接近你的类型是什么，在序号 2 后面写上这种类型。依次在序号 3 后面写上第三种接近你的类型。

（4）接着把这六种类型介绍给你的好朋友，让他们阅读每种类型的详细描述，然后也依次找出最符合你的三种类型，和你的做法类似，不要告诉他们你是如何评价自己的。

（5）当其他人对你的评价完成以后，把他们的评价与你自己的评价进行对比。如果这三种类型都不一致，让评价者讲出促使他如何评价的实例。其他人对你的评价可能不准确，或许是你的行为让其他人看到的含义与你自己看到的不一样。练习中请根据自己、朋友的评价和自己的测量结果，在图中用虚线画出自己的类型区域。这一练习的目的是熟悉自己霍兰德的人格类型，这会让你更加了解自己。

你自己的评价：

1. ____________________

2. ____________________

3. ____________________

好朋友对你的评价：

1. ____________________

2. ____________________

3. ____________________

思考题

通过霍兰德职业兴趣测验得出自己的测试结果，并在“职业索引”中寻找匹配项，思考自己的职业兴趣和相适宜的职业。

附录 2 霍兰德职业兴趣测验

本测验共有七个部分，每一个部分测验都没有时间限制，但请您尽快按要求完成。

第一部分 您心目中的理想职业（专业）

对于未来的职业（或升学进修的专业），您得早有考虑，它可能很抽象、很朦胧，也可能很具体、很清晰。不论是哪种情况，现在都请您把自己最想干的 3 种工作或最想读的 3 种专业，按顺序写下来。

1. ____________________________

2. ____________________________

3. ____________________________

第二部分 您所感兴趣的活动

下面列举了若干种活动，请就这些活动判断你的好恶。喜欢的，请在“是”栏里打√；不喜欢的，请在“否”里打×。请按顺序回答全部问题。

表一

R：现实型活动	是	否
1．装配修理电器或玩具		
2．修理自行车		
3．用木头做东西		
4．开汽车或摩托车		
5．用机器做东西		
6．参加木工技术学习班		
7．参加制图描图学习班		
8．驾驶卡车或拖拉机		
9．参加机械和电气学习班		
10．装配修理机器		
统计“是”一栏得分计		

表二

I：研究型活动	是	否
1．读科技图书和杂志		
2．在实验室工作		
3．改良水果品种，培育新的水果		
4．调查了解土和金属等物质的成分		
5．研究自己选择的特殊问题		
6．解算术或玩数学游戏		
7．物理课		
8．化学课		
9．几何课		
10．生物课		
统计“是”一栏得分计		

表三

A：艺术型活动	是	否
1．素描 / 制图或绘画		
2．参加话剧 / 戏剧		
3．设计家具 / 布置室内		
4．练习乐器 / 参加乐队		
5．欣赏音乐或戏剧		
6．看小说 / 读剧本		
7．从事摄影创作		
8．写诗或吟诗		
9．艺术（美术或音乐）培训		
10．练习书法		
统计“是”一栏得分计		

表四

S：社会型活动	是	否
1．学校或单位组织的正式活动		
2．参加某个社会团体或俱乐部活动		
3．帮助别人解决困难		
4．照顾儿童		
5．出席晚会、联欢会、茶话会		
6．和大家一起出去郊游		
7．想获得关于心理方面的知识		
8．参加讲座会或辩论会		
9．观看或参加体育比赛和运动会		
10．结交新朋友		
统计“是”一栏得分计		

表五

E：企业型活动	是	否
1．说服鼓动他人		
2．卖东西		
3．谈论政治		
4．制订计划、参加会议		
5．以自己的意志影响别人的行为		
6．在社会团体中担任职务		
7．检查与评价别人的工作		
8．结交名流		
9．指导有某种目标的团体		
10．参与政治活动		
统计“是”一栏得分计		

表六

C：常规型（传统型）活动	是	否
1．整理好桌面和房间		
2．抄写文件和信件		
3．为领导写报告或公务信函		
4．检查个人收支情况		
5．打字培训班		
6．参加算盘、文秘等实务培训		
7．参加商业会计培训班		
8．参加情报处理培训班		
9．整理信件、报告、记录等		
10．写商业贸易信		
统计“是”一栏得分计		

第三部分　您所擅长获胜的活动

下面列举了若干种活动，其中你能做或大概能做的事，请在“是”

栏里打√；反之，在“否”栏里打×。请回答全部问题。

表七

R：现实型活动	是	否
1．能使用电锯、电钻和锉刀等木工工具		
2．知道万用表的使用方法		
3．能够修理自行车或其他机械		
4．能够使用电钻床、磨床或缝纫机		
5．能给家具和木制品刷漆		
6．能看建筑设计图		
7．能够修理简单的电气用品		
8，能修理家具		
9．能修理收录机		
10．能简单地修理水管		
统计“是”一栏得分计		

表八

I：研究型能力	是	否
1．懂得真空管或晶体管的作用		
2．能够列举三种蛋白质多的食品		
3．理解铀的裂变		
4．能用计算尺、计算器、对数表		
5．会使用显微镜		
6．能找到三个星座		
7．能独立进行调查研究		
8．能解释简单的化学		
9．理解人造卫星为什么不落地		
10．经常参加学术会议		
统计“是”一栏得分计		

表九

A：艺术型能力	是	否
1．能演奏乐器		
2．能参加二部或四部合唱		
3．独唱或独奏		
4．扮演剧中角色		
5．能创作简单的乐曲		
6．会跳舞		
7．能绘画、素描或书法		
8．能雕刻、剪纸或泥塑		
9．能设计板报、服装或家具		
10．写得一手好文章		
统计“是”一栏得分计		

表十

S：社会型能力	是	否
1．有向各种人说明解释的能力		
2．常参加社会福利活动		
3．能和大家一起友好相处地工作		
4．善于与年长者相处		
5．会邀请人、招待人		
6．能简单易懂地教育儿童		
7．能安排会议等活动顺序		
8．善于体察人心和帮助他人		
9．帮助护理病人和伤员		
10．安排社团组织的各种事务		
统计“是”一栏得分计		

表十一

E：企业型能力	是	否
1．担任过学生干部并且干得不错		
2．工作上能指导和监督他人		
3．做事充满活力和热情		
4．有效利用自身的做法调动他人		
5．销售能力强		
6．曾作为俱乐部或社团的负责人		
7．向领导提出建议或反映意见		
8．有开创事业的能力		
9．知道怎样做能成为一个优秀的领导者		
10．健谈善辩		
统计“是”一栏得分计		

表十二

C：常规型能力	是	否
1．会熟练地打印中文		
2．会用外文打字机或复印机		
3．能快速记笔记和抄写文章		
4．善于整理保管文件和资料		
5．善于从事事务性的工作		
6．会用算盘		
7．能在短时间内分类和处理大量文件		
8．能使用计算机		
9．能搜集数据		
10．善于为自己或集体做财务预算表		
统计“是”一栏得分计		

第四部分　你所喜欢的职业

下面列举了多种职业，请逐一对照，如果是你有兴趣的工作，请在

“是”栏里打√；如果是你不太喜欢、不关心的工作，请在“否”栏里打×。请回答全部问题。

表十三

R：现实型活动	是	否
1．飞机机械师		
2．野生动物专家		
3．汽车维修工		
4．木匠		
5．测量工程师		
6．无线电报务员		
7．园艺师		
8．长途公共汽车司机		
10．电工		
统计“是”一栏得分计		

表十四

I：研究型职业	是	否
1．气象学或天文学者		
2．生物学者		
3．医学实验室的技术人员		
4．人类学者		
5．动物学者		
6．化学学者		
7．数学学者		
8．科学杂志的编辑或作家		
9．地质学者		
10．物理学者		
统计“是”一栏得分计		

表十五

A：艺术型职业	是	否
1．乐队指挥		
2．演奏家		
3．作家		
4．摄影家		
5．记者		
6．画家、书法家		
7．歌唱家		
8．作曲家		
9．电影电视演员		
统计“是”一栏得分计		

表十六

S：社会型职业	是	否
1．街道、工会或妇联干部		
2．小学、中学教师		
3．精神病医生		
4．婚姻介绍所工作人员		
5．体育教练		
6．福利机构负责人		
7．心理咨询员		
8．共青团干部		
9．导游		
10．国家机关工作人员		
统计“是”一栏得分计		

表十七

E：企业型职业	是	否
1．厂长		
2．电视片编制人		
3．公司经理		
4．销售员		
5．不动产推销员		
6．广告部长		
7．体育活动主办者		
8．销售部长		
9．个体工商业者		
10．企业管理咨询人员		
统计“是”一栏得分计		

表十八

C：常规型职业	是	否
1．会计师		
2．银行出纳员		
3．税收管理员		
4．计算机操作员		
5．簿记人员		
6．成本核算员		
7．文书档案管理员		
8．打字员		
9．法庭书记员		
10．人口普查登记员		
统计“是”一栏得分计		

第五部分 你的能力类型简评

下面表十九、表二十是你在 6 个职业能力方面的自我评定表。你可以先与同龄者比较出自己在每一方面的能力，然后经斟酌后对自己的能力作评估。请在表中适当的数字上画圈。数字越大，表示你的能力越强。注意，请勿全部画同样的数字，因为人的每项能力不可能完全一样。

表十九

类型	R 型	I 型	A 型	S 型	E 型	C 型
内容	机械操作能力 科学研究能力 艺术创作能力 解释表达能力 商业洽谈能力 事务执行能力	机械操作能力 科学研究能力 艺术创作能力 解释表达能力 商业洽谈能力 事务执行能力	机械操作能力 科学研究能力 艺术创作能力 解释表达能力 商业洽谈能力 事务执行能力	机械操作能力 科学研究能力 艺术创作能力 解释表达能力 商业洽谈能力 事务执行能力	机械操作能力 科学研究能力 艺术创作能力 解释表达能力 商业洽谈能力 事务执行能力	机械操作能力 科学研究能力 艺术创作能力 解释表达能力 商业洽谈能力 事务执行能力
分值	7654321	7654321	7654321	7654321	7654321	7654321

表二十

类型	R 型	I 型	A 型	S 型	E 型	C 型
内容	体育技能 数学技能 音乐技能 交际技能 领导技能 办公技能	体育技能 数学技能 音乐技能 交际技能 领导技能 办公技能	体育技能 数学技能 音乐技能 交际技能 领导技能 办公技能	体育技能 数学技能 音乐技能 交际技能 领导技能 办公技能	体育技能 数学技能 音乐技能 交际技能 领导技能 办公技能	体育技能 数学技能 音乐技能 交际技能 领导技能 办公技能
分值	7654321	7654321	7654321	7654321	7654321	7654321

如果你没看懂，看下面的文字：

这个部分的主要目的是看你的哪个能力比其他能力突出，所以你可以把六个能力排队，然后让能力度不同的能力有不同的数值即可。

比如一个人觉得自己最强是数学技能，然后办公技能，然后觉得领导技能、交际技能差不多，然后是体育技能，最后是音乐技能，并且音乐技能特别差，它比体育能力差好多。

那就可以评分为 7，6，5，5，4，2 或者 6，5，4，4，3，1，这两

种方式都不会影响得到的结果。对能力之间的差额好好感觉一下，能力差距大的两种能力的数值差距就让它隔一个数字，比如体育和音乐之间。

第六部分 统计和确定你的职业倾向

请将第二部分至第五部分的全部测验分数按前面已统计好的 6 种职业倾向（R 型、I 型、A 型、S 型、E 型和 C 型）得分填入表二十一，并作纵向累加。

表二十一

测试	R 型	I 型	A 型	S 型	E 型	C 型
第二部分						
第三部分						
第四部分						
第五部分 A						
第五部分 B						
总分						

请将上表中的 6 种职业倾向总分按大小顺序依次从左到右排列：

____型、____型、____型、____型、____型、____型

最高分____你的职业倾向性得分____最低分____

第七部分 你所看重的东西——职业价值观

这一部分测验列出了人们在选择工作时通常会考虑的 9 种因素（见所附工作价值标准）。现在请你在其中选出最重要的两项因素，并将序号填入下边相应空格上。

最重要：____次重要：____最不重要：____次不重要：____

附：工作价值标准

1．工资高、福利好

2．工作环境（物质方面）舒适

3．人际关系良好

4．工作稳定有保障

5．能提供较好的受教育机会

6. 有较高的社会地位

7. 工作不太紧张、外部压力少

8. 能充分发挥自己的能力特长

9. 社会需要与社会贡献大

以上全部测验完毕，将你测验得分居于第一位的职业类型与下面的解释相对照，判断自己合适的职业类型。

职业索引

职业兴趣代号与其相应的职业对照：

R（现实型）：木匠、农民、操作X光的技师、工程师、飞机机械师、鱼类和野生动物专家、自动化技师、机械工（车工、钳工等）、电工、无线电报务员、火车司机、长途公共汽车司机、机械制图员、修理机器、电器师。

I（研究型）：气象学者、生物学者、天文学家、药剂师、动物学者、化学家、科学报刊编辑、地质学者、植物学者、物理学者、数学家、实验员、科研人员、科技作者。

A（艺术型）：室内装饰专家、图书管理专家、摄影师、音乐教师、作家、演员、记者、诗人、作曲家、编剧、雕刻家、漫画家。

S（社会型）：社会学者、导游、福利机构工作者、咨询人员、社会工作者、社会科学教师、学校领导、精神病工作者、公共保健护士。

E（企业型）：推销员、进货员、商品批发员、旅馆经理、饭店经理、广告宣传员、调度员、律师、政治家、零售商。

C（常规型）：记账员、会计、银行出纳、法庭速记员、成本估算员、税务员、核算员、打字员、办公室职员、统计员、计算机操作员、秘书。

下面介绍与你3个代号的职业兴趣类型一致的职业，对照的方法如下：首先根据你的职业兴趣代号，从下面提供的比对项中找出相应的职业，例如你的职业兴趣代号是RIA，那么牙科技术人员、陶工等是适合你兴趣的职业。然后寻找与你职业兴趣代号相近的职业，如你的职业兴趣代号是RIA，那么，其他由这三个字母组合成的编号（如IRA、IAR、ARI等）对应的职业，也较适合你的兴趣。

RIA：牙科技术员、陶工、建筑设计员、模型工、细木工、制作链条人员。

RIS：厨师、林务员、跳水员、潜水员、染色员、电器修理、眼镜制作、电工、纺织机器装配工、服务员、装玻璃工人、发电厂工人、焊接工。

RIE；建筑和桥梁工程、环境工程、航空工程、公路工程、电力工程、信号工程、电话工程、一般机械工程、自动工程、矿业工程、海洋工程、交通工程等技术人员、制图员、家政经济人员、计量员、农民、农场工人、农业机械操作、清洁工、无线电修理、汽车修理、手表修理、管工、线路装配工、工具仓库管理员。

RIC：船上工作人员、接待员、杂志保管员、牙医助手、制帽工、磨坊工、石匠、机器制造、机车（火车头）制造、农业机器装配、汽车装配工、缝纫机装配工、 钟表装配和检验、电动器具装配、鞋匠、锁匠、货物检验员、电梯机修工、托儿所所长、钢琴调音员、装配工、印刷工、建筑钢铁工作、卡车司机。

RAI：手工雕刻、玻璃雕刻、制作模型人员、家具木工、制作皮革品、手工绣花、手工钩针纺织、排字工作、印刷工作、图画雕刻、装订工。

RSE：消防员、交通巡警、警察、门卫、理发师、房间清洁工、屠夫、锻工、开凿工人、管道安装工、出租汽车驾驶员、货物搬运工、送报员、勘探员、娱乐场所的服务员、起卸机操作工、灭害虫者、电梯操作工、厨房助手。

RSI：纺织工、编织工、农业学校教师、某些职业课程教师（诸如艺术、商业、技术、工艺课程）、雨衣上胶工。

REC：抄水表员、保姆、实验室动物饲养员、动物管理员。

REI：轮船船长、航海领航员、大副、试管实验员。

RES：旅馆服务员、家畜饲养员、渔民、渔网修补工、水手长、收割机操作工、搬运行李工人、公园服务员、救生员、登山导游、火车工程技术员、建筑工作、铺轨工人。

RCI：测量员、勘测员、仪表操作者、农业工程技术、化学工程技师、民用工程技师、石油工程技师、资料室管理员、探矿工、煅烧工、烧窖工、矿工、保养工、 磨床工、取样工、样品检验员、纺纱工、炮手、漂洗工、电焊工、锯木工、刨床工、制帽工、手工缝纫工、油漆工、染色工、按摩工、木匠、农民建筑工作、电影放映员、勘测员助手。

RCS：公共汽车驾驶员、一等水手、游泳池服务员、裁缝、建筑工作、石匠、烟囱修建工、混凝土工、电话修理工、爆破手、邮递员、矿工、裱糊工人、纺纱工。

RCE：打井工、吊车驾驶员、农场工人、邮件分类员、铲车司机、拖拉机司机。

IAS：普通经济学家、农场经济学家、财政经济学家、国际贸易经济学家、实验心理学家、工程心理学家、心理学家、哲学家、内科医生、数学家。

IAR：人类学家、天文学家、化学家、物理学家、医学病理、动物标本剥制者、化石修复者、艺术品管理者。

ISE：营养学家、饮食顾问、火灾检查员、邮政服务检查员。

ISC：侦察员、电视播音室修理员、电视修理服务员、验尸室人员、编目录者、医学实验室技师、调查研究者。

ISR：水生生物学者、昆虫学者、微生物学家、配镜师、矫正视力者、细菌学家、牙科医生、骨科医生。

ISA：实验心理学家、普通心理学家、发展心理学家、教育心理学家、社会心理学家、临床心理学家、目标学家、皮肤病学家、精神病学家、妇产科医师、眼科医生、五官科医生、医学实验室技术专家、民航医务人员、护士。

IES：细菌学家、生理学家、化学专家、地质专家、地理物理学专家、纺织技术专家、医院药剂师、工业药剂师、药房营业员。

IEC：档案保管员、保险统计员。

ICR：质量检验技术员、地质学技师、工程师、法官、图书馆技术辅导员、计算机操作员、医院听诊员、家禽检查员。

IRA：地理学家、地质学家、声学物理学家、矿物学家、古生物学家、石油学家、地震学家、声学物理学家、原子和分子物理学家、电学和磁学物理学家、气象学家、设计审核员、人口统计学家、数学统计学家、外科医生、城市规划家、气象员。

IRS：流体物理学家、物理海洋学家、等离子体物理学家、农业科学家、动物学家、食品科学家、园艺学家、植物学家、细菌学家、解剖学家、动物病理学家、作物病理学家、药物学家、生物化学家、生物物理学家、细胞生物学家、临床化学家、遗传学家、分子生物学家、质量控制工程师、地理学家、兽医、放射性治疗技师。

IRE：化验员、化学工程师、纺织工程师、食品技师、渔业技术专家、材料和测试工程师、电气工程师、土木工程师、航空工程师、行政官员、冶金专家、原子核工程师、陶瓷工程师、地质工程师、电力工程师、口腔科医生、牙科医生。

IRC：飞机领航员、飞行员、物理实验室技师、文献检查员、农业技术专家、动植物技术专家、生物技师、油管检查员、工商业规划者、矿藏安全检查员、纺织品检验员、照相机修理者、工程技术员、计算程序编程员、工具设计者、仪器维修工。

CRI：簿记员、会计、记时员、铸造机操作工、打字员、按键操作工、复印机操作工。

CRS：仓库保管员、档案管理员、缝纫工、讲述员、收款人。

CRE：标价员、实验室工作者、广告管理员、自动打字机操作员、电动机装配工、缝纫机操作工。

CIS：记账员、顾客服务员、报刊发行员、土地测量员、保险公司职员、会计师、估价员、邮政检查员、外贸检查员。

CIE：打字员、统计员、支票记录员、订货员、校对员、办公室工作人员。

CIR：校对员、工程职员、海底电报员、检修计划员、发报员。

CSE：接待员、通讯员、电话接线员、卖票员、旅馆服务员、私人职员、商学教师、旅游办事员。

CSR：运货代理商、铁路职员、交通检查员、办公室通讯员、簿记员、出纳员、银行财务职员。

CSA：秘书、图书管理员、办公室办事员。

CER：邮递员、数据处理员、办公室办事员。

CEI：推销员、经济分析家。

CES：银行会计、记账员、法人秘书、速记员、法院报告人。

ECI：银行行长、审计员、信用管理员、地产管理员、商业管理员。

ECS：信用办事员、保险人员、各类进货员、海关服务经理、售货员、购买员、会计。

ERI：建筑物管理员、工业工程师、农场管理员、护士长、农业经营管理人员。

ERS：仓库管理员、房屋管理员、货栈监督管理员。

ERC：邮政局长、渔船船长、机械操作领班、木工领班、瓦工领班、驾驶员领班。

EIR：科学、技术和有关周期出版物的管理员。

EIC：专利代理人、鉴定人、运输服务检查员、安全检查员、废品收购人员。

EIS：警官、侦察员、交通检验员、安全咨询员、合同管理者、商人。

EAS：法官、律师、公证人。

EAR：展览室管理员、舞台管理员、播音员、驯兽员。

ESC：理发师、裁判员、政府行政管理员、财政管理员、工程管理员、职业病防治、售货员、商业经理、办公室主任、人事负责人、调度员。

ESR：家具售货员、书店售货员、公共汽车驾驶员、日用品售货员、护士长、自然科学和工程的行政领导。

ESI：博物馆管理员、图书馆管理员、古迹管理员、饮食业经理、地区安全服务管理员、技术服务咨询者、超级市场管理员、零售商品店店员、批发商、出租汽车服务站调度。

ESA：博物馆馆长、报刊管理员、音乐器材售货员、广告商售画营业员、导游、（轮船或班机上的）事务长、飞机上的服务员、船员、法官、律师。

ASE：戏剧导演、舞蹈教师、广告撰稿人、报刊、专栏作者、记者、演员、英语翻译。

ASI：音乐教师、乐器教师、美术教师、管弦乐指挥、合唱队指挥、歌星、演奏家、哲学家、作家、广告经理、时装模特。

AER：新闻摄影师、电视摄影师、艺术指导、录音指导、丑角演员、魔术师、木偶戏演员、骑士、跳水员。

AEI：音乐指挥、舞台指导、电影导演。

AES：流行歌手、舞蹈演员、电影导演、广播节目主持人、舞蹈教师、口技表演者、喜剧演员、模特。

AIS：画家、剧作家、编辑、评论家、时装艺术大师、新闻摄影师、男演员、文学作者。

AIE：花匠、皮衣设计师、工业产品设计师、剪影艺术家、复制雕刻品大师。

AIR：建筑师、画家、摄影师、绘图员、环境美化工、雕刻家、包装设计师、陶器设计师、绣花工、漫画工。

SEC：社会活动家、退伍军人服务官员、工商会事务代表、教育咨询者、宿舍管理员、旅馆经理、饮食服务管理员。

SER：体育教练、游泳指导。

SEI：大学校长、学院院长、医院行政管理员、历史学家、家政经济学家、职业学校教师、资料员。

SEA：娱乐活动管理员、国外服务办事员、社会服务助理、一般咨询者、宗教教育工作者。

SCE：部长助理、福利机构职员、生产协调人、环境卫生管理人员、戏院经理、餐馆经理、售票员。

SRI：外科医师助手、医院服务员。

SRE：体育教师、职业病治疗者、体育教练、专业运动员、房管员、儿童家庭教师、警察、引座员、传达员、保姆。

SRC：护理员、护理助理、医院勤杂工、理发师、学校儿童服务人员。

SIA：社会学家、心理咨询者、学校心理学家、政治科学家、大学或学院的系主任、大学或学院的教育学教师、大学农业教师、大学工程和建筑课程的教师、大学法律教师、大学数学、医学、物理、社会科学和生命科学的教师、研究生助教、成人教育教师。

SIE：营养学家、饮食学家、海关检查员、安全检查员、税务稽查员、校长。

SIC：描图员、兽医助手、诊所助理、体检检查员、监督缓刑犯的工作者、娱乐指导者、咨询人员、社会科学教师。

SIR：理疗员、救护队工作人员、手足病医生、职业病治疗助手。

模块六　职业能力

一、模块目标

了解能力和职业能力的相关知识：能力和职业能力的概念、类型，能力与职业的关系、职业能力的构成。

二、模块内容

主题1：职业能力的概念

教学目标：引导学生了解能力和职业能力的概念、类型，职业能力的构成，能力与职业的关系。认识当今社会对高职生职业能力的要求，并懂得去提高自己的职业能力。

主题2：职业能力的认识

教学目标：通过对职业能力构成各方面的测评、自我评价、他人的评价和在实践过程中的检验，认识自己的职业能力。

主题1　职业能力的概念

案例 2–5

提高社会能力，在求职中立于不败之地

小王和小刘同时就读于同一所高等职业学校。在校学习期间，小王认识到高职教育重在培养技术型、实践型人才，因此自己定位准确，不仅注重专业知识学习，还利用业余时间主动参加相关专业技能证书的培训和考证工作，一有时间就去学校附近的快餐店打工。为了锻炼自己的组织和管理能力，他还主动要求加入学生会，担任校学生会体育部长，组织学生开展多种文体活动。毕业时，小王不仅顺利地拿到了毕业证书，而且取得了三个相关职业的证书，成为品学兼优、成熟稳重、富有一定社会经验的毕业生，顺利地进入了国家某部委下属单位工作。而小刘认为上高职不过是混一张文凭，课余时间就到网吧玩游戏，与朋友聚会，毕业时仅有一张毕业证书。他到多个单位求职，均以能力低、不能胜任工作而失败。

点评

由两人的不同经历和结果可以看出，社会能力在求职就业中的作用非常突出，如何提高社会能力呢？高职高专学生应该在专业学习中加强训练，将知识运用于实践才会成为能力。此外，还要在日常生活中训练适用于求职和工作的各种能力。最后，要提高社会能力还需要在社会实践中多加磨炼。

思考题

1．要想在求职中立于不败之地，你感觉需要哪些职业能力？你具备了吗？

2．如果你是大一新生，你将如何让自己具有这些能力？

一、能力

（一）能力的概念和分类

能力不是与生俱来的，而是在人的遗传素质的基础上、在实践活动中逐渐形成与发展起来的。所谓能力就是指人们顺利完成某种活动所必须具备的个性心理特征。根据标准的不同我们可以将能力分为不同的方面。

1. 按照能力作用的活动领域分为一般能力和特殊能力

一般能力又称为普通能力，是指个体在从事各种活动中共同需要的能力。观察力、记忆力、思维能力、想象力、注意力都是一般能力。特殊能力又称为专门能力，指为完成某项专门活动所必须具备的能力。它是在特殊的专门领域内必须的能力。数学能力、音乐能力、绘画能力、体育能力、写作能力等都属于特殊能力。

2. 按照能力表现形态分为认知能力、操作能力和社交能力

认知能力是指个体接收、加工、存储和应用信息的能力，是个体得以顺利完成各项活动任务最为重要的心理条件。对客观事物的观察、记忆、注意、思维和想象的能力都属于认知能力。操作能力是指器械操作、工具操作、身体运动等方面的能力。劳动能力、艺术表现能力、体育运动能力、仪器操作能力等都是操作能力。社交能力是指个体运用适当交往技巧增进与他人心理关系的能力。社交能力是在交往活动中表现出来的，言语感染能力、沟通能力及交际能力等都是社交能力。组织管理能力由于涉及人与人之间的关系和交流，其中有一部分也属社交能力。

3. 按照活动中能力参与活动性质，能力分为模仿能力和创造能力

模仿能力又称再造能力，是指通过观察别人的行为和活动来仿效他人的言行举止，然后以相同方式做出反应的能力。例如，儿童模仿父母

的说话，儿童学习某些生活技能。模仿能力是个体早期获得知识经验的重要途径和手段。

创造能力是指个体不受成规的束缚而能够灵活运用知识经验，产生新思想或发现和创造新事物的能力。创造能力具有独特性、变通性和流畅性的特征，是成功完成某种创造活动所必须的心理品质。

4. 按能力形成的基础分为天赋与技能

按能力形成的基础，可把能力分为天赋与技能。天赋更多地是由生物遗传的作用形成的与生俱来的能力。技能是通过学习和练习而培养形成的能力。

辛迪·梵和理查德·鲍尔斯将技能分为 3 种类型：专业知识技能、自我管理技能、可迁移技能或称通用技能。

（1）专业知识技能

专业知识技能是指一般需要通过教育或者培训获得的具有一定专业性和系统性的知识或能力。学生可以通过专业学习而获得的专业知识技能，如会计师、营销师、物流师、律师等。

专业知识技能不能够进行迁移，是建立在特殊的专业知识基础上的，一般需要通过有意识的、专门的培训，也可以通过一些课外培训、专业会议、讲座或研讨会、自学、就职单位上岗培训等获得专业知识。

（2）自我管理技能

这种技能常被看做是个人品质，因为它们被用来描述或说明人具有的某些特征。这些特征是能够通过主观努力培养和训练的，能够帮助个人更好地适应周围的环境。通常包括人际沟通能力、团队合作能力、情绪管理能力、时间管理能力、问题解决能力等软性的素质技能。这些技能被企业所重视，甚至超过专业技能等可再生的能力素质，因为它们有助于你协调处理复杂的工作事件，是成功所需要的品质。事实上，人们被解雇或离职更多的时候是因为缺乏自我管理技能而不是因为缺乏专业能力。

（3）可迁移技能

可迁移技能就是你能够触类旁通的技能，也被称为通用技能。它的特征是它们可以从生活中的方方面面，特别是在工作之外得到发展，却可以迁移应用到不同的工作之中。在职业规划中，当需要勾画出个人最核心技能的时候，可迁移技能是需要被最先和最详细描述的。因为它是你最能持续运用和最能够依靠的技能。事实上，专业知识技能的运用都是在可迁移技能基础之上的，我们往往夸大了专业知识技能的重要性。

（二）能力与职业、知识技能的关系

如果说价值观是职业选择与成功的信号，兴趣是职业成功的重要推动力，那么能力则是职业选择与职业成功的基础。对任何一种职业或岗位而言，必须要求从业者具备相应的能力。如从事科学研究工作就需要有非常好的推理能力、逻辑思维能力、数学能力、语言表达能力、阅读理解能力；从事文艺演奏需要较高的音乐记忆能力、音乐理解能力，需要较高的手指灵巧性等，而对逻辑思维、数学能力等要求则较低；装配流水线上的工人，主要需要较好的手工、手指灵巧性，需要中等的肌肉耐力等；会计教师就必须具备商业能力、文书能力、逻辑能力和社交能力；牙科医生就必须同时具备机械操作、计算能力和社交能力等。对个体来说能力的差异是绝对的，有的人在这方面能力强，有的人在那方面能力强，不同的人有不同的能力。能力的不同，对职业或岗位选择就有差异。

你的能力与职业是否匹配？社会上常常有两种现象：“低成就者”与“超成就者”，你设想一下这两种现象会带来什么后果。人的能力差别是客观存在的，这种差别制约着人们活动的领域与职业选择的范围。一个人如果不能很好地评价自己的能力，错误地选择职业，就会出现“低成就者”与“超成就者”现象。

大学是一个发展自己、完善自己、提升自己的最集中的时期，大学给了每个人同样的时间和自由，但是如何利用好这些呢？大学除了给人培养一个良好思维方式的机会之外，就是塑造步入社会发展的各种能力：学好专业的学习能力、步入职场的商业能力、管理生涯的职业能力，还

有享受生活的基本能力、步入社会的社会能力，以及在以上基础上形成的个人特殊能力，这些能力的综合就是个人的综合实力，而其中个人实力的开发、增强又取决于后天的强化努力。

能力与知识技能的关系：

（1）能力与知识技能的区别。专业知识是人类进行各种专业活动经验的总结和概括的总和。专业技能则是人们在长期的学习工作中逐步形成的熟练的操作规程方式。一般来说，专业知识和专业技能都是后天取得的，并随着年龄的增长而增长。能力则含有某些先天的因素，也并不总是随年龄的增长而增长，有些还会出现衰退的现象。因此，专业知识丰富不等于职业能力就一定强，某方面的职业能力强，也不表明他的专业知识就丰富。同样，职业能力和专业技能的发展也不是同步的。

（2）能力与知识技能的联系。职业能力的大小影响掌握专业知识和专业技能的速度和程度，也影响专业知识的应用；专业知识越多，专业技能越熟练，就越能促进职业能力的提高。

（三）专业人才的能力要求

21 世纪是竞争越来越激烈的时代，迅速变化的时代要求不断地创新。21 世纪的人才首先要拥有创新意识；其次，要具备创新能力；最后就是可以将创新的成果运用于社会实现其价值。

1. 企业对专业人才的要求

根据美国“全国大学与雇主协会”2002 年的调查，美国雇主们最为重视的技能和个人品质按顺序排列如下：

（1）沟通能力；

（2）积极主动性；

（3）团队合作精神；

（4）领导能力；

（5）学习成绩；

（6）人际交往能力；

（7）灵活性 / 适应能力；

（8）专业技术；

（9）诚实正直；

（10）工作道德；

（11）分析和解决问题的能力。

2. 高职生应具备的能力

（1）学习创新能力

现代社会是一个知识、技术不断更新的社会，从个人适应社会的角度而言，现代社会又是一个学习型社会。学习和掌握新知识、新技术的能力成为现代高职生适应竞争的一项基本素质和能力。

（2）解决问题能力

解决问题能力就是将专业知识转化为实际操作的能力。专业实践能力不强是当前高职生普遍存在的问题，也是为什么用人单位青睐有工作经验的应聘者而挑剔应届毕业生的一个重要原因。

（3）较强的主动性和责任感

学习、做事要主动，要敢于表现自己的能力；做一个敢于负责任的人。

（4）沟通协作能力

适应社会生活的一个基本内容就是与人打交道，这决定了人际交往和沟通的重要性。

高职生要获得和胜任一个理想的职业，人际沟通和协作能力是必不可少的。提高人际沟通和协作的能力就是要学会主动地沟通与协作，不能自我封闭，对待分歧要学会求同存异，和而不同。

（5）压力承受能力

市场经济的竞争遵循的是优胜劣汰的原则，是成功与失败俱存的共同体，参与竞争就难免遇到挫折，高职生应当对择业中的压力挫折有充分的思想准备，敢于面对现实，把压力、挫折看成是锻炼意志、增强能力、提高心理素质的一场考验。

二、职业能力

（一）职业能力及构成

如果说职业兴趣或许能决定一个人的择业方向，以及在该方面所乐于付出努力的程度，那么职业能力则能说明一个人在既定的职业方面是否能够胜任，也能说明一个人在该职业中取得成功的可能性。其实，现在我们比较注重的是综合能力，而不是某一方面的能力，也可以理解为从事某项工作或学习的胜任力。它包括：（1）内在动力：工作热情，压力管理；（2）思考能力：分析问题，确定目标；（3）行动能力：计划执行，推进目标；（4）人际能力：影响他人，协调互益。

职业能力是人们从事某种职业必须具备的并在该职业活动中表现的多种能力的总和。由于职业能力是多种能力的综合，它同样包括一般能力、专业知识与技能的能力及相关的综合能力，如适应能力、人际交往与沟通能力、学习能力、合作能力、组织与管理能力、判断能力、创新能力等。例如，一位教师只具有语言表达能力是不够的，还必须具有对教学的组织和管理能力，对教材的理解和使用能力，对教学问题和教学效果的分析、判断能力等。

1. 一般职业能力

一般职业能力主要是指一般的学习能力、文字和语言运用能力、数学运用能力、空间判断能力、形体知觉能力、颜色分辨能力、手的灵巧度、手眼协调能力等。此外，任何职业岗位的工作都需要与人打交道，因此，人际交往能力、团队协作能力、对环境的适应能力及遇到挫折时良好的心理承受能力都是我们在职业活动中不可缺少的能力。

2. 专业能力

专业能力主要是指从事某一职业的专业能力。在求职过程中，招聘方最关注的就是求职者是否具备胜任岗位工作的专业能力。例如，你去应聘教学工作岗位，对方最看重你是否具备最基本的教学能力。

挖掘和发现自己的专业能力非常重要，因为它能影响人的职业选择方向，或开辟一个新的职业道路。虽然大部分的职业都可以通过技能的培训来达到要求，但有些职业则并非如此。如要做一名出色的运动员或音乐家或文学家，如果没有该领域的天赋，你就不要刻意去追求，否则将事倍功半或者一事无成。每个人所具有的潜能是不同的，有的人在这一方面特别有天赋，有的人在那一方面特别有天赋，重要的是我们如何去挖掘和发现自己的潜能，最大限度地发挥自己的个人特长，在自己的职业发展中作为一个优势资源，在成功的道路上能捷足先登。

3. 职业综合能力

这里主要介绍国际上普遍注重培养的“关键能力”，有些国家称它为职业核心能力，它是人们职业生涯中除岗位专业能力之外的基本能力，它适用于各种职业，能适应岗位不断变换，是伴随人终身的可持续发展能力。它主要包括四个方面：

（1）跨职业的专业能力

从以下三方面可以体现出一个人跨职业的专业能力：一是运用数学和测量方法的能力；二是计算机应用能力；三是运用外语解决技术问题和进行交流的能力。

（2）方法能力

一是信息收集和筛选能力；二是掌握制订工作计划、独立决策和实施的能力；三是具备准确的自我评价能力和接受他人评价的承受力，并能够从成败经历中有效地吸取经验教训。

（3）社会能力

社会能力主要是指一个人的团队协作能力、人际交往和善于沟通的能力。在工作中能够协同他人共同完成工作，对他人公正宽容，具有准确裁定事物的判断力和自律能力等，这是岗位胜任和在工作中开拓进取的重要条件。

（4）个人能力

随着中国经济体制改革的深入、法制的不断健全完善，人的社会责任心和诚信将越来越被重视，假冒伪劣将越来越无藏身之地，一个人的职业道德会越来越受到全社会的尊重和赞赏，爱岗敬业、工作负责、注重细节的职业人格会得到全社会的肯定和推崇。

（二）职业能力对职业的影响

1. 一定的职业能力是胜任某种职业岗位的必要条件

任何一个职业岗位都有相应的岗位职责要求，一定的职业能力则是胜任某种职业岗位的必要条件。因此，求职者在进行择业时，首先要明确自己的能力优势及胜任某种工作的可能性。条件允许的情况下，可以由专业职业指导人员帮助分析，根据求职者的学历状况、职业资格、职业实践等来确定求职者的职业能力，必要时可以通过心理测试作为参考，在基本确定求职者的职业能力和发展的可能性的基础上帮助求职者进行职业选择。

2. 职业实践和教育培训是职业能力发展的前提

（1）职业实践促进职业能力的发展

职业能力是在实践的基础上得到发展和提高的，一个人长期从事某一项专业劳动，能促使人的能力向高度专业化发展。例如，计算机文字录用人员，随着工作的熟练和经验的积累，录入的速度会越来越快，准确性也会越来越高。个体的职业能力只有在实际工作中才能不断得到发展、提高和强化。

（2）教育培训促进教育能力的提高

个体职业能力的提高除了在实践中磨炼和提高之外，最有效的途径就是接受教育和培训，像我们所熟悉的职业教育、专科教育、大学本科教育、研究生教育等，学生通过对有关知识和技能的掌握，对以后更好地胜任本职工作会有极大的帮助。

（3）职业能力、职业发展与职业创造之间的关系

职业能力是人的发展和创造的基础。前面讲到能力是成功地完成某种任务或胜任工作的必不可少的基本因素，没有能力或能力低下，就难以达到工作岗位的要求，不能胜任工作。个体的职业能力越强，各种能力越是综合发展，就越能促进人在职业活动中的创造和发展，就越能取得较好的工作绩效和业绩，越能给个人带来职业成就感。

主题2 职业能力的认识

案例2-6

桑卓的选择

高职毕业后，桑卓不知道她应该干什么。桑卓的许多朋友都上了大学，但是她对“继续深造”不感兴趣，她已经对上学感到厌烦了，想要去体验“真正的生活”。上学时，她的商业课程学得不错，她觉得做一个办公室职员一定能够胜任。一个朋友帮她准备了一份简历，她开始上网寻找工作。网上有很多办事员的职位，可是桑卓不知道哪一种工作对她来说更适合。她决定回学校去咨询一下职业顾问。这位职业顾问对她说：“要想找一个好的职业选择，首先要做的应该是确定自己的志趣、价值观和人生目标，认真分析自己的能力倾向。”职业顾问告诉桑卓，只有了解清楚自己是一个什么样的人格特点之后，才能决定哪种类型的企业适合于自己工作。这位职业顾问还建议桑卓向当地社区学院的职业顾问谈谈。

社区学院的职业顾问对桑卓做了一系列职业能力测验，发现她对法律感兴趣又具备法律行业的基本能力。桑卓在网上查找了有关法律秘书的职位，但是发现这类职务需要专业培训。于是，桑卓面临的选择是回到学校接受必要的专业培训？还是在其他领域寻找工作？由于桑卓感到自己确实喜欢法律业务，她决定两件事情一起做。一方面，她继续寻找一般的秘书职位，挣点学费；同时报名参加了社区学院的法律秘书证书

班。桑卓在美国航空公司找到了一份接待员的工作，她很快就适应了这份工作，同时发现工作的时间安排不影响完成学业。虽然这份工作的收入不足以支持她独立租房过日子，但好在她可以住在家里。

两年后，桑卓就要毕业领到法律秘书的证书了。一天，桑卓正在工作岗位上读她的法律专业教科书，高级主管欧文斯走过来。桑卓很喜欢他，他总是尊重她的才能，桑卓很愿意和他谈及自己的学业。当桑卓向他谈起职业计划时，欧文斯说他认识一个律师，在桑卓准备好了的时候他愿意为她介绍。在剩下几个月中，桑卓非常努力地工作。在四月初，她给欧文斯先生打电话说："我想让您知道我将在五月份取得法律秘书证书。我想起您曾表示，在我想寻找法律秘书职务时可以帮我。我不知道是否能够和您面谈我的情况？"欧文斯告诉桑卓："为她感到自豪，而且很愿意与她见面。"

（摘自于：史梅，万金淼，应金萍. 职业生涯规划与就业指导. 武汉：武汉大学出版社. 2008.）

点评

桑卓的故事告诉我们一个道理，要想找一个好的职业选择，首先要做的事应该是确定自己的志趣、价值观和职业能力。只有了解清楚自己是一个什么样的人格特点之后，才能决定哪种类型的企业适合于自己工作。桑卓的另一个启示则是她能够正确地选择认识自己的方法——进行职业咨询。当然，她在初步职业定向以后，坚定地朝着自己规划的方向不懈努力，也是她能够成功的重要因素。

想一想，你的能力体现在哪方面？现在就把它写下来：

1．最强是：____________________________。

2．其次是：____________________________。

3．第三是：____________________________。

职业能力是人们从事某种职业必须具备的并在该职业活动中表现的多种能力的总和。不同的职业对人的职业能力有不同的要求，不同的职业选择对人的能力发展影响深远。职业能力与专业技能和知识是不同维度、不同性质的概念，专业知识丰富不等于职业能力就一定强，某方面的职业能力强，也不表明他的专业知识就丰富；同时应该看到，职业能力的强弱既影响掌握专业知识和专业技能的速度和程度，也影响专业知识的应用；专业知识越多，专业技能越熟练，就越能促进职业能力的提高。职业能力和专业技能的发展不是同步的，同时又是有联系的。职业能力作为多种能力的综合，它同样包括一般能力、专业知识与技能的能力及相关的综合能力，如适应能力、人际交往与沟通能力、学习能力、合作能力、组织与管理能力、判断能力、创新能力等。想要了解自己的职业能力可以通过自我评价，通过参考别人对自己的评价，通过在现实工作中检验，还可以通过职业能力测试得出，如语言能力测试、数学运算能力测试、创造能力测试、人际交往能力测验、适应能力测验等。

附录 3　职业能力测评量表

请根据自己的实际情况，对下面的每一项活动做出评价。

1. 第一组	强	较强	一般	弱	较弱
	1	2	3	4	5
（1）表达自己观点的准确程度。	（ ）	（ ）	（ ）	（ ）	（ ）
（2）阅读速度，对中心内容的把握速度。	（ ）	（ ）	（ ）	（ ）	（ ）
（3）向别人解释难懂的概念的能力。	（ ）	（ ）	（ ）	（ ）	（ ）
（4）对课文的字、词、段落和篇章的理解分析和综合的能力。	（ ）	（ ）	（ ）	（ ）	（ ）
（5）掌握词汇量的程度。	（ ）	（ ）	（ ）	（ ）	（ ）
（6）语文学习成绩。	（ ）	（ ）	（ ）	（ ）	（ ）
各等级次数累计： 总计=（ ）×1+（ ）×2+（ ）×3+（ ）×4+（ ）×5 总次数（ ）/6 =评定等级（　　　　）					

2. 第二组	强	较强	一般	弱	较弱
	1	2	3	4	5
(1) 测量的精确度（如测量长、宽、高等）。	( )	( )	( )	( )	( )
(2) 解算术应用题的能力。	( )	( )	( )	( )	( )
(3) 笔算能力。	( )	( )	( )	( )	( )
(4) 心算能力。	( )	( )	( )	( )	( )
(5) 使用工具的计算能力。	( )	( )	( )	( )	( )
(6) 数学成绩。	( )	( )	( )	( )	( )

各等级次数累计：

总计=（ ）×1+（ ）×2+（ ）×3+（ ）×4+（ ）×5

总次数（ ）/6 =评定等级（　　　　）

3. 第三组	强	较强	一般	弱	较弱
	1	2	3	4	5
(1) 美术课素描画的水平。	( )	( )	( )	( )	( )
(2) 画三维度立体图形的能力。	( )	( )	( )	( )	( )
(3) 看几何图形立体感的能力。	( )	( )	( )	( )	( )
(4) 想象盒子展开后的平面形状的能力。	( )	( )	( )	( )	( )
(5) 想象三维度和三维度物体的想象能力。	( )	( )	( )	( )	( )
(6) 玩拼图游戏的能力。	( )	( )	( )	( )	( )

各等级次数累计：

总计=（ ）×1+（ ）×2+（ ）×3+（ ）×4+（ ）×5

总次数（ ）/6 =评定等级（　　　　）

4. 第四组	强	较强	一般	弱	较弱
	1	2	3	4	5
(1) 发现相似图形中的细微差别的能力。	( )	( )	( )	( )	( )
(2) 识别物体形状差别的能力。	( )	( )	( )	( )	( )
(3) 注意到多人忽视的物体的细节部分的能力。	( )	( )	( )	( )	( )
(4) 检查物体细节的水平。	( )	( )	( )	( )	( )
(5) 观察图案正确程度。	( )	( )	( )	( )	( )
(6) 找出数学作业的细小错误的能力。	( )	( )	( )	( )	( )

续表

各等级次数累计：
总计=（ ）×1+（ ）×2+（ ）×3+（ ）×4+（ ）×5
总次数（ ）/6 =评定等级（ ）

5. 第五组	强	较强	一般	弱	较弱
	1	2	3	4	5
（1）抄写资料（写入姓名、日期、电话号码等）的速度和精确度。	（ ）	（ ）	（ ）	（ ）	（ ）
（2）发现错别字的能力。	（ ）	（ ）	（ ）	（ ）	（ ）
（3）发现计算错误的能力。	（ ）	（ ）	（ ）	（ ）	（ ）
（4）发现图表中细小错误的能力。	（ ）	（ ）	（ ）	（ ）	（ ）
（5）在图书馆查到编码卡片的速度。	（ ）	（ ）	（ ）	（ ）	（ ）
（6）自我控制能力（如较长时间地进行抄写材料）。	（ ）	（ ）	（ ）	（ ）	（ ）
各等级次数累计： 总计=（ ）×1+（ ）×2+（ ）×3+（ ）×4+（ ）×5 总次数（ ）/6 =评定等级（ ）					

6. 第六组	强	较强	一般	弱	较弱
	1	2	3	4	5
（1）劳动技术课中操纵机器一类的活动能力。	（ ）	（ ）	（ ）	（ ）	（ ）
（2）在玩电子游戏或瞄准打靶的成功率。	（ ）	（ ）	（ ）	（ ）	（ ）
（3）在体操、广播操一类活动中身体的协调性和灵活性。	（ ）	（ ）	（ ）	（ ）	（ ）
（4）打球（篮球、排球等）的姿势与水平。	（ ）	（ ）	（ ）	（ ）	（ ）
（5）打字比赛或打算盘比赛的成绩。	（ ）	（ ）	（ ）	（ ）	（ ）
（6）在体育课中走平衡木的水平。	（ ）	（ ）	（ ）	（ ）	（ ）
各等级次数累计： 总计=（ ）×1+（ ）×2+（ ）×3+（ ）×4+（ ）×5 总次数（ ）/6 =评定等级（ ）					

7. 第七组	强	较强	一般	弱	较弱
	1	2	3	4	5
（1）使用手工工具（如锤子）的灵巧性。	（ ）	（ ）	（ ）	（ ）	（ ）
（2）使用很小工具（如镊子）的灵活性。	（ ）	（ ）	（ ）	（ ）	（ ）
（3）弹乐器时手的灵活度。	（ ）	（ ）	（ ）	（ ）	（ ）
（4）动手做一件小手工品的能力。	（ ）	（ ）	（ ）	（ ）	（ ）
（5）削水果（如苹果）的速度。	（ ）	（ ）	（ ）	（ ）	（ ）
（6）做维修、装配、拆卸、编织缝补一类活动的熟练程度。	（ ）	（ ）	（ ）	（ ）	（ ）

各等级次数累计：

总计=（ ）×1+（ ）×2+（ ）×3+（ ）×4+（ ）×5

总次数（ ）/6 =评定等级（　　　　）

8. 第八组	强	较强	一般	弱	较弱
	1	2	3	4	5
（1）在陌生的场合发表自己的意见的胆量和能力。	（ ）	（ ）	（ ）	（ ）	（ ）
（2）去新场所并结交朋友的胆量及能力。	（ ）	（ ）	（ ）	（ ）	（ ）
（3）口头表达能力。	（ ）	（ ）	（ ）	（ ）	（ ）
（4）与人友好的交往并协同工作的能力。	（ ）	（ ）	（ ）	（ ）	（ ）
（5）帮助别人的倾向性。	（ ）	（ ）	（ ）	（ ）	（ ）
（6）做别人思想工作的擅长性。	（ ）	（ ）	（ ）	（ ）	（ ）

各等级次数累计：

总计=（ ）×1+（ ）×2+（ ）×3+（ ）×4+（ ）×5

总次数（ ）/6 =评定等级（　　　　）

9．第九组	强	较强	一般	弱	较弱
	1	2	3	4	5
（1）组织班级集体活动的能力。	（ ）	（ ）	（ ）	（ ）	（ ）
（2）在集体活动或学习中，关心他人的情况的频率。	（ ）	（ ）	（ ）	（ ）	（ ）
（3）在日常生活中动脑筋想出别人想不到的好点子的经常程度。	（ ）	（ ）	（ ）	（ ）	（ ）
（4）冷静果断处理突发事情的能力。	（ ）	（ ）	（ ）	（ ）	（ ）
（5）班级工作中的工作能力。	（ ）	（ ）	（ ）	（ ）	（ ）
（6）解决同学之间矛盾的技巧。	（ ）	（ ）	（ ）	（ ）	（ ）
各等级次数累计： 总计=（ ）×1+（ ）×2+（ ）×3+（ ）×4+（ ）×5 总次数（ ）/6 =评定等级（ ）					

统计和确定你的职业能力类型。

把每组的评定等级填入下表即可得出你相应的职业能力的等级。

组	评定等级	相应的职业能力名称
第一组		言语能力
第二组		数理能力
第三组		空间判断能力
第四组		察觉细节能力
第五组		书写能力
第六组		运动协调
第七组		动手能力
第八组		社会交往能力
第九组		组织管理能力

各种职业与其所要求的职业能力的参考标准。

职 业	言	数	空	察	书	运	动	社	组
1．农机操作员	4	3	3	4	3	2	2	4	4

续表

职　业	言	数	空	察	书	运	动	社	组
2．农业技术员	3	2	2	2	3	3	3	3	3
3．林业技术员	3	2	2	2	3	3	3	3	3
4．畜牧业劳动者	4	3	4	4	3	2	3	4	4
5．畜牧、兽医技术人员	4	2	3	3	3	2	2	3	3
6．水产养殖人员	4	3	4	4	4	3	3	4	4
7．水利技术工人	4	3	3	3	3	2	2	3	4
8．水利技术人员	3	3	4	4	3	3	3	3	4
9．采煤工程技术人员	3	2	2	2	3	3	3	3	3
10．石油开采技术人员	4	2	2	2	3	3	3	3	3
11．自来水生产技术人员	3	2	2	2	3	3	3	3	3
12．食品、饮料制造工人	4	3	4	4	4	3	2	4	4
13．食品、饮料制造技术人员	3	2	2	2	3	3	3	3	3
14．纺织技术人员	3	2	2	2	3	3	3	3	3
15．服装设计人员	3	2	2	2	3	3	3	3	3
16．家具设计人员	4	2	2	2	3	3	3	3	3
17．纸制品工人	4	2	4	3	3	3	2	4	4
18．工艺美术设计人员	4	2	2	2	3	3	3	3	3
19．化工技术人员	3	2	2	2	3	3	3	3	3
20．制药技术人员	3	2	2	2	3	3	3	3	3
21．化纤技术人员	3	2	2	2	3	3	3	3	3
22．橡胶制品技术人员	3	2	2	2	3	3	3	3	3
23．塑料加工技术人员	3	2	2	2	3	3	3	3	3
24．水泥生产技术人员	4	3	3	3	4	2	2	4	4
25．炼钢工人	4	3	3	3	4	2	2	4	4
26．炼钢技术人员	3	2	2	2	3	3	3	3	3
27．玻璃生产工人	4	3	3	3	4	2	2	4	4
28．玻璃制品设计人员	3	2	2	2	3	3	3	3	3
29．金属切削加工工人	4	3	3	3	4	2	2	4	4

续表

职业	言	数	空	察	书	运	动	社	组
30. 金属热处理工人	4	3	3	3	4	2	2	4	4
31. 机械制造工程技术人员	3	2	2	2	3	3	3	3	3
32. 电子设备制造工人	4	3	3	3	4	2	2	4	4
33. 电工	3	3	3	3	3	2	2	3	4
34. 电气自动化设计人员	3	2	2	2	3	3	3	3	3
35. 电气仪表工人	4	3	3	3	4	2	2	4	4
36. 仪器仪表及其他计量	3	2	2	2	3	3	3	3	3
37. 地质普查、勘探技术人员	3	2	2	2	3	3	3	3	3
38. 电气安装工人	4	3	3	2	4	2	2	4	4
39. 勘察设计技术人员	3	2	2	2	3	3	3	3	3
40. 市政工程技术和管理人员	3	2	2	2	3	3	3	3	3
41. 汽车驾驶员	3	2	2	2	3	3	3	3	3
42. 调度员	2	2	4	3	3	3	3	2	1
43. 电信业务员	2	2	3	3	2	3	2	3	3
44. 零售商业经营人员	2	2	4	3	2	3	2	3	3
45. 商业经营管理人员	2	2	4	3	2	4	3	2	2
46. 商业采购人员	2	2	4	3	3	3	3	1	2
47. 商业供销人员	2	2	4	3	3	3	3	1	2
48. 外贸工作人员	1	2	4	3	3	3	3	1	2
49. 厨师和炊事员	4	3	4	4	4	2	2	3	3
50. 物资供销员	2	2	4	3	3	3	3	2	2
51. 物资采购员	2	2	4	3	3	3	3	1	2
52. 房管员	3	2	3	2	2	3	3	2	3
53. 理发、美容师	3	3	4	3	4	2	2	3	3
54. 导游员	1	3	4	4	3	2	3	2	1
55. 旅馆服务员	2	3	4	4	3	3	2	2	2
56. 摄影师	3	2	2	2	3	3	2	3	3
57. 家用电器维修服务人员	3	3	2	2	3	3	2	3	3

续表

职 业	言	数	空	察	书	运	动	社	组
58. 科技咨询工作者	2	3	3	2	2	3	3	2	2
59. 心理咨询工作者	2	3	3	3	2	4	3	2	2
60. 职业咨询工作者	2	3	3	3	3	4	3	2	2
61. 银行信贷工作人员	2	1	4	1	2	4	3	2	3
62. 税收专管人员	2	2	4	3	3	4	3	2	2
63. 会计、审计、统计人员	3	1	4	1	2	4	3	2	3
64. 保险公司工作人员	2	1	4	3	2	4	3	2	3
65. 公共卫生医生	2	2	3	3	3	2	1	3	3
66. 护士	2	3	3	3	3	2	1	3	3
67. 药剂师	3	2	3	3	3	2	1	3	3
68. 运动员	3	3	3	2	4	1	1	3	3
69. 教练员	2	3	3	2	4	1	1	3	1
70. 演员	1	3	3	3	4	1	2	2	3
71. 导演	1	3	3	2	2	2	2	2	1
72. 编辑	1	2	3	1	2	3	3	1	1
73. 图书管理人员	3	2	4	2	2	3	3	3	3
74. 播音员	1	2	3	1	3	3	3	2	3
75. 广播、电视工程技术人员	3	2	2	2	3	3	2	3	3
76. 幼儿园教师	1	3	3	2	2	3	2	2	2
77. 中小学教师	1	2	3	2	1	3	2	2	1
78. 中小学管理人员	2	2	4	3	2	3	3	2	1
79. 教学辅助人员	2	2	4	3	2	3	2	3	3
80. 科技情报人员	2	2	3	2	2	3	2	2	3
81. 电子计算服务中心工作人员	2	1	3	1	2	3	2	3	3
82. 气象观测预报人员	2	2	3	2	2	3	3	3	3
83. 地震观测预报人员	2	2	3	2	2	3	3	3	3
84. 业务类公务员	2	2	3	2	1	3	3	2	2
85. 打字员	3	3	4	2	2	3	2	3	4

续表

职　业	言	数	空	察	书	运	动	社	组
86. 秘书	2	2	3	2	1	3	3	2	2
87. 警察	2	2	3	3	3	2	2	2	2
88. 律师	1	2	3	2	3	3	3	2	2
89. 审判员	1	3	3	2	3	3	3	2	2
90. 中国人民解放军指战员	3	3	2	3	3	2	2	3	3

模块七　职业价值观

一、模块目标

通过学习，掌握价值观、职业价值观的概念、特性，了解自己的价值观。

二、模块内容

主题1：职业价值观的概念

教学目标：掌握价值观、职业价值观的概念、特性。

主题2：了解自己的价值观

教学目标：了解自己的价值观。

主题1　职业价值观的概念

案例2-7

大众汽车公司前总经理方宏，原在公众中是一个近乎完美的形象：他事业成功（1985年出任大众董事会秘书长。1991年出任总经理。大众在他的领导下发展良好，业绩稳定。他促成大众与中国足球的结缘，主持出资请来了第一位洋教练施拉普纳任中国足球主教练,更令“大众”品牌再上一层楼，海内外尽知。对这位老总，上上下下都认为很称职、很出色。家庭稳定（妻子是位医生，对他的照顾无微不至），清廉有口皆碑（甚至到了近乎苛刻的地步）。可随着事业的成功，他的心理压力也如湿水的棉花越来越重，却没有人排遣他的心理焦虑。于 1993 年 3 月 9 日上午 9 时签署完他的最后一份文件，16 分钟后，推开总经理室的窗口从 5 楼纵身往外一跃，突然之间结束了自己堪称辉煌的一生。（摘自于：史梅，万金淼，应金萍. 职业生涯规划与就业指导. 武汉：武汉大学出版社. 2008.）

点评

方宏过分追求完美的性格更适合从事科研,而不是很适合与各种人打交道，处理人际关系，协调社会各级层、各部门关系，尽管赢得了事业，赢得了人们对他由衷的赞扬，却因疲于应付人际关系而死在心理阴影中。

思考题

1. 你了解自己的职业价值观吗？
2. 在道路的选择中，你更看重什么？你能坚持你的选择吗？

一、价值观的含义

一位成功的人士为了教育儿子，在周末开车带着儿子到乡下，找到一户最穷的人家住了一晚。他想让儿子明白穷人是什么样子。

第二天在回家的路上，他发现儿子低着头默默不语，心情好像挺沉重，便说：“儿子，这回你知道穷人是什么样子了吧？”

儿子说：“我知道了。”

“那你跟我说说穷人是什么样？你现在的感受是什么？”

儿子对爸爸说：“爸爸，你看咱们家有一个小院，可是他们家一开门是一个小山坡；咱们家院子里只有几盆花，可是他们家有满山坡的鲜花；咱家院子里有一个小水池，可是他们的家门前有一条小河；咱们家院子里有几盏灯，可是他们家晚上可以看到满天的星星；咱们家有 1 条狗，可是他们家有 3 条狗。爸爸，咱们家真是太穷了！”

什么是价值观？价值观可以说是一个人对某一件事情的看法，评价的标准，体现了我们对事物重要性或者是非、善恶的判断。我们通过思想、语言和行动来表达自己的价值观。它在我们的生活中，以一种可能不被我们察觉的方式，支配着我们的行为、态度、观察、信念、理解等，支配着我们认识世界，同时也为我们自认为正当的行为提供充足的理由。

因此说，价值观是人们对社会存在的反映。人们所处的自然环境和社会环境，包括人的社会地位和物质生活条件，决定着人们的价值观念。处于相同的自然环境和社会环境的人，会产生基本相同的价值观，每一社会都有一些共同认可的普遍的价值标准，从而发现普遍一致的或大部分一致的行为定势或社会行为模式。

人的价值观是从出生开始的，是在家庭和社会的影响下，随着知识的增长和生活经验的积累而逐步确立起来的。一个人所处的社会生产方式及其所处的经济地位，对其价值观的形成有决定性的影响。我们所持的价值观中很大一部分是在早年形成的，是从我们周围环境的接触和体验中获得的，是从与父母、兄弟姐妹、亲戚、邻居、老师、朋友等人的交往中形成的。回顾一下我们小时候关于政治、经济、教育的观点，大多都和父母的观点相同。父母就他们的价值观立场，不断地告诉我们什么该做，什么不该做；什么该看，什么不该看；什么该相信，什么不该相信。如果我们遵照了他们的话，就会得到赞赏；如果我们没有听他们的话，就会遭到训斥，甚至于责罚。总之，人生体验不同，价值观也各有不同。价值观的形成往往是一个不知不觉的过程，如果没有有意识地进行探究和认识，我们往往并不清楚自己的价值观究竟是怎样的。在逐渐成长的过程中，我们接受家庭之外的学校、社会教育，受到父母之外的更多人的影响，从自己所接触到的书报杂志、电影电视等媒体中吸取各种各样的价值观，在这种情况下，我们早年形成的一些价值观就会有所改变和调整。尤其当今多元社会中多种价值观的冲击也会导致原有价值观体系的混乱乃至改变。因此，价值观需要不断地审视和澄清。

二、价值观的特性

1. 价值观因人而异

由于每个人的先天条件和后天环境不同，人生经历也不尽相同，每个人的价值观的形成会受到不同的影响，因此，每个人都有自己的价值观和价值观体系。在同样的客观条件下，具有不同价值观和价值观体系的人，其动机模式不同，产生的行为也不同。

2. 价值观是相对稳定的

价值观是人们思想认识的深层基础，它形成了人们的世界观和人生观。它是随着人们认知能力的发展，在环境、教育的影响下逐步培养而成的。人们的价值观一旦形成， 便是相对稳定的，具有持久性。

3. 价值观在特定的环境下又是可以改变的

由于环境的改变、经验的积累、知识的增长，人们的价值观有可能发生变化。

三、职业价值观的含义

1. 职业价值观的概念

职业价值观是指人生目标和人生态度在职业选择方面的具体表现，也就是一个人对职业的认识和态度以及他对职业目标的追求和向往。理想、信念、世界观对于职业的影响，集中体现在职业价值观上。每种职业都有各自的特性，不同的人对职业意义的认识，对职业好坏有不同的评价和取向，这就是职业价值观。职业价值观决定了人们的职业期望，影响着人们对职业方向和职业目标的选择，决定着人们就业后的工作态度和劳动绩效水平，从而决定了人们的职业发展情况。哪个职业好？哪个岗位适合自己？从事某一项具体工作的目的是什么？这些问题都是职业价值观的具体表现。

2. 职业价值观类型

（1）利他主义：总是为他人着想，把直接为大众的幸福和利益尽一份力作为自己的追求。

（2）审美主义：能不断地追求美的东西，得到美感的享受。

（3）智力刺激：不断进行智力开发、动脑思考、学习和探索新事物，解决新问题。

（4）成就动机：不断创新、不断取得成就、不断得到领导和同事的赞扬或不断实现自己想要做的事。

（5）自主独立：能够充分发挥自己的独立性和主动性，按自己的方式、想法去做，不受他人干扰。

（6）社会地位：所从事的工作在人们的心目中有较高的社会地位，从而使自己得到他人的重视与尊敬。

（7）权力控制：获得对他人或某事的管理权，能指挥和调遣一定范围内的人或事物。

（8）经济报酬：获得优厚的报酬，使自己有足够的财力去获得自己想要的东西，使生活过得较为富足。

（9）社会交往：能和各种人交往，建立比较广泛的社会联系和关系，甚至能和知名人物结识。

（10）安全稳定：希望不管自己能力怎样，在工作中要有一个安稳的局面，不会因为奖金、涨工资、调动工作或领导训斥等而经常提心吊胆、心烦意乱。

（11）轻松舒适：希望将工作作为一种消遣、休息或享受的形式，追求比较舒适、轻松、自由、优越的工作条件和环境。

（12）人际关系：希望一起工作的大多数同事和领导人品好，相处在一起感到愉快、自然。

（13）追求新意：希望工作的内容经常变换，使工作和生活显得丰富多彩，不单调枯燥。

我们在选择工作时，应该选择那些和自己的职业价值观相近的工作。例如有些人的职业价值观之一可能有一项是成就动机，就是需要不断创新，不断取得成就，那么在这种情况下，他选择职业的时候，就应该选择民企或外企那种有一定工作压力的环境，而不适合选择国企那种相对稳定的环境。

主题2　了解自己的价值观

案例2-8

不愿上一线的高职生

几名旅游专业的高职生，毕业前到一家星级酒店实习。他们扎实的专业知识、较强的实践能力、认真的工作态度，得到了酒店方面的认可，酒店表示可以接受他们，具体工作就是他们实习的岗位——餐厅服务员。但这几个学生拒绝了，理由是："我们高职生，应该做管理工作。至于实习时做餐厅服务员，那是教学的一部分，可以接受，真毕业了还来当餐厅服务员绝对不可以。"

在酒店管理业，不管你是多么高级的人才，都要从服务员做起，基层工作是必不可少的经历，这是一个行业通则。在国外，酒店经理和总经理这一类中高级管理人才一般都需要5～10年的一线服务经历。毕业生进入饭店工作后，应该确立从零开始的理念，勤奋敬业、埋头苦干；在日常工作中，展现自己的才华，寻找职业的乐趣。

点评

任何事情都有个过程，同学们应该把目光放远一些。遇到这种情况，应该从以下角度考虑："万丈高楼平地起"，凡事都要从基层做起，任何人都是免不了的；上进心是必要的，但切忌不要好高骛远、眼高手低。

价值观无论在我们的人生旅途中还是职业生涯发展中都起着极其重要的、决定方向的作用，甚至超过了兴趣和性格对我们的影响。那么，现在请你想一想并且回答：什么是你生命中最重要的，你自己的真正追求是什么？

真正回答的时候，很多人又有些茫然，我们每天在校园里忙忙碌碌，要么根据学校的教学计划按部就班地上课、实训、考试，要么和大多数人一样随波逐流，要么睡懒觉、逃课、上网、打工、谈恋爱……有时也躺在床上思索人生的意义，但是总觉得很迷茫，路在何方。根本的原因在于他们不知道自己真正追求的是什么，不知道自己忙来忙去究竟要到哪里去，因此无法做出正确的决定，无法制定出明确的目标和采取有效的行动。

每个人都拥有一套独一无二的价值系统，价值观影响我们生活选择的很多方面，当我们考虑自己的职业发展、进行职业选择时，很重要的是明确自己的职业价值观，了解自己的选择，然后义无反顾地走下去。

职业价值观念倾向测试

说明：下面有52道题目，每个题目都有5个备选答案，请根据自己的实际情况或想法，在题目后面圈出相应字母，每题只能选择一个答案。通过测验，你可以大致了解自己的职业价值观念倾向。

A——非常重要　B——比较重要　C——一般　D——较不重要　E——很不重要

1. 你的工作必须经常解决新的问题。A　B　C　D　E
2. 你的工作能为社会福利带来看得见的效果。A　B　C　D　E
3. 你的工作奖金很高。A　B　C　D　E
4. 你的工作内容经常变换。A　B　C　D　E
5. 你能在你的工作范围内自由发挥。A　B　C　D　E
6. 工作能使你的同学、朋友非常羡慕你。A　B　C　D　E
7. 工作带有艺术性。A　B　C　D　E
8. 你的工作能使人感觉到你是团体中的一分子。A　B　C　D　E

9. 不论你怎么干，你总能和大多数人一样晋级和长工资。A　B　C　D　E

10. 你的工作使你有可能经常变换工作地点、场所或方式。A　B　C　D　E

11. 在工作中你能接触到各种不同的人。A　B　C　D　E

12. 你的工作上下班时间比较随便、自由。A　B　C　D　E

13. 你的工作使你不断有获得成功的感觉。A　B　C　D　E

14. 你的工作赋予你高于别人的权力。A　B　C　D　E

15. 在工作中，你能试行一些自己的新想法。A　B　C　D　E

16. 在工作中你不会因为身体或能力等因素，被人瞧不起。A　B　C　D　E

17. 你能从工作的成果中，知道自己做得不错。A　B　C　D　E

18. 你的工作经常要外出、参加各种集会和活动。A　B　C　D　E

19. 只要你干上这份工作，就不再被调到其他意想不到的单位和工种上去。A　B　C　D　E

20. 你的工作能使世界更美丽。A　B　C　D　E

21. 在你的工作中，不会有人常来打扰你。A　B　C　D　E

22. 只要努力，你的工资会高于其他同年龄的人，升级或长工资的可能性比干其他工作大得多。A　B　C　D　E

23. 你的工作是一项对智力的挑战。A　B　C　D　E

24. 你的工作要求你把一些事务管理得井井有条。A　B　C　D　E

25. 你的工作单位有舒适的休息室、更衣室、浴室及其他设备。A　B　C　D　E

26. 你的工作有可能结识各行各业的知名人物。A　B　C　D　E

27. 在你的工作中，能和同事建立良好的关系。A　B　C　D　E

28. 在别人眼中，你的工作是很重要的。A　B　C　D　E

29. 在工作中你经常接触到新鲜的事物。A　B　C　D　E

30. 你的工作使你能常常帮助别人。A　B　C　D　E

31. 你在工作单位中有可能经常变换工作。A　B　C　D　E

32. 你的作风使你被别人尊重。A B C D E

33. 同事和领导人品较好，相处比较随和。A B C D E

34. 你的工作会使许多人认识你。A B C D E

35. 你的工作场所很好，比如有适度的灯光，安静、清洁的工作环境，甚至恒温、恒湿等优越的条件。A B C D E

36. 工作中你为他人服务，使他人感到很满意，你自己也很高兴。A B C D E

37. 你的工作需要计划和组织别人的工作。A B C D E

38. 你的工作需要敏锐的思考。A B C D E

39. 你的工作可以使你获得较多的额外收入，比如常发实物、常购买打折扣的商品、常发商品的提货券、有机会购买进口货等。A B C D E

40. 在工作中你不受别人差遣。A B C D E

41. 你的工作结果应该是一种艺术而不是一般的产品。A B C D E

42. 在工作中不必担心会因为所做的事情领导不满意，而受到训斥或经济惩罚。A B C D E

43. 在你的工作中能和领导有融洽的关系。A B C D E

44. 你可以看见你努力工作的成果。A B C D E

45. 在工作中常常要你提出许多新的想法。A B C D E

46. 由于你的工作，经常有许多人来感谢你。A B C D E

47. 你的工作成果常常能得到上级、同事或社会的肯定。A B C D E

48. 在工作中，你可能做一个负责人，虽然可能只领导很少几个人，你信奉“宁做兵头，不做将尾”的俗语。A B C D E

49. 你从事的那种工作，经常在报刊、电视中被提到，因而在人们的心目中很有地位。A B C D E

50. 你的工作有数量可观的夜班费、加班费、保健费或营养费等。A B C D E

51．你的工作比较轻松，精神上也不紧张。A　B　C　D　E

52．你的工作需要和影视、戏剧、音乐、美术、文学等艺术打交道。A　B　C　D　E

评分与评价

上面的52道题分别代表十三项工作价值观。每圈一个A得5分、B得4分、C得3分、D得2分、E得1分。请你根据下面评价表2-5中每一项前面的题号，计算一下每一项的得分总数，并把它填在每一项的得分栏上，然后在表格下面依次列出得分最高和最低的三项。价值观说明如表2-6所示。

表2-5　评价表

序　号	题　号	价值观	得　分	排　序
1	2，30，36，46	利他主义		
2	7，20，41，52	审美主义		
3	1，23，38，45	智力刺激		
4	13，17，44，47	成就动机		
5	5，15，21，40	自主独立		
6	6，28，32，49	社会地位		
7	14，24，37，48	权力控制		
8	3，22，39，50	经济报酬		
9	11，18，26，34	社会交际		
10	9，16，19，42	安全稳定		
11	12，25，35，51	轻松舒适		
12	8，27，33，43	人际关系		
13	4，10，29，31	追求新意		

表2-6　价值观说明

价值观	工作的目的和价值
利他主义	为大众的幸福和利益尽一份力
审美主义	能不断地追求美的东西，得到美感的享受

续表

智力刺激	不断进行智力的操作，动脑思考，学习及探索新事物，解决新问题
成就动机	不断创新、取得成就、得到领导与同事的赞扬，或不断实现自己的理想
自主独立	按自己的方式、步调或想法去做，不受他人的干扰
社会地位	有较高的社会地位，从而使自己得到他人的重视与尊敬
权力控制	获得对他人或某事物的管理支配权
经济报酬	获得优厚的报酬，使自己有足够的财力去获得自己想要的东西
社会交际	能和各种人交往，甚至能和知名人物结识
安全稳定	工作安全稳定，收入旱涝保收
轻松舒适	追求比较舒适、轻松、自由、优越的工作条件和环境
人际关系	与大多数同事和领导愉快、自然
追求新意	希望工作的内容应该经常变换，使工作和生活显得丰富多彩，不单调枯燥

得分最高的三项是：1. ______；2. ______；3. ______。

得分最低的三项是：1. ______；2. ______；3. ______。

从得分最高和最低的三项中，可以大致看出你的价值倾向，在选择职业时可以作为参考，同时，你会发现一个非常奇妙的现象：平常和你关系比较密切的同学，他们得分最高的三项和你是差不多的，关系比较疏远的同学则恰恰相反。这说明什么？说明价值观是我们看不见的触角，当你和其他人接触的时候，总是会先用触角感应一下对方是否和你是一类人。当然，对于这些你可能一无所知，但是你确实在这么做！今后在你挑选自己的伙伴或者合作者时，不妨先考虑一下对方的价值观是否和自己相符。

思考题

1. 什么是价值观？
2. 价值观有何特性？
3. 什么是职业价值观？职业价值观与就业、择业的关系如何？

第3章 职业环境探索

学习目标

- 认识和理解职业生涯规划的外部环境对职业发展的要求、影响及作用。
- 理解职业阻隔的因素，以及如何突破职业阻隔，从在校、实习、求职、工作、职业发展的不同阶段一步步迈向职业规划目标。
- 引导学生了解学校和职场，学生和职业人的差别，在心理上做好进入职业角色的准备，实现从学生到职业人的转变。
- 通过各类案例和采访，引导学生了解各类知名企业对高职生的共性要求，了解企业家对人才、对员工、对高职生的看法和观点，从而使学生更好地为成为职业人做准备。
- 让学生了解什么是职业素能，职业素能有哪些，在学校期间通过什么途径和方式做好职业素能准备。

模块八　职业环境因素

一、模块目标

1．认识和理解职业生涯规划的外部环境对职业发展的要求、影响及作用。

2．理解职业阻隔的因素，以及如何突破职业阻隔，从在校、实习、求职、工作、职业发展的不同阶段一步步迈向职业规划目标。

二、模块内容

主题 1：职业环境类型探索

教学目标：职业探索者的视角将从内部转向外部。引导学生了解职业环境的类型，分别对自身环境、社会环境、组织（企业）环境进行详细的探索和分析，是职业生涯中关键的一部分内容。

主题 2：职业环境方法探索

教学目标：从拓展学生对工作世界的认识思路，引导学生更好理解职业阻隔，探索科学的职业环境探索方法，从而围绕规划目标，走好从在校到实习到求职到工作到职业发展的每一步。

案例 3-1

小 Y 是浙江工商职业技术学院计算机网络专业的毕业生，性格外向，喜欢旅游，担任班级班长职务 3 年，在校期间参加校计算机网络社团，与同学老师关系不错。找工作之际曾认真梳理过自己的想法：希望找个能经常出差的岗位，找个能与人打交道但不要有太大压力的岗位。随后小 Y 在老师的推荐下进入宁波一家知名电脑公司做采购，但两个月后就离开了，原因是该公司的采购很少有出差机会，而且自己所做的工作大都是事务性的琐事，与采购相关度不大，再就是公司对采购的要求与所给的待遇让他感觉不成正比。1 个月后，他听说宁波在建智慧城市，于是小 Y 自己办了一家网络公司，理由是网络与智能化将是未来的趋势。公司运营 1 年后，因经不起大公司的竞争而倒闭。随后，小 Y 又竞聘进入了一家外贸公司做业务，但仍感觉不如意，毕业后折腾了 3 年，身心疲惫。

点评

在自我认知后，求职者（规划者）还需要完成一项更加重要的事情，即探索职业环境。只有对环境有了正确的认识，才不至于出现未来工作的无所适从。小 Y 如果能了解到那家电脑公司的采购工作，如果能认识到宁波计算机行业目前的竞争现状，他可能可以有效避免前两次工作的无奈。所以对职业环境的探索和掌握职业环境探索的方法在职业生涯规划目标能否最终实现上显得尤为重要。

思考题

1．小 Y 离开电脑公司和创业失败的根源在哪里？

2．如果你是小 Y，你在选择未来职业前会做哪些必要的准备？

3．小 Y 应该处于对自我有些认知的阶段，但要找到一个满意的工作，仅仅有这些不够，还需要做些什么呢？

主题 1　职业环境类型探索

有一句广告词非常经典："心有多大，舞台就有多大。"作为新时代的弄潮儿和主角的高职生，从学校的"小舞台"到社会的"大舞台"，是否已经做好了充分的准备？如何在聚光灯下尽情地展示自己的才华和舞姿呢？对于这个"大舞台"自己又了解多少？越来越多的高职生都开始进行职业生涯规划，而一份有效的职业生涯规划要求我们全面认识、了解自己，也要清楚地认识外部环境特征，以评估职业机会。

为了更好地进行职业选择与职业生涯规划，必须对外部环境进行分析，通过外部环境分析弄清环境对职业发展的要求、影响及作用，对各种影响因素加以衡量、评估，并做出反应。

一、自身环境探索

人的职业生涯发展有着不同的可能，每个人都最终会有自己的职业归宿。而最直接影响个人职业选择的莫过于自身的生存生长环境。为此，在制定自己的职业生涯规划时必须考虑和分析自身的环境，分析影响自己职业生涯规划发展的内在因素。

1. 家庭环境分析

案例 3-2

高职院校李同学家在农村，家有五口人，仅靠父母耕种三亩田地维持生活，弟弟和李同学都在读书。家庭很贫困，而且负担很重。父亲是高中毕业生，母亲是初中生。亲戚们的经济状况也都不好。所以，现在家庭不能够提供给他更多的帮助，他只有靠自己了。为了减轻父母的负担，李同学特意向学院申请了勤工俭学工作。他充分利用课余时间去做这些工作，为自己挣一部分生活费，同时也充分锻炼了能力。

点评

高职高职生在做个人的职业生涯发展规划的时候，应充分考虑自己的家庭生活背景，分析家庭状况可能给自己提供的机会，以及可能会给自己造成的负担。一个家庭出身优良、人际社会关系广的家庭和一个农村出生、家庭贫困的学生，对职业生涯的规划和把握都应该有不一样的侧重，以免今后产生工作与家庭的冲突。

任何人的性格和品质的形成及个人的成长都离不开家庭环境的影响，高职生在进行职业生涯规划时，考虑更多的是家庭的经济状况、家人期望、家族文化等因素对本人的影响。个人职业发展规划的确立，总是同自身的成长经历和家庭环境相关联的。个人在成长过程中，在不同时期也会根据自己的成长经历和所受教育的情况，不断修正、调整，并最终确立职业理想和职业规划。正确而全面地评估家庭情况才能有针对性地设计适合自己的职业规划。

（1）自我专业知识分析

在做职业规划时应该尽量考虑将来尽可能地应用自己的专业知识。

鉴于目前的就业形势，职业发展趋势和各职业能力要求的变化，通用型人才具有普遍的适应性和更广阔的发展空间，因此应该在学习专业知识的同时，努力学习新知识，特别是一些通用知识，提高自己的实际操作能力，这样才能提高自己的适应能力和工作能力。

（2）个人经历

为了使自己的个人职业生涯规划更加合理、更具有可行性，必须在求学阶段尽可能地增加自己的社会阅历和人生经历。比如多应聘加入学校的学生会，参与各类社团活动，争做学生干部；多参加学校各类实践志愿服务活动；多参与党校等思想政治学习；多走出校门结合专业参与实习等。2012 年初，教育部下发关于《进一步加强和改进大学生社会实践的意见》中明确提出，要求高职生社会实践时间每学期必须不少于三个星期，都是希望有利于高职生走出校门，历练自我。

（3）社会关系

要仔细分析自己周围可利用的社会资源，如学校的整体环境资源、老师的资源、同学的资源，以及自己的前辈们所能提供的资源。这些资源不仅是一种财力、物力上的支持，更是经验上、智力上和精神上的支持。因此高职生应该学会如何发现和利用自己周围环境的有利因素，这也是一种基本的生存技能，比如认识我的伯乐，思考你人生中的导师等，这些都是积累社会关系，有利自我成长的有效途径。

2. 社会环境分析

案例 3-3

目前中国改革开放取得了巨大成果，成为世界经济发展最快的地区之一，中国特色的市场经济已日趋成熟，国有企业改革、改制步伐加快，中小企业、民营企业蓬勃发展，国外公司和资金大量涌入。

加入 WTO 之后，中国与国际全面接轨。在目前的时代，人才是企业的根本。“入世”后，中国的中小企业和创业者将直面国外企业的人才竞争。因此，人力资源管理在企业的地位将会日趋重要，需要完整的、与企业战略管理匹配的人力资源规划，良好的人员激励制度等。

面对新的竞争环境与挑战，有效管理人力资源将成为企业组织获取竞争优势的重要环节。对企业组织中最重要的资产——人员，进行战略性的管理，应成为21世纪企业组织最高领导人的重要使命，这也将是企业组织获得最大价值增值和丰厚利润回报的最大秘诀，同时也是杰出组织与一般性组织的根本区别所在。因此，人力资源管理是一个非常有发展前景的朝阳职业。

点评

此份分析将社会环境分析与职业环境分析相结合，观点明确、正确。

所谓社会环境分析，就是对我们所处的社会政治环境、经济环境、法制环境、科技环境、文化环境等宏观因素的分析。社会环境对我们职业生涯乃至人生发展都有重大影响。通过对社会大环境包括国际、国内与所在地区 3 个层次的分析，来了解和认清国际、国内和自己所在地区的政治、经济、科技、文化、法制建设、政策要求及发展方向，以更好地寻求各种发展机会。对社会环境因素的了解主要包括以下几个方面：①社会政策，主要是人事政策和劳动政策；②社会变迁，比如知识经济和信息化社会的发展，就会对人的职业生涯发展产生较大的影响；③社会价值观，价值观会随着社会的不断发展和进步而发生不同程度的变化，从而会影响社会对人的认识和对职业的要求；④科学技术的发展，科技的发展会带来理论的更新、观念的转变、思维的变革、技能的补充等，而这些都是职业生涯规划中不可或缺的要素。

总体来说，我们现在面临一个非常好的宏观环境，社会安定，政治稳定，经济发展迅速，并与全球一体化接轨，法制建设不断完善，文化繁荣自由，尖端技术、高新技术突飞猛进。因此，在这个大前提之下，我们需要特别注意的是职业环境的变化。

据我国权威部门预测表明，随着我国经济与社会的发展，科学技术的进步，今后几年对专门人才的需求将有较大的变化。急需的人才和有前途的职业主要有以下 10 大种类。

（1）高新技术人才

以电子技术、生物工程、航天技术、海洋利用、新能源、新材料为代表的高新技术的兴起，是一批高科技人才研究、开发的结果。当代任何一个国家，要在高科技领域占据主导地位，必须拥有相当规模的杰出科学家，并使科学家队伍平均年龄尽量接近“最佳年龄区”。

据权威调查统计，重大科学发现的最佳年龄峰值为 37 岁，最佳年龄区为 25～45 岁。可见高科技人才竞争的焦点是年轻科学家。目前我国已实施“长江学者奖励计划”，其目的就是使中青年拔尖人才脱颖而出。

高等学校中与高新技术相关的专业有电子科学与技术、软件工程、海洋科学、海洋技术、材料物理、材料化学、高分子材料与工程、热能与动力工程、核工程与核技术、飞行器设计与工程、飞行器动力工程、飞行器制造工程、飞行器环境与生命保障工程等。

（2）信息技术人才

信息积累和传播是人类文明进步的基础。在互联网时代的今天，我们已经强烈地感受到信息的魅力，信息已成为人类最大的资源及财富。

信息服务业在中国已有 20 多年的发展历史，但人员数量并不多。近年来信息服务业的发展速度很快，20 世纪末全国信息服务企业有 8 万多家，110 多万人。到 2010 年，我国从事信息服务所需人员将达 700～900 万人。到 2020 年，我国将建成全球最大的信息服务网。

高等学校中与信息技术相关的专业有电子信息科学与技术、计算机科学与技术、微电子学、光信息科学与技术、电子信息工程、通信工程等。

（3）机电一体化专业人才

机电一体化已是当今世界机械工业技术和产品发展的主要趋向，也是我国机械工业发展的必由之路。然而，我国现有的机械专业人员的知识结构与当今机械工业的发展极不相称。学机械专业的，对电子、自动控制技术懂得较少；学电子专业的，对机械专业知识掌握得也不多，不能将机械与电子进行有机的结合。在科学技术竞争激烈的 21 世纪，对我国机械行业 40 余万家企业而言，机电一体化专业人才就是保证其生存的

"新鲜血液"。

高等学校中与机电一体化相关的专业有机械设计制造及其自动化、材料成型及控制工程、过程装备与控制工程、自动化、电气工程及其自动化等。

（4）农业科技人才

用世界上7%的耕地，养活了占世界22%的人口，这是中国目前农业的现状。人口在增加，耕地却在减少，中国人将来吃什么，已是国内外普遍关心的一个重大问题。

为此，农业科学家们提出了发展我国农业的新思路，依靠现代科学技术，培养专业技术人才。因此，21世纪所需的农业科技人才，不是几十万，而是几百万。所需人才的专业门类，不仅包括传统的农、林、畜、牧专业，而且还需大量的生物工程、海洋养殖耕作等现代化的新型专业。

与农业科技相关的专业和职业有：农学、园艺、植物保护、茶学、草业科学、林学、森林资源保护与游憩、野生动物与自然保护区管理、动物科学、蚕学、动物医学、水产养殖学、海洋渔业科学与技术等。

（5）环境保护技术人才

我国的环保产业一诞生，就成为经济舞台上的一支劲旅。目前，环保技术人才的严重不足，是该产业存在的主要问题之一。据权威统计，我国环保产业人员约为7万余人，其中技术人员4万余人。在专业技术人员中，高级职称近2 000人，中级职称1万余人。据有关部门的不完全统计，我国每年因污染造成的经济损失约2 000亿元，占国民生产总值的10%，长江上游每增加一个亿的产值，下游就要损失10个亿。由此可见，现有的环保技术人才难以适应国民经济的发展需要，我国急需大量的环保科技人才。

与环境保护技术相关的专业有环境科学、环境工程、生态学、园林、水土保持与荒漠化防治、农业资源与环境等。

（6）生物工程研究与开发人才

21世纪是生物学的世纪，遗传基因、克隆技术、生物芯片、基因药物、基因治疗，这些高科技、新发现的不断发展，使生物科学对社会和科学技术各个领域的影响日益加深，现代生物学已成为当之无愧的当代“中心科学”。

众所周知，生物技术是目前世界上最活跃、最令人鼓舞的前沿科学，在工业、农业、医学、环保领域都具有很大的经济前景。生物技术的发展不仅可以为人类提供新的产业，而且将为解决人类所面临的食物、能源和环境三大危机发挥重要作用。因此，近几十年来工业发达国家都在大力发展生物技术，培育、招揽生物技术人才。

与生物工程研究与开发相关的专业有生物科学、生物技术、生物信息学、生物信息技术、生物化学与分子生物学等。

（7）国际经贸人才

在世界经济中，国际性的营销是企业生存的关键因素之一，要求经贸人员不仅具有日常生活所需的听、说、写、译的外语能力，还应懂得国际贸易知识、国际贸易谈判规章和国际经济法律、营销技术、基本的产品专业知识等。目前，我国的国际经贸人才在数量上严重不足，在业务上、素质上符合国际贸易人才条件的为数也不多。在21世纪，随着信息社会的发展、地球村的出现、信息高速公路的建成，与国外的贸易往来将进一步增大。因此，大批量培育国际经贸人才已成为我国人才培育工作所面临的一项重要任务。

与国际经贸相关的专业有经济学、国际经济与贸易、财政学、职业生涯规划与管理金融学等。

（8）律师人才

随着社会的发展、法制的健全，人们的法律意识不断增强，企业不但希望有个出色的法律顾问，帮助企业挣得更多的利润，个人也十分需要私人律师来维护自己的合法权益。因此社会对律师人才的需求也在不断增加。然而，我国当前律师人才十分缺乏，据不完全统计，目前我国取得律师资格的专职律师还不到2万人，平均每10万人口只有两名律师，无论是数量还是质量都远远不能适应社会的需求。如果按每万人需要 1名律师计算，我们十几亿人口就需要 100 多万名律师。因此，未来律师人才的就业前景十分可观。

市场经济的本质是法治经济，政治文明的核心是法治文明。依法治国，建设社会主义法治国家，是市场经济的必然要求，是治国安邦的基本方略。全面展开的法治实践需要先进成熟的法学理论的指导，法学学科具有广阔的发展空间和美好的发展前景，法学专门人才可在审判、检察、司法行政、律师、公安等部门工作，也可从事立法、法学教育、法学研究以及行政管理和公司、企业的法律顾问等工作。

（9）保险业精算师

“精算师”称得上保险业的“精英”，是集数学家、统计学家、经济学家和投资学家于一身的保险业高级人才，不仅要具备保险业的专门知识，而且还要具有预测未来发展方向的能力。我国的保险法规定，经营保险公司必须聘用一名金融监管部门认可的精算师。而据中国保险学会介绍，目前在 13 亿中国人中却只有几十名严格意义上的精算师，这种状况显然无法适应我国保险业迅猛发展的需要。据预测，在未来几年内，我国精算师的市场需求量将在 4 000 名左右。

保险专业精算师需要具备良好的数理基础、经济学基础和外语基础，掌握从事保险精算工作的基本理论和基本技能，并熟悉保险精算技术和经济活动定量分析。在国外保险公司中，精算师是所有业务，特别是产品设计的绝对核心，保险公司的每个部门几乎都有精算师参与工作。而我国保险市场正处于起步阶段，国内消费者的投资理念与国外有很大差别，所以“洋”精算师对中国的市场环境不是很了解，并不适合中国国情。本土精算师熟悉国情了解市场，有助于开发适销对路的产品，国内的保险监督委员会、各大保险公司、高校、已获准开业的外资保险机构、合资保险机构、人力资源和社会保障部、民政部、财政部、银行系统等单位都对精算人才有较大兴趣。

（10）物流专业管理人才

作为与能源、信息流并列的物流业，是继劳动力、物流资源之后的第三个利润的源泉。据有关人士预测，仅全球快递营业额，将从 1996 年的 350 亿美元发展到 2016 年的 2 850 亿美元。我国加入 WTO 后，物流业将成为我国经济的重要组成部分。同时物流及相关企业面临的竞争压力剧增，在物流这个领域中，我国与发达国家的差距不仅是资金、技术上的差距，更重要的是知识、观念和人才上的差距。例如，当前国内企业超过 1 000 万家，而真正利用现代物流管理方法整合企业管理流程的不过万家。搞好物流，人才是关键。在上海去年首次颁布的人才开发专业目录中，现代物流人才已被列为急需引进的 13 类紧缺人才之一。近几年，既具有商科背景，又懂得物流管理的，并具有扎实的英语听、说、读、写能力的中高级物流专门人才迅速走俏，甚至出现“二三十万年薪，虚位以待物流人才”。今后 3～5 年，需要培养、引进大量的专业物流人才，因此物流专门人才的就业前景非常看好，这包括物流系统化管理人才和物流企业经营管理人才、进出口贸易业务的专业操作人才、熟悉国内进出口市场业务的中介人才、电子商务物流人才和物流软件开发设计人才、商务谈判代表、外语人才等。

二、组织（企业）环境分析

案例 3-4

某女士，三年规划，中餐连锁店经营者——场所环境设计者，深圳

社会环境分析：深圳为新型移民城市，城市人口年龄较为年轻，拥有为数相当多的单身人口，并且大多数人由于工作紧张，时间宝贵，很少自己在家做饭。这样，餐饮市场，尤其是快餐市场发展空间极大。另外，由于中式餐馆普遍环境较差，从而使得环境幽雅，价位为中、低档的中式餐厅有极大发展潜力。

点评

此份行业分析简明扼要，切合本地实际情况。

案例 3–5

某先生，十年规划，科技创新，职业经理

我所在的企业是从事电子通信产品的研究开发、生产销售的高新科技公司，拥有丰富的人才资源和技术优势。

由于领导认识不足，比较强调理论创新，不大看重产业化，成果产业转化滞后，市场开拓起步晚，资本力量不足，管理革新障碍多，企业在同行业中仍处于相对弱小地位。

由于对企业的管理远远跟不上市场对企业的要求，管理方法陈旧，管理思想僵化，人治代替法治，致使公司内耗严重，直接影响公司快速成长。

困难的积极面就是机会与挑战共存，我如果能够迅速进步，企业对于我的职业生涯成功有很大的激励和推动作用。

点评

客观分析企业的长处和不足，面对问题不是抱怨而是愿意承担责任，迎接挑战。企业应重视这样的优秀人才。

我们周围经常发生这样的事情，同样的行业，有的人觉得越干越有意思，而有的人天天在思索如何换行业；同样的工作，有人在一个公司工作非常愉快，而在另一个公司工作却很不开心。其实只有知道了什么行业适合自己，找到适合自己的环境和氛围，才会心情愉悦、充分发挥才能、高效投入工作并取得成功。

进行全面的组织环境分析是“知彼”的核心，毕竟你所选择的这个组织（企业）将与你息息相关。况且，在面试过程中，考官一般都会比较欣赏那些对本行业、本企业的有心人。组织环境分析包括行业环境分析和企业环境分析。

1. 行业环境分析

所谓行业环境分析包括对目前所从事行业和将来想从事的目标行业

的分析。其内容应包括行业的发展状况、国际国内重大事件对该行业的影响、目前行业的优势与问题、行业发展趋势等。

行业与职业不同，行业是企业的集合。从事同类产品的生产销售企业或提供类似服务的企业达到一定的数量才形成一个行业。例如家电行业，就包括生产电视机、空调、冰箱、洗衣机等不同类型具体产品的若干家企业。在同一行业内，可以从事不同的职业。例如同在保险业，可以做保险业务员，也可以是人力资源部经理。

在分析行业环境时，一定要结合社会大环境的发展趋势。由于科学技术的飞速发展，会使某些行业如同夕阳坠落，逐渐萎缩、消亡；更有许多极具发展前途的朝阳行业不断出现、发展起来。同时还要注意国家政策的影响，要了解国家对某一行业是支持、鼓励和引导，还是限制、控制和制约。要尽量选择那些有前景、发展空间较大的行业。例如，我国近年来狠抓环境保护，推行可持续发展战略，保护生物多样性，在农业生产中控制化学制品的使用，开发“绿色食品”等，使环境保护产业如初生朝阳，充满生机，推动环保设备生产、环保技术咨询等行业迅速发展，提供了大量就业岗位。而如果不了解情况，为了一时利益盲目进入那些污染后果严重的行业谋职，必将会给自己的职业生涯造成严重的不良后果。

2. 组织（企业）环境分析

组织（企业）环境一般包括单位类型、企业文化、发展前景、发展阶段、产品服务、员工素质、工作氛围等。首先，要确定自己适合什么样的企业文化、什么样的环境，从而找到真正适合自己要求的公司。我们每个人都面临着这样一个严肃的事实：我们必须长期地、努力地工作，如果用几年的时间做自己并不适合的工作（这种情况非常常见），那么就是在浪费生命、浪费组织的信任。

组织（企业）环境分析尤为重要。个人在选择组织（企业）时有必要通过个人可能获得的一切渠道（比如可以通过公司所在地的新闻出版机构的新闻线索）来了解该组织（企业）产品及服务的详细情况和富有深度的财政经济状况；通过有关书籍和企业发展史、当地各种商业活动、企业人物获奖的细节也能了解到可供参考的资料信息；另外公司的网站上介绍公司价值观念的那些主页也会透露一些企业文化的有关线索；至少还可以通过参观或参加面试时的谈话资料和知识背景来充分了解和考虑各种因素。

企业环境分析包括：用人单位的声誉和形象是否良好？组织（企业）实力怎样？在本行业中的地位、现状和发展前景怎样？所面对的市场状况如何？产品和服务在市场上的发展前景怎样？能够提供哪些工作岗位，是否与自己适合对路？有无良好的培训机会？企业领导人怎样？企业管理制度怎样，是否先进开明？企业文化是否与自己吻合？福利待遇是否完善等若干方面。具体包括以下三个方面：

（1）企业实力

企业在社会中的地位和声望如何？企业目前的产品、服务和活动范畴是什么？企业的发展领域在哪些方面？发展前景如何？战略目标是什么？技术力量和设施是否先进？在本行业中是否具备很强的竞争力？是发展扩张，还是倒退紧缩，处于一个很快就会被吞并的地位？谁是竞争对手？企业目前的财政状况如何？要仔细观察是真正在“做大”、“做强”，还是空有其壳？有没有长久的生命力？企业的组织结构是怎样的？是扁平的还是等级制的？等等。

（2）企业领导人

企业主要领导人的抱负及能力是企业发展的决定性因素。而且个人在职场的运气很大一部分来自于你的老板。很多成功的大企业都有一位出色的企业家作为掌舵领航人。当然炒老板鱿鱼也是职场的一道家常菜。因此，要了解企业主要领导人是真心要干一番事业，还是想捞取名利？管理是否先进开明？他有足够的能力带领员工开创新天地吗？他有没有战略眼光和措施？他尊重员工吗？

（3）企业文化和企业制度

除了很好的福利、吸引人的薪酬、舒适的工作环境和出色的管理之外，优秀的企业还会创造积极的企业文化，让员工感到快乐和受尊重，而使员工工作更有创造性。员工与企业相互配合是否良好的关键在于企业文化。因此，在求职时选择什么样的企业文化氛围让你觉得最舒服，才是至关重要的。

企业制度涉及的范围比较广，包括管理制度、用人制度、培训制度等，尽可能了解这些信息，了解企业在组织结构上的特征与发展变化趋势，分析这种安排对自己的未来可能带来什么样的影响。特别要注意企业用人制度如何，能否提供教育培训机会，提供的条件是什么，自己将来有没有可能在该企业担任更高级的职务或担负更大的责任，个人待遇提升的空间有多大，是基于能力还是工作年限，企业的标准工作时间怎样，是固定的还是可以变通的，当然也还要考虑企业提供的薪酬和福利待遇与行业内其他公司比较如何。

总之，通过以上分析，应理出一条清晰的线索，确定自己的职业生涯在这个企业中有没有足够的发展空间，衡量自己的目标能够在该企业得以实现的可能性。

主题 2　职业环境方法探索

案例 3-6

不同地区职业环境探索——以宁波杭州湾新区为例

杭州湾新区的地理位置：杭州湾大桥两侧，东至水云浦，南至七塘公路，西至湿地保护区西侧边界，北至杭州湾海域分界线和四灶铺水库，约 242 平方公里。

城市规模：近期 2015 年，杭州湾新区常住总人口为 20 万人；远期 2030 年，杭州湾新区常住总人口为 50 万人。重点实现新区从区到城，突出城市综合功能的发展；重点实现新区生产生活生态协调，并突出生态；重点体现新区产业转型，并突出智慧、高新、商务、休闲功能；重点智慧创新，并突出对高素质人才的吸引；重点凸显新区文化提升，并突出大桥文化、围涂文化、越窑文化等文化元素。

三大服务轴：由西向东分别是区域服务轴、新城综合轴、产业服务轴。区域服务轴：杭州湾大桥西侧形成以区域为服务对象的功能轴。此功能轴上包括国际会议中心、休闲体育中心、区域主题乐园等项目。新城综合轴：以中川直江为依托，形成南北向的新城综合轴。此轴串连起新城生活服务设施，包括行政、文化、医疗、教育、综合商业等，并形成围绕生息湖、抱泉湖、越湾湖的三个片区生活服务中心。产业服务轴：以兴慈五路和三号直江为依托，形成南北向的产业服务轴。此轴是串连东部工业生产区的配套服务设施。

根据杭州湾新区产业基础与发展条件的综合判断，此次规划中的产业定位是打造“333 产业发展格局”：三大高新技术产业——海洋高科技产业、电子信息产业、光电子产业；三大装备制造产业——汽车制造及相关产业、新材料产业、新能源产业；三大特色产业——智能家电产业、纺织服装产业和其他特色企业。

点评

新区的发展前景汇聚了越来越多关注的目光。产业升级发展，人才需求加大，新的空间和机遇，吸引了越来越多的毕业生，高端人才储备也逐年递增，即将成为上海杭州宁波长三角地区毕业高职生就业的首选地之一。根据企业的人才需求分析，复合型知识人才和复合型技能人才将成为未来的人才需求重点。所以，毕业生在掌握过硬的专业知识之外如再掌握一些专业技能，将更能符合用人单位对人才的需求。

讨论　我们的困惑

你了解你的专业将来面临的职业环境吗？

毕业后你可以做哪些工作？

你对我们劳动力市场了解多少？

你有没有认真全面地了解过我们的职业环境？

你觉得可以通过什么方式来完成我们对职业环境的探索……

幸福的关键是发现我们自己适合做什么并确保有机会去做。

——约翰·杜威

职业环境探索对我们从内部世界关注到外部世界，真正实现生涯规划的升华有着至关重要的作用。我们可以通过形成自己预期的职业库，用职业分类的方法帮助探索职业环境以及其他的探索职业环境的方法。

一、职业环境探索的基本步骤

形成自己预期的职业库——帮助我们的学生形成自己的职业清单。要将浩如烟海的工作世界信息缩小成你的探索范围：职业清单。可以帮助我们理清何种职业适合自己，也可以尝试探索你心目中的理想职业；再结合你的能力和价值观再次筛选职业清单，最终形成你的职业库。

案例3-7

探索职业环境方法举例

高职生小A期待做商业方面的工作，但对自我的工作世界不了解，通过各项自我探索发现：

（1）性格探索：发现自己比较适合做人力资源管理者、咨询顾问、教师等；

（2）兴趣探索：比较适合做社工、教师、培训人员等；

（3）能力探索：比较适合做教育、销售、客户服务等；

（4）价值观探索：比较适合做服务、自由职业、护理等。

从小A职业探索的各种选择中发现：教师职业、教育工作出现的频率最高；社工、客户服务、服务、护理等虽名称不同，但都明显显示出帮助他人的工作特点。

所以，他的职业首先选择具有与人打交道、帮助他人的特点，其次是沟通性、商业性特点。由此可以搜索列出这些特点的职业主要有：培训、咨询顾问、客户服务等，再进行详细调查。

这样，小 A 的职业库就已经可以确定了，职业库的信息不宜过多，也不能过少，库的大小要根据自身情况，有适当的平衡，5 ~ 10 个职业调查比较适中。另外，在信息探索过程中，要抛开固有的想法，保持开放的心态，就容易获得可观信息。

二、职业环境的静态探索模式

1. 通过工作世界地图方法来探索（图 3-1）

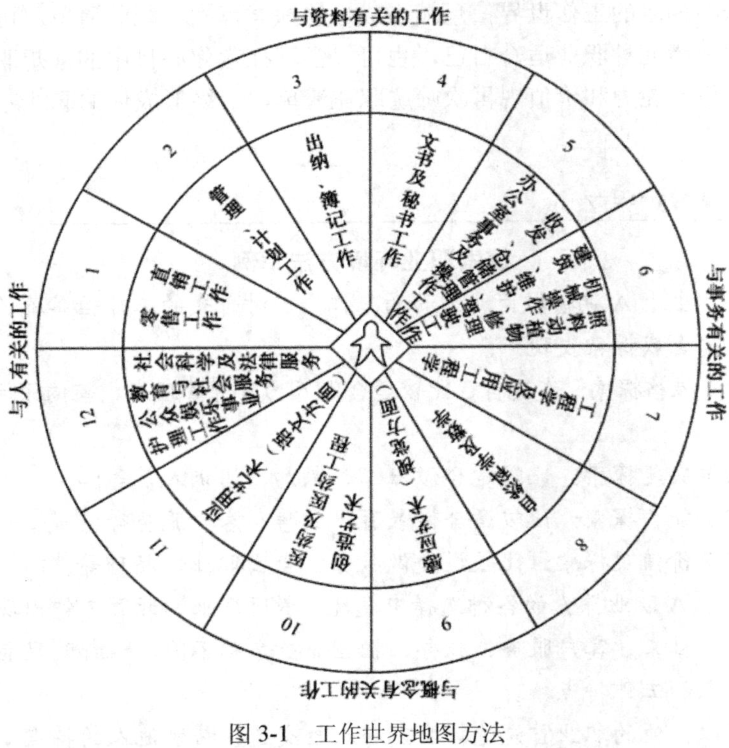

图 3-1　工作世界地图方法

2. 通过网络媒介了解职业环境

现代社会网络极其发达，充分利用网络资源是进行职业探索的主要方法之一。有很多人通过 QQ、微博、E-mail 的方式来发送自己的简历；通过 www.jobsoso.com 等相关网站网址了解自己相关的行业环境和寻求职业的机会。

3. 利用报刊等方式了解职业环境

现在的各类杂志报纸上会刊登很多求职信息，通过报刊也是一种方式，尽管这样寻找到工作的机会相对比较低。

4. 《中华人民共和国职业分类大典》

它是我国第一部对职业进行科学分类的权威性文献，将中国目前的社会职业分为 1838 个。在这 1838 个职业中，又分为 8 大类、66 个种类、413 个小类，并具体确定了各个职业名称。

三、职业环境的动态探索模式

1. 利用各种实训、实习机会了解职业环境

实践出真知，通过寻求各种实习机会，在实践中探索职业环境更为直接和可靠。罗素说过，要购买房子，至少要到里面看看！对于即将面临毕业的高职生来说，如果不到职场中去实践和锻炼一下，就不可能对职业环境有较为深刻的认识。职业实践就是指实地学习或在实践中学习，也是我们通常所说的“实习”，与勤工俭学不同，它的直接目的并不是获得经济报酬，而是通过实践加深对职业环境的了解和认识，锻炼自身的技能，了解如何将自身所学应用到实际工作中去。职业实践作为高职教学中的一个重要环节，是高职生步入职场的一个必要的过渡阶段，它既能不断深化学生对“社会”这一概念的理解，又能激发他们成为一名真正的职场人士的内在动机。

高职学生重视职业实践，可以帮助学生将自己所掌握的理论知识运用于工作和生活实际，这不仅有利于加深对书本知识的理解和巩固，还能提高他们在理论知识的指导下观察、分析和解决问题的实际工作能力。

无论是自然科学，还是社会科学，仅有书本知识是不够的，自然科学的成果只有运用于实践，才能转化为生产力。社会科学知识只有运用到实践中去分析问题、解决问题，才能吸收、消化和提高。例如，贸易专业的学生只有亲手参与进出口业务的具体操作，才能熟悉商务谈判、合同的订立、进出口单证制作、报关、结算等书本学到的理论知识；金融专业的学生只有去银行、证券公司等金融机构实践，才能真正理解利息、股票、债券、资产重组的概念等。职业实践可以为学生提供了解和熟悉实际工作的机会。只有在实际工作中，他们才会知道工作是怎么回事、自己更适合做什么、哪些知识可以应用到实际工作中、哪些知识还是自己所欠缺的、如何处理工作中的人际关系等，这些都将有助于他们更全面地认识自己和了解职业，明确自己的职业兴趣、职业能力、职业目标，从而做出科学合理的职业发展规划。学生们可以通过多种途径参加职业环境的学习，比如充分利用校内外职业实践基地；重点把握校园招聘这一环节，主动出击，积极争取职业实践机会；抓住“实习生”招募机会；参与各类职业、商业大赛、论坛等；充分利用企业在高校开展的奖学金计划；善于利用网络优势，不失时机地寻找职业实践机会等。

2. 经验交流

参加各种讲座，与企业的工作人员、HR 等进行面对面交流，或是与前辈交流，有助于资源共享。

3. 职业咨询

目前我国职业咨询类服务初具发展，进行职业咨询成为新鲜事物之一。向专业人士寻求帮助，走出求职择业的误区与困惑更为实际。

思考题

1. 《孙子兵法》中说：“知己知彼，百战不殆。”请你从这个角度谈谈对职业生涯规划外部环境的认知和理解。

2. 如果你未来的职业选择与家庭意见发生了冲突，你将如何解决这个冲突？

模块九 职业适应与素能准备

一、模块目标

1. 明确学生角色与职业角色的区别。
2. 为角色转变做相应准备。

二、模块内容

主题1：学生到职业人的过渡

教学目标：引导学生了解学校和职场，学生和职业人的差别，在心理上做好进入职业角色的准备，实现从学生到职业人的转变。

主题2：企业对职业人的共性需求

教学目标：通过各类案例和采访，引导学生了解各类知名企业对学生的共性要求，了解企业家对人才、对员工、对高职生的看法和观点，从而使学生更好地为成为职业人做准备。

主题3：学生在职业素能方面的准备

教学目标：让学生了解什么是职业素能，职业素能有哪些，在校期间通过什么途径和方式做好职业素能的准备？

案例3-8

王××是南方某高职电子信息工程专业的大专毕业生，毕业时，他通过自己出色的表现，应聘到了武汉一家大型国有企业。他十分庆幸自己把握住了求职的机会，找到了一份自己十分满意的工作，而且在实习期间，感觉工作比较适合自己。毕业报到即将走上工作岗位的他，突然有种莫名的担忧：到一个陌生的城市，到一个全新的工作环境中，自己能行吗？周围的同事都是名牌大学的本科生、研究生，自己仅仅只是一个大专院校的毕业生，在一个学历和学校竞争如此强势的工作环境中，自己将来能出人头地吗？（资料来源：大学生职业生涯规划与就业指导．广西壮族自治区教育厅组织编写.）

点评

案例中的王××是在毕业就业过程中，面对陌生的城市、全新的工作环境以及周围名牌高职生、研究生的同事，产生了自卑畏惧心理，怀疑自己的能力能否较好地完成工作，能否在不久的将来在公司有自己的一席之地等。显示生活中的许多社会现象，都比较容易引起高职毕业生的困惑，他们对于社会上普遍存在的不良现象，缺乏深层次的理解。一些高职毕业生往往把未来生活理想化，对角色的期望值过高。尤其是在学历和专业层次上没有优势的情况下，一旦接触现实，就容易产生一种失落感，出现情绪低落的现象。如不能从这种失望自卑的角色中摆脱出来，将会影响自己尽快进入新角色，顺利完成职业适应。

主题1　学生到职业人的过渡

高职生完成学业之后，开始步入社会，选择适合自己的职业，这无疑标志着一个新的人生阶段的开始，是人生过程中最重要的转折。一个年轻学生从学校进入社会，期间必然要经历一个社会角色转变的过程。因此适应难度相对较大，磨合期较长。高职毕业生如何顺利完成从学生角色到职业角色的转换，并尽可能地缩短这个转变的过程，是适应职业环境的一个关键。每一个即将就业的青年学生，都应该对这种社会角色和环境的转变有一个清楚的认识，积极适应职业角色和社会环境，尽快适应社会。本主题内容就此引导学生了解学校和职场、学生和职业人的差别，在心理上做好进入职业角色的准备。目的就是帮助高职生尽早适应就业环境，实现从学生到职业人的转变，迈好走向成功的第一步。

案例 3-9

在韩剧《大长今》中，长今经历过两次“职业适应”：第一次是进御膳厨房，面临两位尚宫娘娘的竞争和宫女间复杂的关系，长今尽己所能逐步融入了集体并得到了宫女、韩尚宫甚至皇后的赏识；第二次是长今为学习医术进内医院，她克服了“隔行如隔山”的困难，潜心学习医术并扫除了心理障碍成功为病人施针，最终成为韩国历史上第一位女医官。

点评

长今在职业适应上的成功，除了她令人折服的勇气以外，良好的适应能力也为她今后的成功铺平了道路。

思考题

1. 职业适应是指什么？职业岗位不适应的主要表现方式和克服的方式方法有哪些？

2. 学生角色和职业角色的区别主要表现在哪几个方面？

3. 角色转换中常见的心理问题有哪些？高职生怎样才能尽快实现角色转变？

一、学校与职场

1. 职场的特征

固定的时间安排；不能缺工；无规律和不经常地反馈；没有寒暑假，节假休息很少；很少有问题的正确答案；任务模糊，不清晰；按团队的业绩进行评估；持续数月或数年的更长实践的工作循环；更多的是以主观性标准和个人判断为基础。

2. 学校和职场的差别

（1）文化氛围不同：校园是寝室—教室—图书馆—食堂四点一线的简单而安静的生活方式；但在紧张的职场上，面临的社会环境是快速的生活节奏、紧张的工作和加班；没有了寒暑假，自由支配的时间少；还要承受不同地域的生活环境和习惯。

（2）人际关系不同：职场是各种为了特定目标结合在一起的组织的聚合体，职场以利益往来和利益交换为存在基础。学校中人际关系则比职场纯粹得多，学生之间彼此没有直接的利益关系，是一个互助互利的短期结合。

（3）管理模式不同：学校里管理比较松散，职场上的职业人则是规定上下班时间，不能迟到早退。

（4）存在目的不同：学校的存在是为了给予学生知识，为社会输送人才，而职场的存在则为了给社会、企业或老板创造更大的价值。

二、学生与职业人

1. 职业人的特点

职业角色，指某一职位上特定的身份，依靠自身知识和能力，并按照一定的规范具体开展工作，在行使职权、履行义务、为社会作出贡献的同时，取得相应的劳动报酬。

（1）一个人有正确的价值观和负责任的态度；

（2）过硬的专业技能和较强的工作能力；

（3）和谐的人际关系和较强的团队意识；

（4）积极的创新精神和较强的学习能力。

2. 高职生与职业人的区别

学生角色，主要指以学习为主，接受教育，储备知识，培养能力，主要经济来源依靠家庭。高职生是学生角色，职业人是职业角色，两者的区别主要体现在以下五个方面：

（1）活动方式不同。学生以学习书本知识为主要活动，作为受教育者，其认识社会的途径主要是间接的，认识的内容主要是理论性的、理想主义的；同时，由于学生在上学期间多接受来自家庭和社会的供给和资助，其学习生活是一种集体生活，学校在学生生活的管理上对学生提出统一的行为规范，这样长期以来，学生角色使得学生处在一种接受外界给予的方式下。而社会职业角色则要求运用自己已掌握的知识和能力，通过具体的工作向外界提供自己的劳动。同时，在遵守法律法规、社会公德和单位规章制度的前提下，从业人员在生活上有较大的自由度。因此，从学生角色转换为社会职业角色，就是一个从接受到运用、从输入到输出的重大的活动方式的改变。

（2）社会责任不同。社会角色的义务就是指角色的社会责任。学生角色的主要责任是学好科学文化知识，掌握社会生活的基本技能，逐步完善自己，以便将来为社会服务、实现自己的人生价值。而职业角色的责任是用自己所掌握的知识，通过具体的工作为社会作出贡献，以自己的行为来承担责任的过程。两种不同的角色分别承担着两种不同的责任。学生角色责任的履行主要关系到学生本人掌握知识和培养能力的程度，而职业角色责任履行的影响则非常大，不仅影响个人价值的实现，还会影响到单位、行业的声誉。例如，作为一名医生，如果医术精湛，医德高尚，能认真履行自己的职责，不仅能为医生树立风范，而且会为所在的医院带来声誉；反之，如果医务人员由于疏漏出了医疗事故，人们就会从职业道德的角度加以责备，甚至追究其法律责任，这样既影响到个人，也会有损医院和医疗工作者的形象。由此可见，从学生到职业人的角色转变，角色所担任的社会责任增强，社会对职业人的责任心有着更高的要求。刚刚走出校门的高职生往往不能马上适应这种转变，或是对工厂严格的纪律和管理制度难以适应，或是对工作的要求感到过于苛刻，这都反映了他们还没有认识到自己的角色已经发生了转变，没有意识到自己所负的社会责任增强了。

（3）社会权利不同。学生角色的权利是依法接受教育，并取得家庭或社会的经济资助。而职业角色的权利则是在开展工作的过程中依法行使职权，并在履行义务的同时取得报酬及其他相应的社会福利待遇。

（4）社会规范不同。学生角色是从教育和培养的角度出发规范学生的行为，如通过制定学籍管理条例、学生生活管理条例等规章制度，对学生的学习和生活做出相应的要求，目的是为了引导学生健康成长为社会主义合格的建设者和接班人。而社会职业角色对从业者行为模式的规范则因为职业的不同而非常具体，而且要求严格执行，一旦违背就必须承担责任，甚至追究法律责任。

（5）全面独立的要求。从学生到职业人的角色转换，对其独立性要求也相应有了提高。在学生时代，学生在经济上主要是依靠家庭的资助，生活上依赖家长的关心和照顾，学业上习惯了老师的指导，总是处在一种被人扶助的环境之中。毕业生进入职业生涯以后，全面独立的要求主要表现在：有了工作报酬，经济上应该逐步成为独立者；工作上要求能够独当一面；学习上要会自我安排，在自己日常的工作生活中通过自身的体验来了解和认知社会；生活上要会自己照顾自己。这种全面独立的要求，对青年提出了依靠自身力量、加强自我管理的新课题，也为青年的发展和自身完善提供了更广阔的空间和自由度。

三、职业适应分析

职业适应是指从业者进入职业角色，履行职业角色义务，享受职业角色权利，遵守职业角色规范的发展过程。毕业生从大学校园到职场，都要度过一段时间长短不一的职业适应期。毕业生在上岗初期，为较快适应工作环境、成功进行角色转换、得到上司和同事的认可，以便为今后的职业发展打下良好的基础，应注意以下几点。

1. 调整心理状态，适应职业发展

（1）心理适应问题是一个人职业适应中首先遇到的问题。根据社会调查的结果，这种适应中出现的心理问题主要表现为怀旧、依赖、自傲、

自卑、浮躁、孤独等。

（2）解决心理适应问题的关键：发挥自身健康的心理机能——整体协作意识、独立工作意识、创造意识。

一要有吃苦耐劳的精神。高职生到了新的工作岗位后，作为新人千万不要用自己的习惯去改变环境，而是要学会入乡随俗，适应新的环境。要尽快适应企业文化和单位环境，避免出现眼高手低的现象，从细节抓起，小事做起，学会适应艰苦、紧张而又有节奏的基层生活。

二要有自信。虽然在刚开始的时候可能你会做错很多事情，但只要能够吸取教训，在同事前辈们的帮助下，自己的整体协作意识、独立工作意识和创造意识就会逐渐养成。

三是做事要有耐性。要充分发挥自己的主观能动性和创造性，凡事要进行具体分析、具体对待，然后脚踏实地的工作。在一个行业准备好从底层做起，不断积累经验提升能力，就能为今后的职业发展打下一个良好基础，形成一个有延续性的职业发展历程。

2. 调整生理状态，适应工作环境

（1）环境改变、角色转换会使人有短暂的生理上的不适应，主要是对工作时间、劳动强度以及紧张程度的生理不适应等。

（2）解决生理问题适应的关键：调整生活规律。

既然步入了职场，就已经从一个学生转换成了一个社会人。原来的许多生活习惯就都得改变。也许在学校的时候，喜欢睡懒觉或经常上课迟到，在读书期间这也许不会带来什么严重的后果。可是在工作期间，如果犯些什么懒病、娇病、馋病，每一件都可能给自己带来非常严重的后果。所以，为了自己的职业前途应该调整生活规律，当然，调整规律并非要求把自己变成一个机器人，有些事可以自己灵活地决定是否调整。如果在一些规定较严格的企业工作，一定要严格规定自己。爱睡懒觉的，应该提早上床休息。爱生病的，不妨平时多多锻炼；爱吃零食的，那可一定要分清场合；爱抽烟的，也许得戒烟。有时候，那些不成文的规定更是需要你遵守。如果想要好好发展的话，那就一定要快速适应职场生活。

3. 强化职业意识，适应岗位变动

（1）岗位适应即对职业岗位的性质、特点的适应，对岗位要求的适应，包括对劳动制度、岗位规范等的适应。

（2）解决岗位适应问题的关键：建立和强化职业角色意识。

一要增强职业角色意识。年轻人容易将事情看得简单而理想化，在跨出大学校门之前，都对未来充满憧憬，初出校门的高职生不能适应新环境，大多与其事先对新岗位估计不足、不切实际有关。当他们按照这个过高的目标接触现实环境时，许多所谓的“现实所迫”让他们在初入职场时就走了弯路，以至于碰了壁还莫名其妙、不知所措，往往会产生一种失落感，感到处处不如意、事事不顺心。因此，毕业生在踏上工作岗位后，要能够根据现实的环境调整自己的期望值和目标，明确在职场中自己该扮演什么角色，增强自己的职业角色意识，真正了解自己能做什么，该往哪个方面发展。

二要科学规划自己的职业生涯，不要频繁跳槽。西门子（中国）有限公司副总裁王伟国，从毕业进入西门子就没跳过槽，他说：“很多企业喜欢到别的企业去挖人，因为有工作经验。这并不代表频繁跳槽的人都是受欢迎的。德国大学毕业生一般都不喜欢跳槽，目前中国的状况可能更像美国，一个人如果在一个公司从头做到尾，人家会认为你没有能力。但如果在一个企业做了一年就走，跳槽过于频繁，我们是不会要这种人的，相信很多企业也不会要。”频繁跳槽的年轻人往往对自己的职业生涯规划大多呈现两种极端的态度，一种是职业生涯规划目标过于远大，另一种则是完全没有规划。因此作为职场新人可以根据自身的特点和周围的客观环境为自己做一个科学的职业规划，明确自己的职业目标是什么，该怎样强化自己的职业，并且在这个行当上钻研下去，自然就能得到较好的发展。

4. 完善知识智能结构，适应技能需求

解决知识技能适应问题的关键：尽快完善职业岗位的智能结构。在

学校里的时候我们比较注重的是学习理论知识，然而到了职场上更注重的是动手能力和经验的累积，因此毕业生刚参加工作就应该立刻投入到再学习中。这种类型的学习是一种见机行事，是让自己适应工作中的知识技能。正所谓，干到老，学到老。竞争在加剧，学习不但是一种心态，更应该是我们的一种生活方式。21 世纪，实力和能力的打拼将更加激烈。谁不去学习，谁就不能提高，谁就不会去创新，谁就会落后。同事、上级、客户、竞争对手都是老师。谁会学习，谁就会成功，就能使得自己职业岗位的智能机构更加完善。学习增强了自己的竞争力，也增强了企业的竞争力。

5. 搞好人际关系，适应行业规则

解决人际关系适应问题的关键：建立和维护良好的人际关系。戴尔·卡耐基在他的《成功之路》一书中论及："一个人在事业上的成功，只有 15%是靠他的专业技能，另外 85%要靠他的人际关系和处世技巧。"吉米·道南和约翰·麦克斯韦尔在他们的《成功的策略》一书中也论及："无论你干哪一行，或者从事何种职业或专业，学会处理人际关系，你就在成功的路上走了 85%的路程。"与象牙塔里单纯的人际关系不同，踏入了职场，人际关系也相应复杂起来。刚走上工作岗位的毕业生应该把姿态放低一点，恰当的礼貌往往会赢得好感。无论对领导还是同事，无论喜欢还是讨厌，都要彬彬有礼。对待年长的同事，如果他没有职务，不妨称呼"某老师"或"某师傅"，因为他们有很多工作经验值得你学习。同时，在单位里努力工作，适当表现自己，最大限度地得到上级和同事的认可是必须的，在论功行赏时应展现一个新人的宽广胸怀，赢得职场人缘。千万不要居功自傲，任何领导都讨厌自己的下属居功自傲，擅作主张，更没有人能忍受自己的下属对自己指手画脚。进入了社会，不妨把自己的个性磨得圆滑一点。

如果真正能够注意并做到上述这五种适应，那么，尽管你是刚踏上新工作岗位的高职毕业生，但是已经能够胜任你的工作岗位，并且会给你的领导和同事留下很好的印象。

四、成功实现角色转换

作为一名刚刚走上工作岗位的高职毕业生，了解了学生角色与社会职业角色的区别后，应该自觉主动地促使这种角色转变的进行。

案例 3-10

初入职场就呛水

冯明是一名刚刚参加工作的高职生，在一个公司里做销售和市场推广。工作中他很努力，但是成绩往往不是很理想，与自己的期望差得很远，这让他很着急。特别是单位上上下下的关系很难处，他总觉得自己做了很多工作领导还不满意，有时候自己取得的成绩领导还看不到。好不容易在工作上有一些进展，但却被部门经理拿去作为自己的成绩汇报了，这让他有很强烈的被忽视和被欺骗的感觉。冯明说其实他不怕付出，不怕累，但受不了的就是这些不公平。他总是想着换一个单位，但又怕到了其他单位也会一样。每天这样生活，感觉很痛苦。

（资料来源：http://edu.ifeng.com/zhichang/detail_2011_10/25/10126796_0.shtml 东亚经贸新闻 2011 年 10 月 25 日.）

点评

心理准备不足导致职场不适应。其实很多刚走上工作岗位的年轻人都会有类似感受。对职场的一些规则和状况还是缺乏了解，因而遇到困难和问题，就表现出心理准备不足。销售和市场推广工作，是一个难度很大的工作，想一下子做出成绩来是不太可能的，所以不能太着急。工作中往往是用业绩来说话的，虽然你做了很多努力，但是可能和领导的要求还有距离，领导就难以肯定你。我们要做得更多的是不要成为人虽在职场，但角色还是学生的成分多些的那批人。（来自北华大学心理咨询与心理健康教育研究中心主任、吉林省仁爱心理学校特聘教授、吉林省心理咨询师协会副会长沈健对冯同学的情况做出的案例点评）

1. 角色转变过程中遇到的心理障碍

学生角色向职业角色的转换是一个艰苦的过程。高职生由于受到自身因素和客观环境因素的双重影响，往往在角色转换的过程中会出现一些心理障碍，主要表现在以下几个方面。

（1）不满意工作单位，产生失落感。刚刚进入职场的高职生，每个人都有很高的理想抱负，期望一开始就脱颖而出，但真正开始工作后，由于种种原因，部分毕业生认为自己所落实的工作岗位不够理想，与原来设想中的岗位相差甚远，不甘于平庸，却又无法改变现状，因而容易产生失落心理。

（2）不适应新的环境而产生畏难心理。有的高职生在进入新的工作单位后，缩手缩脚，不敢大胆开展工作。究其原因，很大程度上是因为面对新的环境，不知道如何着手开展工作，另外是因为现在的高职生多是独生子女，从小到大的人生轨迹均由父母设计，独立处理问题的经验较少，又担心自己做错了事，会造成不好的印象，因而难以进入状态，总觉得不适应，这样往往就产生了急躁、畏难心理。

（3）自以为是，过高估计自己而表现出自傲心理。有些高职生自视甚高，认为自己接受过高等教育，肚子里装了很多高层知识，在工作中不去认真地了解、熟悉工作单位的情况，却常常对一些管理方式随意发表高论，或者轻视实践，不愿意到基层去锻炼，认为自己从事低层工作是大材小用，这种心理产生的后果就是眼高手低，在实际工作中表现为大事做不了，小事又不做，从而很难完成角色转换。

2. 角色转换的实现

（1）角色转换过程中的心理调整

高职毕业生在职业适应期都将体会“依恋性—畏缩性—自傲性—浮躁性”的心理感受，经历一个“兴奋期—冲突期—协调期—稳定期”的过程。那么如何顺利实现学生角色向职业角色的转换呢？高职毕业生应从以下几个方面来积极调整心态，尽快度过毕业后的心理断乳期，完成职业适应。

一要充满信心，愿意改变。高职毕业生从小学、中学到大学都是在拼搏中走过来的，步入社会更需要有年轻人的朝气与自信。要相信任何困难都不可怕，命运最终掌握在自己手中。

二要保持良好的心态。由学校转向社会的过程中，难免会出现某些心理上的波动；或因环境陌生而孤独，或因条件艰苦而失落，或因单位人才济济而畏惧等，这些是正常的，不必大惊小怪。重要的是保持心理的平衡，莫让不良的情绪左右自己。

三要认清自己的角色，了解具体角色的特点和要求。高职毕业生去单位报到后，就会被人事部门安排到某部门某岗位去工作，成为社会特定组织中的一员，肩负起众多角色中某一角色的职责来。高职生上岗伊始，一定要充分认清自己的角色位置，明确自己的工作内容、工作特点、工作方法、社会对这一角色的期望等，只有如此才能明确在工作中怎么去做、做些什么、怎样做好等。一般用人单位会通过举办岗前培训班的方式来对新员工进行培训。除此以外，你还可以通过主动地与主管领导交谈，向老员工请教，阅读有关规定、岗位职责规范等，尽快熟悉自己的角色。

四要安心本职，甘于吃苦。安心本职是角色转换的基础。许多高职生在工作几个月后还静不下心来，这对角色的转换非常不利。既来之，则安之，高职毕业生应尽快从高职生活的沉湎中解脱出来，尽快全身心地投入新的工作。安心工作，才能成就一番事业。甘于吃苦是角色转换的重要条件。只有甘于吃苦，才能很快适应工作，及时进入角色。

五要勤学好问。高职生走上社会，绝非意味着学习的结束，而是新的学习任务的开始。来到一个新单位，你会发现在大学里学过的许多知识一时用不上，而工作所需要的知识又学得不够深入甚至完全没有学过。所以，工作中的竞争在很大程度上是继续学习以尽快胜任工作的能力，谁善于学习，谁就将在激烈的竞争中取得主动权。岗位学习的突出特点是边干边学，在干中学。因此，善于学习首先要做到善于思考，不断提出问题，不断解决问题，不断总结提高。要想在工作中得到迅速提高，除了加强自己的学习之外，还要虚心好问。你的上司和你的同事，都有着丰富的实践经验和专业知识，遇到困难及时向他们虚心请教，是帮你获得成功的一条捷径。同时，养成虚心好问的品质，也会给人留下良好的第一印象，任何一个领导和同事都会喜欢勤学好问的年轻人。

六要积极参与工作。克服不良情绪的影响，重要的是使自己尽快进入“角色”，熟悉本职工作的过程，正是激发工作兴趣的过程；只有积极参与工作，才能逐步培养你对所从事工作的爱心。同时，要尽快熟悉你周围的人。人熟为宝，感情只有在相互交往中产生。如何尽快与同事熟悉起来，使你由一名“局外人”变成新集体里和谐、融洽的一员，这是一门不可忽视的学问。

七要学会忍耐。社会要比学校复杂许多，走上工作岗位，你可能会遇上固执刻薄的上司，可能碰上不通情理的同事，也可能在生活条件、工作环境上遇到一些不舒心的事情。遇到这种情况，要学会忍耐，冷静处置，以柔克刚，切不可暴跳如雷、火冒三丈。

（2）角色转换过程中的环境适应

一份新的工作，一种新的经历，一个新的环境。当高职生刚刚走出校门踏入社会的时候，展现在面前的是几乎完全陌生的环境。要积极进行自我调整，尽快适应新的工作环境，在竞争中生存、发展，从而实现自己的人生价值。

一要树立良好的第一印象。高职生初次参加工作，给人留下良好的第一印象十分重要。第一印象好，人们与其交往的热情就高，就容易打开工作局面；第一印象不好，就会出现相反的情况。

① 穿着得体，讲究仪表。中国有句谚语：“人靠衣服马靠鞍”，还有一句：“人要衣装，佛靠金装”。衣着对一个人的外表影响非常大，大多数人对一个人的认识，可以说是从其衣着开始的。特别对办公室人士而言，衣着本身就是一种武器，它反映出你个人的气质、性格、内心世界。根据工作性质和环境的不同，衣着的要求也应有所不同。男士应定期理发刮须，女士可适当化淡妆，不宜不分场合地过分浓妆艳抹。

② 举止得体，虚心求教。初到工作岗位，一定要注意举止文明，应该落落大方地进行简要的自我介绍，好让同事们尽快对自己有所认识、

了解。如果单位领导主动把你介绍给每位同事，则应含笑点头，可加上“初次见面，以后工作请多关照”之类的答辞。冒失莽撞和木讷呆板这两种倾向都是应当避免的。

③ 严格守时。一些年轻人刚到公司的时候，对公司的规章制度看得较轻，工作虽十分卖力，但迟到早退往往是纪律严明的公司不能容忍的。因此要严格要求自己，早到晚走，不要轻易因私事请假。

④ 要主动勤快。任何一个刚到公司的人，都会感到不知从何处着手，这时候要做个有心人，从打扫卫生、整理报纸文件、接听电话做起，为其他同事做些辅助性工作，既给人留下勤快的印象，又易于融入同事圈中，得到大家的提携和帮助。

⑤ 虚心求教。刚到公司，所有的工作对你来说都是陌生的，诸多事情都不知如何办理，因此应态度真诚地多向同事请教。要有一种从零做起的心态，放下架子，尊重同事，不论对方年龄大小，只要比你先进公司，就是你的老师。

总之，刚参加工作的高职生应注意树立以下几种形象：勤奋、认真、负责、谦虚、诚实、守信、守纪、向上、表里如一、能胜任工作等。要树立良好的工作形象，必须从身边的一点一滴做起。要从大处着眼，小处着手，要有持之以恒的精神，不能一时好、一时坏，更不能随着自己的个性想怎么样就怎么样。好的第一印象不是通过一件两件事情反映出来的，而是长期的、稳定的工作印象。不能为了表现而表现，而是发自内心的自觉行为。

二要建立良好的人际关系。高职生离开学校后进入了新的工作环境，遇到了新的人际关系，必须注意的是社会中的人际关系远比校园中的人际关系复杂。要做到正确处理好人际关系：对上级先尊重后磨合；对同事多理解慎盲从；对朋友善交际勤联络；对下属多帮助细聆听；对对手露齿一笑。

① 主动随和，诚实守信。谦虚随和、平易近人，容易给人一种较亲近的感觉。高职生到了新单位后要主动与领导、同事进行交往，乐于与大家打成一片，不能故步自封。平等对人，不卑不亢，无论是上级还是

下级，既不过于谦卑，也不能盛气凌人。要远离是非，不参与议论，更不要散布传言，卷入是非漩涡。还应恪守信用，言行一致，不做说话的巨人，行动的矮子。说到做到，这种作风既表现出自己对工作、对生活的严肃态度，又表现出在交往中对别人的尊重，容易赢得别人的好感。

② 处理好与领导之间的关系。在工作中重要的人际关系主要是同领导之间的关系和同事之间的关系。上下级之间的关系，在工作上是管理与被管理的关系。在职场生涯中，毕业生要学会尊重与服从领导。受雇于他人，为他人工作的人假如总是与上司的意见相左，他的工作就不可能顺利做好。上司之所以是上司一定会有他的优势，他必须为他的所有命令承担责任，因此你要相信他的命令有一定的理由。下级与上级的沟通过程中，毕业生一定要“积极、主动”，这是一个基本的做事法则。你不应当因为害羞或胆怯而延误工作，“早请示，晚汇报”适合于任何企业与时代。毕业生应当养成非常好的职业习惯：工作每进行到一个阶段，都需要向领导汇报；在遇到问题或有不同见解时，都应当主动与领导沟通和探讨，以免延误工作；对于领导交代的任务你应当快速反应并完成。

③ 处理好与同事之间的关系。对同事要坦诚相待、一视同仁，要不卑不亢，既不自惭形秽，自己看不起自己，也不傲慢无礼，自以为是。要培养自己的“归属感”。在思想上、感情上、行动上想集体之所想，主动热情地为同事排忧解难。要善于主动和同事打成一片，多参加一些集体活动，这样不仅能使你了解到公众场合难以获得的信息，还使你更自然地与同事融为一体。不以个人好恶去亲近一部分人，疏远一部分人；不拉帮结伙，不参与派别之争。与同事发生矛盾，最好当面交谈解决，不留下后遗症。在原则问题上不应一味退让，非原则问题则应尽量宽容、忍让。

三要调整学习态度，从知识结构上去适应新的工作环境。

高职毕业生到了工作单位后，在工作安排上不可能每个人都会严格地专业对口，许多企业需要的是“全才”。为了适应工作的要求，毕业生需要不断地学习，及时补充业务知识的不足。一般来说，毕业生到用人单位后都要进行岗前培训，由于我国高等教育的某些专业设置不能适应市场需求，一些用人单位还要对毕业生进行专业培训。毕业生应该调整学习态度，利用单位岗前培训教育的机会，尽快熟悉规章制度、用人理念、技术特点等，尽快适应新的工作环境，更好地融入企业团队中。

小资料一

表 1　学校与职场环境对比

项　目	学　校	职　场
人际环境	“熟人型”环境，同学、老师相互较了解，人际关系简单	“陌生型”社会，除同事外，还有客户及其他相关社会人
存在基础	学生间、师生间无直接利益关系，是互助互利的短期结合	以利益往来和利益交换为存在基础，共同实现组织目标
核心目标	培养和输送人才的非营利性机构，以教育为主要目标	开展商业等经济活动，以创造经济价值为主要目标
工作要求	个体学习为主，要求个人成长，取得良好成绩	团队协作为主，要求个人奉献、获得组织业绩增长

表 2　学生与职业人的对比

项　目	学　生	职 业 人
思维角度	一般只关注是什么	主要关注做什么
思维方法	他人出问题，被动思考和回答	自己发现，主动思考问题
解决问题	强调独立思考并解决问题	团队协同，协作解决问题
地位立场	主体地位，学校为学生服务，获取主题；依赖家长和学校	客体地位，为职场和团队服务，是奉献主体；工作生活独立，参与竞争，独立承担责任
行事规则	处世交往和待人接物比较简单直接，不牵涉过多的利益纠纷	高效做事，以结果为导向，绩效为王
合作习惯	松散的、情感导向	义务性的、利益导向
承担责任	以学习、探索为主要任务；校园内接受校纪校规约束	必须服从领导和管理，适应职场；犯错误要承担相应的成本、风险和责任

续表

项　目	学　生	职　业　人
社会权利	接受教育权	依法行使职权，开展工作，获得报酬
社会规范	学生规范，学校规章制度	职业规范，不同职业有不同的行为规范
生活环境	简单的生活方式，寝室—教室—图书馆—食堂四点一线，单纯的校园文化	快速生活节奏，紧张的工作；没有寒暑假，自由支配时间少；必须适应不同环境和组织文化
人际关系	单纯，民主平等，自由	复杂，明确等级关系，服从管理
活动方式	学习知识和培养能力，接受给予	运用自己的知识和能力，提供劳动

小资料二

从学校到职场的路有多远

（http://bao.guolairen.com/20110627/n643666.shtml）

案例 3-11

大多数学生进入社会、走入职场后都会表现的“营养不良”，感觉职场与高职生活完全是两重天，这使高职生活显得更为美好与珍贵。但是，高职生既然走出校园，走上了工作岗位，就要以一个合格的职场人来要求自己，努力去开拓一片与校园大不相同的生活天地。

小林高职毕业后凭实力在一家商贸公司找到经理助理的工作，但初来乍到的小林却对业务员小齐一直没有好印象：小齐经常 10 点才到公司报到，而且对于小林的招呼也懒得应对。一直到这天发生的事，才让小林终于明白自己太过轻率了。

小林陪同经理出门时正好碰到姗姗来迟的小齐。经理脸上没有何不妥，小林却愤愤不平，出门后忍不住说了句：“经理，您脾气真好。”经理笑了笑说：“小齐负责的是德国的市场，德国人作息时间和我们不一样，你没发现他每天下班都比你走得晚吗?”小林这才恍然大悟，脸悄悄红了一片。

从学校刚刚进入职场的高职生难免心气儿高，在不明公司的情况之下，易凭感觉或第一印象来评判人事关系，划分“敌我”，这会为日后的工作平添阻力；或凭一时义气，为公司“抱打不平”，也暴露了作为新人浮躁和爱搬弄是非的缺点。

老话说“没有调查就没有发言权”。小林如此轻易地在初入职场时就犯下此错误，除了她自身问题外，还有一部分原因在于职场与校园的不同。

在学校你做错了事，会有人提醒你，告诉你原因，老师也都手把手教你如何做才正确，而职场里每个人都要忙自己的工作，谁也没义务也没空告诉你这些，教你怎么去做。因此初入职场，你就要自己用耐心去了解和熟悉，做到多学多看多问，不要盲目地对不了解的人或事下结论。

点评

学校与职场有很多不同

（1）人际

现在有个普遍的现象，通常多个OFFER（录取通知）在手的学生，最后选择的不一定是最好的，但一定是选择最“舒服”、同事之间能愉悦相处的工作。从学校初入职场，新人们都会非常希望能像学生时代一样，找到真心朋友，但由于同事之间的学校、年龄、观念、时间等差距让隔阂更加突显，工作也显得更为枯燥了。

从主观角度来看，不少新人会认为公司与开放的校园不同，是更为严肃的场合，总想要处处表现得职业一些，这样反倒让自己看起来木讷，行事过于小心谨慎，自然不能像其他同事那样谈笑风生，更不用说找到合拍的同事了。所以新人们要调整心态，不要把学校人际与职场人际看得太过不同。只要你真心与人相处且言行适当，多多利用公司活动与同事交心，这个问题也就迎刃而解了。

（2）工作

在校时期，学生往往适应了“讲师制”的方式，即知识和技能的学习往往是依赖课堂讲解、做实验、复习、考试等方式来完成学习过程的，多数学生也养成了老师指派学习任务的习惯，这让学生进入企业后经常面临这样的难题：如何学会“独立学习”和“职业学习”。

职场中，新人一般交由有经验的人员带，可有经验的人员的薪酬里一般都没有带新人的考核指标，多数的工作或沟通的主动权是要新人自己来把握的，如果没有一定的主动性和责任心会显得你难以胜任工作，就算你是千里马也无法让伯乐来相中你。因此，要注意观察和学习有经验员工的工作方式和方法，利用机会多向他们请教，且请教问题之前最好经过深思熟虑，以免浪费他人时间。记住，要提高你的学习能力和处事能力，就要学会“从工作过程中学习”以及“从行动中学习”。

总的来说，从学校到职场，极易陷入的就是人际与工作的双重问题之中。当然上面所说的两点只是较普遍的例子，在实际工作中不止这两种情况，还包括：工作中要学习什么，怎么去学，与领导如何相处，如何做有效的沟通，如何能够快速的融入职场，如何不成为局外人，如何有条不紊地开展工作……

这些事情想要都做好，你首先要了解学校与职场的区别：校园朋友易相处，职场是一友难求；学校有人告诉你该干什么，职场是你主动去了解自己可以做什么；在学校办错了事还有补救的机会，职场一旦犯错可能就失去工作了。

因此，高职生想要华丽地转变为职场新人，就要放弃校园里形成的习惯，不能再留恋当学生的日子，而是要以更加开放的姿态拥抱职场，重塑自己。

褪掉学生的青涩，变成职场的成熟老练，这条路其实不难走，因为世上无难事，只怕有心人，“用心”是毕业生做职场新人时最有效的武器，能够让你“打”遍天下难打的工。

主题2　企业对职业人的共性需求

一个企业的存在和发展，归根到底是靠人，是企业的人才。因此，美国钢铁大王安德鲁·卡内基曾经说过：“将我所有的工厂、设备、市场、资金全部夺去，但是只要保留我们的组织人员，四年以后，我将仍是一个钢铁大王。”虽说卡内基的话不无夸张之处，但它充分说明这位企业家对人才的重视程度。今天我们的企业家需要什么样的高职生，他们希望高职生具备哪些知识和能力呢？本主题将通过各类案例和采访，引导学生了解各类知名企业对高职生在素质和能力上的共性要求，从而为学生更好地成为职业人做准备。

思考题

1．企业对高职生的共性素能要求有哪些？

2．从不同层次、不同角度来看高职生就业能力和对就业能力的需求探讨。

一、不同群体对职业人的看法和观点

1．来自于一位急于找工作的高职生的经验之谈

我在碰了几次壁的情况下，终于在朋友介绍下见到一个企业的总裁。他提了三点建议，从他说话的语气当中可以得知，许多方面高职生还不如他们公司的一名普通工人。他特别强调的就是个人道德修养。他说有许多毕业生去他那里实习，公司对他们十分客气，可这些高职生不是整天在他们员工那里说自己是从什么学校毕业出来的，就是故意充老大，在企业当中造成了不良的影响。

其次就是工作经验。一点工作经验都没有，所学的都是一些落后几年的知识，来了还要经过一段时间的培训，动起来也是慢得要命，似乎担心机器会“吃”了他们。

最后，他提到了适应能力。他说一般初、高中毕业的员工来上班，适应时间不过一个月，而高职生的适应期特别长，有几个人过了两个月到要签合同了还没有适应过来。他说，在学校主要是学习，来企业主要是在实践中学习。

2. 来自于集团公司总经理对高职生能力需求的观点

××集团公司总经理王××说，我们更看重高职生的有两点，一个是他们的自信，二是他们学习能力。自信的表现是什么呢，是他敢于承受这种责任和压力，因为到每一个企业，都会给他们一定的工作目标和工作计划，很多高职生不愿意承受，不愿意去接受这种责任的挑战，那就是没有自信的表现，所以我们首先看中的是自信。第二是他们在短时间内能够适应企业，需要学习力，就是能够把学到的东西和社会实践相结合起来，马上能够适应企业和工作。

3. 来自于著名企业家对高职生素质需求的阐述

著名企业家吴××先生认为，当代高职生应具备六方面的基本素质。第一，要具备高尚的道德修养。要树立"从我做起"的当代高职生使命感，恪守诚信原则。第二，要具备健全、健康的心智，即"大度和宽容"，"有积极的心态"，"学会换位思考"，"具备双赢的思维"，"善于反省"和"不固执，不保守"。第三，要有持之以恒的耐心和一丝不苟的工作态度。第四，要乐于学习，善于学习。具体来说，就是培养自主的学习习惯，以学为乐。第五，要有较强的人际交往和沟通能力，这是至关重要的一点。第六，必须具备扎实的专业功底和正确的职业态度。

4. 来自于企业某招聘人员对毕业生的观点

佛山三水一家陶瓷公司招聘人员刘先生问一名毕业生："你觉得你应该在就业的第一个单位待多少年？"刘先生告诉记者，其实公司很想通过栽培应届毕业生培养技术骨干。但是，一些心浮气躁的毕业生往往才学了点皮毛，就急急忙忙地想换工作提升待遇水平。"对于公司来讲，这无疑是一项巨大的人才损失。所以，今年就想多招技术能力强的在职人员。"刘先生说，"目前该公司已经将道德品质作为录取应届毕业生的首要条件，其次才是技术能力考核。一个员工如果在企业干不了 3 年，不算是人才。"刘先生提醒毕业生，不能这山望着那山高，一定要踏踏实实地工作。总而言之，企业越来越看重员工的忠诚度。

5. 一些知名企业选拔高职生的标准

（1）诺基亚："以人为本"。体现在人才的判断价值上，公司是通过两个方面去实践"以人为本"的——一是硬件系统，包括专业水平、业务水平和技术背景，一般由部门的执行经理来考察；二是软件系统，包括沟通能力、创新能力以及灵活性等，一般由人力资源部门来考察。

（2）摩托罗拉："5 个 E"。第一个 E——Envisiony（远见卓识）：对科学技术和公司的前景有所了解，对未来有憧憬；第二个 E——Energy（活力）：要有创造力，并且灵活地适应各种变化，具有凝聚力，带领团队共同进步；第三个 E——Execution（行动力）：不能光说不做，要行动迅速、有步骤、有条理、有系统性；第四个 E——Edge（果断）：有判断力、是非分明、敢于并且做出正确的决定；第五个 E——Ethics（道德）：品行端正、诚实、值得信任、尊重他人、具有合作精神。

（3）西门子：企业家类型的人物。百年老店西门子被誉为"企业家的摇篮"。事实上，西门子寻找的正是"企业家类型的人物"，他们对未来的"企业家们"的基本要求是：良好的考试成绩、丰富的语言知识、广泛的兴趣、强烈的好奇心、有改进工作的愿望以及在紧急情况下的冷静沉着和坚忍顽强。

（4）IBM：第一个是 pride（自豪感），第二个是 innovation（创新），第三个是 flexibility（灵活性），第四个是高绩效文化（贡献及工作热情）。

（5）微软：雇用有潜质的人。比尔·盖茨说，在我的公司里，我愿意雇用有潜质的人，而不是那些有经验的人。因为从长远来看，潜质更有价值。如果雇员以加薪或是提升作为条件威胁要辞职，那么即使会造成短期的麻烦局面，我也让他们走，因为不受眼前因素左右的雇用政策将有利于公司长远的发展。

（6）GE："不拘一格"。通用电气公司（GE）从不在意员工来自何方、毕业于哪个学校，出生在哪个国家。GE 拥有的是知识界的精英人物，年轻人在 GE 可以获得很多机会，根本不需要论资排辈，GE 有许多 30 岁刚出头的经理人。他们中的大部分则在美国以外的国家受教育，在提升为高级经理人员之前，他们至少在GE的两个分公司工作过。

（7）上海汽车工业集团；选拔学生的标准有四点：一是学习成绩优秀；二是社会实践丰富；三是最好是学生党员或是学生干部；四是有良好的外语功底，不少岗位要求必须精通两门外语。

（8）上海建工集团：首先要有吃苦精神；其次是专业对口、素质好；最后是组织能力强、实践丰富。

（9）诺华制药：关注七大核心能力——创新、团队协作、领导艺术、顾客为本、变革发展、沟通技巧、注重实效。

（10）中国银行上海分行：英语、计算机、活动能力突出。

二、世界500强人选标准之因素分析

因素1：进取心和热情。具有进取心和热情的人是自信和沉着的。他们描述自己的方式、所用的语言、讲述自己的成功故事等都能说明他们曾经取得过很大成就。他们能够清楚地表明，对企业作出显著贡献是他们生命的首要任务。同时，他们也会表现出自己的热情以及参与竞争的意愿。这些都是他们的特别之处，同时也是非常有说服力的地方。

因素2：沟通技能。进入信息时代，有效沟通变得越来越重要，而且这种重要性简直无与伦比。如果把信息比做力量，那么能够最有效地进行沟通的人就是最有力量的人。能够有效沟通，意味着能够清楚而有说服力地传递信息、想法及态度。

如果你能表明自己具有高超的沟通技能，而且能通过书面和口头语言有效地影响别人，那么你成功的机会就会大大增加。

因素3：成功经历。当你描述自己的成功经历时，一定要强调自己在活动中的重要地位。最好的方法就是讲一些活泼的、有价值的成功故事，以此来使自己与众不同。但是这些过去的故事必须和现在申请的工作职位有关。在讲述自己的成功故事时要记住，面试人最感兴趣的是你对解决一个问题的独特贡献。此外还要记住，你选择要讲的故事应该能

够反映你的成功经历，同时也要能够说明你的价值观，表明你最看重哪些东西。

因素 4：理性思考过程。当市场变得越来越复杂的时候，企业就更加迫切地需要能够解决问题的员工。能够显示自己的关键思考能力，将使你在面试过程中受益匪浅。如果能说明自己具有清晰、理性的思考能力，而且能够创造性地进行思考，将成为你的一大优势。

因素 5：成熟度。有人认为，青春期延迟是这一代人在富足的社会中长大后很难自立的缘故，从而导致整代人的责任心都不强。一个人如果为躲避艰难的现实生活而和父母住在一起，那想想看要招聘这样的人还真是令人提心吊胆。为了证明你足够成熟，能够在企业不可避免的困难和挑战中生存，最好的办法就是向面试人表现你的责任感，突出强调你过去在企业困难阶段的经历，努力表现你在这一时期的意志和能力，显示你具有领导才能，而且能够赢得别人的信任。

因素 6：计划与组织。当企业组织结构趋向扁平化，只保留少量中层经理监控工作时，企业希望员工能够管理自己的工作。因此招聘者非常看重一个人的计划和组织能力，以及控制自己行为的能力。注意表达对这些关键变量的看法，就可以使面试人确信，你理解计划的重要性而且能够从事计划工作。如果你能清楚地说明计划过程中的每一个要素，这将使面试人确信，你有善于组织的头脑而且能够组织活动。

因素 7：面对压力。由于全球竞争的加剧，对那些招聘者来说，他们希望找到的人不仅能够应对压力，而且最好还能在压力下焕发勃勃生机。在面试中，一般人都会表现出能够忍受压力，而如果你能更进一步，表现出自己不但可以承受压力而且还欢迎压力时，你就将会获得额外的青睐。

三、企业对高职生素能的共性要求

从以上一些企业和企业家对高职生的要求来看，虽然由于各自企业的背景会有一些不同的侧重点，但我们还是可以窥一斑而见全豹，概括来看应该有以下几方面：

（1）有良好的道德品质。希望高职生要讲诚信，对企业对同事对上级都要讲诚信。对工作要有责任心，做事缺少责任心的高职生企业不会欢迎。要有职业道德，工作中要有敬业精神，对自己的工作精益求精，刻苦钻研。对同事要尊重和关心，遵守企业的规章制度，要有起码的社会公德。

（2）要有肯吃苦的精神。有些高职生到企业后被安排在车间一线工作，就非常不满意，原因是太累，人家四五十岁的人都在干的活他们天天喊干不动，这样的学生企业绝对不欢迎，不管你有多大的能耐、多高的文凭。

（3）要善于沟通、善于合作。企业的工作几乎没有单凭一个人就可以干成的，需要多部门、多工种的合作，如果一个人不善于沟通和合作，轻则影响你个人工作的完成，严重者会影响整个企业的发展。如有一家企业派出一个三人小组赴国外一家企业谈判引进项目，其中有一位是某名牌大学高才生，知识和技术都不错，但是在谈判中就是无法与另外两位意见统一，并且固执己见，甚至一意孤行，结果外方认为这家企业不可靠，导致谈判失败。

（4）必须要有一技之长。一定的技能是不可缺少的，有些高职生由于各种原因，连基本技能都没有，与其专业对口的工作也基本不能做，这样的学生企业肯定不欢迎。企业不是培训学校，他们希望一个人就能顶一个岗位，如果你连自己专业的工作都不能做，那你还能做什么，进而企业会怀疑你的做事和学习态度。

（5）要有积极进取、勇于创新的精神。企业的发展要靠员工，尤其是那些具有积极进取、勇于创新的员工，他们是企业的宝贵财富，企业会不惜代价争取这样的员工，留住他们重用他们。

（6）要积极培养自信能力、自我管理能力和自我效能，会进行时间目标的管理。

主题3　学生在职业素能方面的准备

案例 3-12

作为一名中国工程院院士，在2003年的SARS战斗中，从接触第一例“非典”病例开始，67岁的钟南山就以一个战士的形象出现在民众和媒体面前。在抗击“非典”的战役中，担任广州呼吸疾病研究所所长的钟南山面对非典，不恐惧，主动提出把危重病人集中到他那里。由于连续作战，过度劳累，他病倒了，作为广东省与“非典”战斗的关键人物，钟南山隐瞒了自己的病情。当记者问道，你可以相信你自己的身体，但是你也应该相信你自己的年龄。钟南山说，我也想过，但是想得不太多，占据我头脑比较多的，还是找到这个未知数。

点评

敬业，就是兢兢业业、精益求精地做好本职工作；而敬业精神则是超越物质利益的一种精神追求。钟南山要求“把病人送到我这里来”的精神就是敬业精神的体现。

思考题

1. 什么叫职业素质？
2. 职业素质具体表现在哪几个方面？
3. 通过什么途径和方式可以做好职业素质方面的准备？

一、职业素质的内涵和特征

职业素质是指劳动者在一定的生理和心理条件的基础上，通过教育、劳动实践和自我修养等途径逐步形成和发展起来的，能在相应的职业活动中发挥作用的内在要素和品质。

一般来说，职业素质具有以下主要特征：

（1）职业性。不同的职业，对职业素质的要求不同，对模具工人的素质和对国际贸易人才的素质要求是不同的，所以不同专业的学生要做好不同的职业素质的培养。

（2）稳定性。一个人的职业素质是在长期的日积月累中形成的，一旦产生，就具有稳定性。比如，一位外贸单证员经过多年的学习和实践，逐渐形成了跟单、提货等系列职业素质，并保持了这种素质的稳定性。

（3）内在性。从业人员在长期的职业活动中，经过学习、认识和亲身体验，形成了判别是非的能力，并有意识地进行了内化。比如，我们常说："他办事，我放心。"人们之所以放心，是因为他的内在素质好。

（4）整体性。一个人的职业素质和他的整体素质有关，包括科学文化素质、专业技能素质等各个方面。

（5）发展性。职业素质在稳定性的基础上，仍然需要通过学习、社会实践等方式不断提升，不断发展。

二、职业素质内容

职业素质包括职业道德素质、职业知识素质、职业能力素质、生理心理素质等各方面。

1. 职业道德素质

职业道德素质指从业者在职业活动中表现出来的遵守职业道德规范的状况和水平。它主要包括职业态度和职业道德修养。职业道德是个人事业成功的保证，从业者必须具备良好的职业道德，主要包括爱岗敬业、诚实守信、办事公道、服务群众、奉献社会。钟南山就是一个很好的案例说明。

2. 职业知识素质

知识经济时代，各种职业对知识技能的要求越来越高，个人知识技能水平在很大程度上已成为影响职业专门化和职业水准的重要因素。因而职业知识素质是个人职业素质中必不可少的部分，包括专业知识和非专业知识。当前，不少企业对知识复合型职业人才更为青睐，例如，许多企业的管理干部都不是学管理出身，而是既懂技术、又懂管理的复合型人才。所以，仅有知识的数量积累是远远不够的，必须具备合理的知识结构才能适应职业的需求。比如，学经济的学生还必须学习人文、自然科学等方面的知识，才能适应职业的需要；除基本的英语、计算机等基础知识外，还需要学习更多的专业和非专业知识技能，以适应社会对职业需求。

3. 职业能力素质

职业能力是指由专业能力、方法能力、社会能力和自主能力等综合而成的能力素质，而不仅仅是指职业技能或操作能力。专业能力是指从事职业活动所需的单项操作技能（如岗位技能）和综合专业能力，这是职业能力的核心要素。方法能力是指从事职业活动的工作方法和学习方法。社会能力是指从事职业活动所需的社会行为能力，包括组织管理能力、人际交往和沟通能力。通过对职业能力素质结构的分析可以看出，“高分低能”并不是企业所需要的，创造性地运用知识、解决实际问题的职业能力才是企业最为关注的。

1996 年，国际 21 世纪教育委员会曾向联合国教科文组织提交了一份《教育——财富蕴藏其中》的报告，该报告提出，为了适应未来社会需要，年轻人需要具备认知、做事、共同生活、生存四个方面的基本能力，以适应未来社会需要。

4. 生理心理素质

生理素质也可被称为身体素质，是从业人员经历和体格的统称。良好的身体条件是从事职业的基础。心理素质范围较广，主要包括人的情感、兴趣、性格、气质、价值观等。爱迪生曾经说过，“天才=99%的勤奋+1%的天赋”，而这里所谓的勤奋就是心理素质之一。众多的调查也表明，成功 85%取决于积极的职业态度，剩下的 15%才是本人的职业技能。许多职场人士都认为，知识水平可弥补，能力可以培养，但心理素质很难改变。要适应环境，取得职业发展，健康的身体和良好的心理素质是必不可少的。

三、职业素质养成途径

高职生能否顺利地找到工作并胜任工作，很大程度上取决定于自己的职业素质的高低。但是当前一些高职生表现出来的职业素质却让人担忧。随着用人单位对人才选择的自由度的提高，用人单位的择人观发生着变化，以往被认为非常重要的“名牌高校”效应、户籍等因素现在已经不再是用人单位的必需条件，而专业技能、专业知识、工作经验、敬业精神和职业道德等职业素质范围内的因素越来越受到重视。而目前高职生就业问题中亟待解决的恰恰就是这些。高职生要根据职业和社会发展的具体要求，把握和利用一切机会，掌握主动权，不断加强自身职业素质的修养。

（1）通过社会实践加强职业素养。社会实践是高职生认识世界、进行人格塑造、转换角色、提升能力的实践活动。高职生通过担任学生干部、积极参加校内各类竞赛活动、社团活动、青年志愿者活动等，可以培养良好的表达能力、组织管理能力、交流沟通能力；通过勤工俭学、实习兼职、暑期社会实践等了解社会和工作环境，把自己的知识应用到实践中，增强动手能力和独立开展工作的能力。

（2）通过专业实践，如见习、实习等方式不断提升自己的职业素质。

（3）重视职业道德的培养。要求高职生培养自己的敬业精神。保持积极的心态是敬业的心理基础和前提。用人单位也需要具备敬业精神的高职生，因为他们能更快地成长为真正的职场新人。高职生不仅在接受教育阶段要有意识地对自己的职业素质进行培养，不断提高自己，在步入职场后，也要注意自身职业素质的培养，以求在职业的发展中得到长期的发展和提高。

四、高职生职业技能准备

案例 3–13

1923 年福特公司一台大型电机发生了故障，公司所有的工程师会诊了两个多月都没能找到毛病。公司便请来斯泰因梅茨。他在电机旁搭了帐篷安营扎寨，然后整整检查了两昼夜。他仔细听着电机发出的声音，反复进行各种计算，又登上梯子上上下下测量了一番，最后他用粉笔在这台电机上画了一条线作为记号。斯泰因梅茨对福特公司的经理说，打开电机，把我做记号处的线圈减少 20 圈，电机就可正常转动了。工程师们将信将疑地照办了，结果，电机果然修好了。事后，斯泰因梅茨向福特公司要价 10000 美元作为报酬。福特的工程师大哗，说画一条线就要这么多钱，这价也要得太高了。斯泰因梅茨不动声色地在付款单上写道："用粉笔画一条线，1 美元；知道把线画在电机的哪个部位，要 9999 美元。"

点评

适者生存，不适者淘汰，早在 19 世纪，英国生物学家达尔文就揭示了自然界的这一普遍规律。对于高度发展的人类社会来说，无论是在刀耕火种的原始社会，还是在“数字化生存”的今天，都不可避免地要面对这一残酷的规律。当今社会，你凭什么做一名“适者”，凭什么谋求未来，实现梦想，成为每一个人不得不思索的问题。“技术是一生的饭碗”是眼下很时髦的一句话，意思是有了技术，就有了生存的保障。专业技能作为人类大脑和四肢功能延伸的产物，已越来越受到人们的关注。

思考题

1. 高职生职业技能包括哪些方面？

2. 高职生通过什么途径可以更好更快地掌握职业技能并最快速度地应用到工作岗位中去？

3. 高职生在大学期间应该怎么准备自己的基本职业能力和专业职业能力？

由于现代社会的分工趋于进一步细化，职业的种类还在不断增加，这就使得未来职业的专业性、技术性越来越强，职业对劳动者的职业技能要求也越来越高。高职生在求职和工作的过程中暴露出来的种种职业素质的缺失，进一步说明了高职生职业技能提高的重要性和必要性。职业技能的提高不仅能够帮助高职生提高就业竞争力，同时也能够帮助增强高职生适应职业发展的要求，提高胜任工作的能力。

高职生的职业技能直接关系到高职生是否能够获得就业上岗的机会，是高职生通向职场的“通行证”，是高职生求职的“硬件”条件。高职生的职业技能包括专业知识、专业技能和工作经验三个方面。高职生的职业技能培养可以从以下几方面开展。

1. 拓展知识面

针对当前高职生存在知识面狭窄、高职教育知识更新速度慢的特点，高职生可以通过掌握两种学习方法解决这个问题。两种学习方法指的是自主性的学习方法和创造性的学习方法。

（1）自主性学习要求学习者变被动接受知识为主动学习知识。制订适合自身的学习计划，并保证学习能够顺利实施是自主性学习成功的基础。这不仅能够科学合理地安排时间，同时也能够磨炼自己的意志，最终达到学习的目标。在方式上首先要结合自身专业和职业的特点，从本专业的知识体系中选择一个大小合适的目标作为学习方向，集中精力和时间，以求尽快有所突破，这样可以积累经验和信心，在此基础上，再以点带线，往纵深方面拓展；其次，还可以立足本学科，从本专业及其相关的边缘学科或是交叉领域着手，学习并掌握相关领域的基础知识，以达到拓展横向知识面的目的。

（2）创造性学习要求职业人采用科学高效的学习方法，探索未知的知识领域，创造性的思维，以适应变化发展的职场要求。现代社会资讯发达，高职生需要学习新知识，但不是把学得的知识储藏起来，而是要利用知识，分析处理内含的有价值的信息，为己所用，再去不断地挖掘新知识，探索新领域，发挥自身的创造性，从而达到提高已有知识体系的更新率的目的。高职生还可以利用网络等现代化的信息媒体技术，开阔视野，拓展思路，不断获取新知识、新信息、新技术和新方法，提高自身学习的能力，使自己适应社会的变化和未来职场的激烈竞争。

2. 高职生的专业技能培养

美国早在 1974 年就开始在全美展开“生计教育”。“生计教育”就是集普通教育和职业教育于一身，使每个学生在接受普通教育的同时，建立起职业价值观，获得谋生能力，使学生成为“自我认知、自我实现和自觉有用的、富于创造和生产价值的人”。高职生想要获得谋生的能力，就必须适应社会的需求，掌握一定的专业技能。信息时代促使产业结构发生了调整变动，生产和服务部门的技术含量增大，劳动复杂度提高，劳动力结构发生了变化。无论在制造业还是在服务业中，新兴的职业不断出现，原有职业出现了调整和转化，出现了许多要求劳动者既具有理论和专业知识，又具有很强的动手能力的职位。对高职生来说，他们的理论知识并不缺乏，但是由于实践经验少，实际操作能力相对较差，有纸上谈兵的倾向。从这一点出发，培养实际操作能力，就是要求高职生重视自己的专业技能训练，并完成从理论到实践的过程。高职生的专业技能培养可以从结合社会的需要和本专业的特点及发展趋势出发，适当选择专业技能的种类进行学习、训练和拓展，并通过考试获得一些社会认可的技能资格认定证书。

3. 高职生的工作经验积累

要求高职生真正重视实习和社会实践，提高实习和社会实践的实效性。而不是为了获得学分去参加实习，或者打着社会实践的旗号去游山玩水。实习不仅是业务知识与技能的实践与锻炼，更是工作态度与人际交往能力的见习与训练。有些应用性较强的专业，就需要高职生适当地增加实习的次数和时间。用人单位青睐那些在实际操作上有能力的学生，因为他们能够比别人更快地进入工作状态。实习和社会实践不仅能让高职生开阔视野，同时也能够让高职生充分了解社会对自己本专业的真实需求，并把专业知识和技能融入实习和实践的过程中，提高高职生处理实际问题的能力，积累工作经验。

4. 高职生要学会的十大基本技能

（1）培养职业精神

① 自我勉励，即使未能达成目标，也得能够对自己说你付出了足够的努力，值得拥有你所追求的一切。

② 诚实。

③ 安排时间，第一天能做的就别拖到第二天。

④ 理财，很多高职生还未到月底就把月初家里打到卡上的钱花光了。

（2）培养肢体技能

① 保持健康，不因生病或睡过头而缺课。

② 良好的仪表，在你想让其对你留下深刻印象的人面前展现良好的仪表。

③ 每分钟准确无误的输入 60～80 个字。

④ 清晰的笔记，永远不要不带做笔记的笔纸就去开会。

（3）口头交流

① 一对一交流，你将始终需要锻炼一对一的交流技巧，但当你毕业时，你应该善于发现自己或别人的对话中的误导现象。

② 当众演讲，可以在上课提问中获得。

③ 采用视频演示，至少在一门课上制作过 PowerPoint 文件，并在一些小型会议上演讲。

（4）书面交流

① 良好的写作，你能迅速简明地写下你的建议，而且必须使别人理解你的观点。

② 编辑与校对，当你得到一份粗略的草稿时，你能一眼找出其中不切题的部分，动词的问题以及缺少题目的段落。

③ 使用文字处理工具，你能用 Word 制作一份看起来专业的简历，并用电子邮件发送出去。你能够使用以下功能：检查拼音和语法错误；剪切、复制和粘贴；修订；符号与数字；查找与替换；页眉和页脚；样式和格式；插入表格；边框与阴影以及文字统计。

④ 发送电子信息。

（5）与他人共事

① 建立良好的人际关系，有意识地去寻求与教授、同学、学生组织的伙伴以及在兼职或学习中遇到的各种人建立良好的关系。

② 团队合作，你能在不同的团队环境下与人合作。

③ 教导他人，至少有 3 次教学的机会，并成功帮助他人培养关键的技能。

（6）影响他人

① 高效管理，在社会工作中有效地管理过至少 3 名员工。

② 成功销售，你至少有 2 次经历说服他人购买一个产品或捐款等。

③ 明智地进行政治活动，参加一次学生组织的活动和一次学院级别的活动，并在其中参与某种决策过程。

④ 有效的领导，至少在一个现有的机构或团队项目中担任主要的领导职务。

（7）收集信息

① 使用图书馆资源。在不同领域中使用图书馆分类检索系统和数据库。

② 使用商务数据库。网上搜索，会至少3种不同的引擎。能通过网上搜索发现自己渴望的实习机会和工作；做采访，就业问题的访问；运用调查，当你拿到调查结果时，都会产生条件反射提出一些有关样本与真实情况之类的关键问题；保存和使用档案记录，做好每天的活动日志，并能使别人在看到日志后知道你曾经做过什么。

（8）使用定量工具

① 使用数字。能够完成工作领域中将要面对的任何普通的计算问题，包括指定与调整计划的预算。

② 使用图表和表格。每当你看到一堆数字时，你能将它们用图表或表格的形式显示出来，并用它们来说明你的观点。

③ 使用电子制表程序。当你看到大量需要分析的数据时，仔细想象如何用电子制表软件来处理，你能安装电子制表软件并制作表格和图表。

（9）提出与回答恰当的问题

① 发现偏差。每当你读到或听到某些信息时，立刻问自己这些信息的背后的动机是什么，以及能做些什么来检验其准确性。

② 注意细节。你能“读懂”你拿到的文件，并判断问题的前因后果。抓住一个文件里的每一个要点，或找出事情所有的原因和意义。

③ 运用知识。你能够做出解释和检验解释并以它们为基础对你自己的生活进行预测。

④ 评价行动与政策。以具体的标准指定目的，帮助你评价自己在找工作过程中的表现。

（10）解决问题

① 确定问题。参加至少 3 次不同的团体会议，计划某一件事或考虑某一项活动要能够让人们清楚地了解问题是什么，以及如何衡量它。

② 发展解决问题。你帮助一个学生组织或管理机构执行一项方案以及解决一些确定的问题。

③ 实施解决方案。你能以时间为顺序就你如何发展并努力执行某一具体问题的解决方案写一份纲要。

第4章 职业决策

学习目标

- 通过学习本章内容引导学生通过各种方法来了解自我，为自己的职业生涯设立目标，确定大体的方向。
- 影响职业生涯目标的社会因素和个人因素。
- 职业生涯目标设定的原则与方法。

模块十　目标设定

一、模块目标

1. 明确设定职业目标的重要性。
2. 了解怎样才能实现职业目标。

二、模块内容

主题1：职业目标的概念

教学目标：通过职业生涯训练让学生初步设定自己的职业目标，从而通过案例点评了解职业目标的意义。让学生明白什么是短、中、长的职业目标。

主题2：职业目标设定的原则与方法

教学目标：通过相关的学习，掌握正确的目标设立原则和方法，让学生能够为自己承担责任，自主决策，并落实到行动中。

主题1 职业目标的概念

案例4-1

哈佛大学有一个著名的关于目标对人生影响的调查。调查对象是一群智力、学历、环境等条件都差不多的哈佛毕业生。毕业时，27%的人没有目标，60%的人目标模糊，10%的人有清晰但比较短期的目标，3%的人有清晰而长远的目标。25年后的跟踪调查显示：3%有明确目标的人，几乎都成为社会各界的成功人士，其中不乏行业领袖和社会精英；10%有短期目标的人成为各个领域的专业人士，大多生活在社会的中上层；60%目标模糊的人，他们有安稳的生活与工作，但都没有什么特别的成绩；剩下27%没有目标的人，他们过得很不如意，并且常常在抱怨他人、抱怨社会、抱怨这个“不肯给他们机会”的世界。

点评

从这个调查中，尽管调查的是哈佛大学的学生，但是，对于我们高职院校的学生而言，目标是同样的重要，它对于职业生涯发展具有重大的指导意义。然而，很多时候，我们大家在校期间忙忙碌碌，选修各种课程，参加各种活动，准备各种考试，却没有目标。很多高职生一方面感到迷茫，另一方面却又不能停下来，只是盲目地胡乱奔跑。“忙—盲—茫”的现象在当代高职学生中屡见不鲜，这种“边跑边看路”的做法无异于缘木求鱼。就像《爱丽丝梦游仙境》里，猫对爱丽丝说的那样：“如果你不知道自己想去哪儿，那么走哪条路都无所谓。”而你只要一直往前走，哪怕是胡奔乱跑，也总可以到达某个地方。但你对自己的处境满意与否可就是另一回事了。并且，如果连你都不知道自己要什么的话，那么别人也不可能给你有效的帮助。

所以，清晰而长远的职业目标是个人职业发展的不歇动力和指路航标，它激励人们克服困难、排除干扰与诱惑，向着明确的方向不懈地前进，直到实现目标。只有当个人在头脑中对自己的职业发展方向有清晰的概念，他的生命才会有意义和方向，而这也许是人生中最珍贵的财富之一。

思考题

1. 什么是职业目标？

2. 设定职业目标的意义是什么？

3. 如何制定自己的职业目标？制定之前需要做哪些准备呢？

4. 你认为职业的能力是先天形成的还是后天培养的？特殊能力对职业选择有什么价值？

一、职业目标的定义

职业目标是指个人在选定的职业领域内未来时点上所要达到的具体目标。个人事业的成败，很大程度上取决于有无正确适当的目标。没有目标如同驶入大海的孤舟，四野茫茫，没有方向，不知道自己走向何方。只有树立了目标，才能明确奋斗方向，犹如海洋中的灯塔，引导你避开险礁暗石，走向成功。

研究一些成功者的成功轨迹，就会发现他们走向成功之前都有着自己的明确目标。美国成功学家拿破仑《一年致富》中有这样一句名言：一切成就的起点是渴望。一个人追求的目标越高，他的才能发展就越快。一心向着自己目标前进的人，整个世界都给他让路。他认为，所有的成功都必须先确立一个明确的目标，当对目标的追求变成一种执著时，你就会发现所有的行动都会带领你朝着这个目标迈进。所以每一个人都应该有自己的职业目标，只有明确的目标才能找到适合自己的一份工作。

二、职业目标的结构

设定职业目标是职业设计的核心内容。对于职业目标要从三个方面考虑：一是概念上的职业目标与行动上的职业目标，二是职业目标的表现功能和手段功能，三是职业目标的时间维度。

1. 概念目标与行动目标

概念上的职业目标只是对个人想参与的工作经历的一种本质性的概括，但还没有指明是哪种具体工作或职位，要求能反映出一个人的重要价值观、兴趣、才能及对生活方式的偏好。行动目标是把概念目标变成具体的工作或岗位。

2. 表现功能与手段功能

职业目标的表现功能是指与目标相关的经历能使人内心产生的乐趣。职业目标可以适当地表现出一个人的成就使其感到快乐的程度、充实的程度、令人满意的工作行为的程度以及在工作中运用个人的才能和体验满意的生活方式的程度。不过，职业目标还具有一种手段性的功能。这种手段性的因素意味着已经实现的目标可以导致（或引出）下一个目标。职业目标的用处是由其表现功能和手段功能共同决定的。

3. 职业目标的时间维度

职业目标要用时间来衡量，一般我们将职业目标分为短期目标、中期目标、长期目标，其具体区分完全依人而定。所谓的长、中、短目标是从阶段上来看的。长期目标可以是指成就和人生信仰，这是一生的追求。中期目标是一个时期的目标，如中学时代的目标是考大学，那么在大学期间的目标就是找到一份适合自己的工作、专升本等。短期目标是一个具体的计划，可以是几天、一周或一个月的计划，要干点什么，怎么干，时间如何安排，很具体，可操作性强。短期目标更注重当前，一般在两年以内，主要是确定近期目标，规划近期完成的任务。中期目标一般为2～5年内的目标与任务。

三、职业目标的意义

“出租车最危险是在什么时候？”答案是：没有乘客的时候。因为有乘客时，司机有目标，他就会全神贯注地驾驶，同时想方设法尽快到达目的地；而没有乘客时他是盲目的，走到十字路口左转右转犹豫不定，同时左顾右盼，精力分散。目标是我们行动的依据。没有目标，我们的斗志便无的放矢，无处依归；有目标才有斗志，才能开发我们的潜能。

1. 目标能让我们的人生更有价值

当一个人认为自己的目标并不重要时，他为达到目标所付出的努力就没有什么价值。如果认为自己的目标很重要，情况就会相反。因此人们必须把目标建立在自己的理想之上，如果我们的各个目标组成了我们所珍视的理想，那么我们就会感受到为之付出的努力是有价值的。

美国曾有一位医生，对世界各地数十位百岁老人进行研究，想从他们的共同特点中找出使人长寿的根本因素。他原以为这些因素会是食物、运动节制等，然而研究结果令医生大为惊讶。他发现这些寿星在饮食和运动方面并没有什么共同特点，他们共同的特点是：都有长寿目标！生活中常见两类退休老人。一类是退休后拼命找事干，如上老年大学、学书法、学画画、打门球、唱歌跳舞、养花遛鸟、看门收发或带带小孙子等，属“自找麻烦”类；另一类则长长舒了一口气，早就盼望着退休后的清闲生活，干了几十年，该歇歇了，这属于“隐居”类。几年后再见这些老人时就会发现，“自找麻烦”类的老人情绪稳定，精神焕发，有越活越年轻的迹象，而“隐居”类的老人则垮得很快，变得苍老、憔悴，脾气变得古怪、易怒、小气、脆弱，被人们称为“老小孩”，凡事要让着他，无所事事，使他们盼望已久的“靠退休工资享清福”的愿望变得索然无味。没有烦恼，本身就是最大的烦恼，明天要干什么，不知道，这种生活就是减法、过一天少一天。西方有谚语说：“只有知道明天干什么，今天活着才有意义。”有目标，生活才处于追求的状态，才会感到充实，感到快乐。

少数人忙碌一生却总是不能够全力发挥某个领域的特长。这是为什么呢？《激励你一生》的作者指出，“其实，原因很简单，他根本没有自己的人生目标”。所以，只有当一个人知道自己想要什么的时候，才会全力以赴地向自己目标前进。人生目标就像沙漠中的地图，只要我们愿意，那么自己就可以画，毕竟命运掌握在我们的手中。“一颗种子可以孕育出一大片森林”，同样，职业生涯规划可以成就精彩的未来，面对精彩的高职生活、面对漫漫的人生路途，让我们选定目标，从今天着手，从现在出发！

2. 目标使人产生积极的心态

目标是人生努力的方向和依据，也是一种鞭策和鼓励。随着分步目标的实现，你就会有收获感和成就感，这种感觉会产生积极的心态，积极的心态会促使你更积极地投入目标当中去，最终目标的实现，也会使你更热心于你的目标。另外，随着实现目标步骤的落实，你干起活来心中有数，这也提供了一种自我评估的重要手段，即标准。你可以不断地调整自己行动中的偏差，根据距离自己的目标有多远来衡量取得的进步，测知自己的效率，从而更加充满信心地前进。

3. 目标能激发我们的潜能

目标能让人产生战胜一切的动力。明确具体的目标是我们努力的依据，是一个看得到的射击靶。欧尔·奈丁盖尔说：“要谋求幸福，我们的人生就不能没有一个远大目标。”也就是说，没有远大目标的人，虽有巨大的能力，却很难取得巨大的成功。

目标，像分水岭一样，轻而易举地把资质相似的人们分成少数的精英和多数的平庸之辈。前者主宰了自己的命运，后者随波逐流，枉度一生。

当一个人下定决心之后，就没有什么能够阻止他达到目标。一旦有了成功的渴求，就会产生强烈的使命感与责任感，并为之拼搏。有位哲人说："决心攀高峰的人，总能找到道路。"强烈的动机可以驱使人超越诸多困境，无须扬鞭自奋蹄。如果你至今仍不清楚自己希望达到怎样的人生高度，那么请把你的目标写下来，矢志不渝地向着心中的目标拼搏进取，这样，你就会敏锐地捕捉到成功的契机，顺利抵达理想的境地。只有当我们给自己的人生设定了目标，我们内心深处那个勇敢、坚定、执著、不畏艰险的我才会走出来，我们才能最大限度地激发自己的潜能，更好地迎接人生道路上的各种挑战。

要发挥自身的潜能，我们必须全神贯注于自己有优势且有高回报的目标。远大的目标能帮助我们集中精力，当我们不停地在自己的优势方面努力时，这些优势就会进一步发展。

4. 目标能使我们更好地把握现在

目标对目前的工作具有指导意义。现在所做的，必须是实现未来目标的一部分，因而要把握现在、重视现在。回顾过去，可以借鉴历史的经验和教训，可以从成功的案例中吸取营养，从失败的实践中取得警戒。对未来的展望，使人充满信心和期望。为了未来的前景，当然需要切实把握现在。有人比喻说，过去是一张注销的支票，未来是张期票，现在是手上的现金，也不无道理。

任何理想的实现都需要制定并且达到一连串目标。每个重大目标的实现，多是一些小目标实现的结果。我们现在的种种努力多是为实现将来的目标铺路，如果我们能集中精力于现在的工作，那么我们就能成功。

当我们处在正确的道路上时，就会有很强的目标感。只有树立坚定的信念，才会意识到我们正在前进的方向就是通往理想的正确方向。如果我们正在一个积极的方向上前进，每一天我们都会感觉到一些新的、有意义的事情在自己身上发生了。

为什么有的人成功，有的人失败？因为，成功的人清楚知道自己想要什么，并有一套执行的计划。他相信自己做得到，并倾注了大量的时间和心血。失败的人没有明确的人生目标，他认为成功只是靠运气，因而做事被动，不肯用心。

成功和失败还源于个人所养成的习惯。养成良好的习惯，就可以取代不良的习惯。养成令我们成功的好习惯，一心一意地专注于我们想要追求的目标，等到时机成熟，这些新的思考习惯，将为我们带来预期的名声和财富。

因此，对于我们高职生来说，要下定决心，专注于自己的职业目标和计划，任何阻碍都不能使你动摇。只要我们不给自己设限，就不会有任何限制。突破自我设限，任何事情都不能阻止我们成功的脚步。

职业目标训练之一

我的未来不是梦——职业目标与计划

目标：协助学生对高职生活和未来职业目标的发展有初步的规划。

活动：高职生活拼图；简易生涯计划表；圣诞礼物派送。

过程：说明人生的目的就是在追求自我的实现，把握人生从现在做起。生涯发展和人生是否在自己的掌控中，取决于你是否有目标，并积极行动达成设立的目标，实现自我抱负，并在其中自我成长。

（1）发下“高职生活拼图”，每个人认真思考并填写，然后在小组中进行交流，从中进一步认识自己，主动规划高职生活。

（2）填写“简易职业目标规划表”，思考个人的长远规划、中期规划、近期目标和具体安排。请每组推选一名代表将该组讨论的结果与全班同学分享。

（3）圣诞礼物派送：每个成员假想自己是圣诞老人，要送给团体每一个人一份礼物，礼物的内容可以是对方需要的东西或一些祝福的话等，将想送的礼物写在纸上送给受礼人。每人分享收到礼物的感受。

材料：

1. 高职生活拼图（表 4-1）

目的：树立个人发展目标，树立自信心，通过团体力量激发个体内在发展动力。

操作导语：大家现在都处在人生的黄金时期，心中一定有许多的梦想，而大学是成就梦想最好的摇篮。有人说：一个人若看不到未来，就掌握不到现在。自己人为设定目标，带出希望，所有的行为将会凝聚在这个希望周围，就会活出意义来。下面我们就一起规划一下未来。每个人都拿到一张表，表里的内容涉及高职生活的很多方面，请你仔细思考，填下你在诸多方面的目标，然后分享。

分析：当我们规划完未来的时候，思路变得清晰了，寻找到了一种方向感。这未必就是不变的、终极的目标，但却足以粉碎无谓的烦恼。而且，我们的目标并不是高不可攀，只要我们朝着这个方向前进，脚踏实地，从现在做起，我们就能实现心中的梦想。

表 4-1　高职生活拼图

学习	专业	人际
健康	情感	休闲
自我成长	社会工作	兼职

2. 简易职业目标规划表

短期目标（或规划）	
中期目标（或规划）	
长期目标（或规划）	
具体安排（或规划）	
请根据列表，针对每一项简单地列出至少两个目标。	

分析：请每组推派一名代表将该组讨论的结果与全班同学分享。

3. 圣诞礼物派送

材料：根据人数准备一些彩色纸张和彩色水笔。

知识链接

将来你是纽约州州长

罗杰•罗尔斯是纽约第 53 任州长，也是纽约历史上第一位黑人州长。他出生在纽约声名狼藉的大沙头贫民窟。这里环境肮脏，充满暴力，是偷渡者和流浪汉的聚集地。在这里出生的孩子，从小耳濡目染，他们逃学、打架、偷窃甚至吸毒，长大后很少有人获得较体面的职业。然而，罗杰·罗尔斯是个例外，他不仅考入了大学，而且成了州长。

在就职的记者招待会上，到会的记者提了一个共同的问题：是什么把你推向州长宝座的？面对 300 多名记者，罗尔斯对自己的奋斗史只字未提，他仅说了一个非常的陌生的名字——皮尔·保罗。后来人们才知道，皮尔·保罗是他小学的一位校长。

1961 年，皮尔·保罗被聘为诺必塔小学的董事兼校长。当时正值美国嬉皮士流行的时代，他走进大沙头诺必塔小学时，发现这儿的穷孩子比“迷茫的一代”还要无所事事。他们不与老师合作，他们旷课，斗殴，甚至砸烂教室的黑板。皮尔·保罗想了很多办法来引导他们，可是没有一件是奏效的。后来他发现这些孩子都很迷信。于是在他上课时就多了一项内容，给学生们看手相。凡是他看过手相的学生，没有一个不是州长、议员或富翁的。

当罗尔斯从窗台上跳下，伸着小手走向讲台时，皮尔·保罗说，我一看你修长的小拇指就知道，将来你是纽约州的州长。当时，罗尔斯大吃一惊，因为长这么大，只有他奶奶让他振奋过一次，说他可以成为 5 吨重的小船的船长。这一次，皮尔·保罗先生竟说他可以成为纽约州的州长，这着实出乎他的预料。他记下了这句话，并且他相信了这句话。

从那天起，纽约州州长的目标就像一面旗帜，他的衣服不再沾满泥土，他说话时也不再夹杂污言秽语，他开始挺直腰杆走路，他成了班主席，在以后的 40 多年间，他没有一天不按州长的身份要求自己。51 岁那年，他真的成了州长。

点评

信念是不值钱的，它有时甚至是一个善意的欺骗，然而你一旦坚持下去，它就会迅速升值。在这个世界上，信念这种东西任何人都可以免费获得，所有成功者最初都是从一个小小的信念开始的。信念是所有奇迹的萌发点。每个人都有或大或小的人生计划，而很少有人想到人生的发展需要规划。翻阅伟人传记，发现他们都有一个共同点：从小就有远大的人生目标，并终身为之努力。这个过程近似于今天的职业生涯，虽然大多数人也意识到这个问题，但不可否认，清楚人生目标并不断奋斗的人，往往更容易走向成功。

主题2 职业目标设定的原则与方法

案例4-2

小兰应该如何选择

大学毕业后工作三年多了，小兰做事认真细致，和同事、下属、上级关系都很融洽，工作一直是勤勤恳恳的，却在职位上没有很大的突破。她一直在困惑：为什么身边的同事，各个工作游刃有余，好像每天都很有劲头，工作能力和职位一路“高歌猛进”，而同样认真工作了三年的她，换来的却是每天的无精打采和微薄的收入与回报？

回想在学校里的时候，小兰也是个积极的学生，学校组织的学生活动都乐于参加，还经常参加外面的社会实践，很积极地接触社会、融入社会。计算机专业毕业后，她和大多数同班同学一样，进入了一家高科技公司做技术工作，周围的同事也是来自各个名牌高校理工科的高才生。这样的工作环境比较沉闷，小兰平时在学校里积累的活动经验根本用不到。而且，对她这样一个个性外向且活泼的女孩子来说，这种环境太枯燥乏味了，每天周而复始地在实验室对着机器和电脑开发程序，而且大多数工作是重复的，越到后来越没感觉。不仅如此，每年毕业时，还有大批的本科、硕士纷纷加入公司，着手学习新的技术，慢慢地赶上甚至超过自己，老的同事也有不少跳槽去了更有发展前途的公司，寻求更有挑战的工作。而自己呢，在公司三年多来，非但技术上没有很大的突破，能力上也没有很大的提高，三年前的工作激情，也在实验室枯燥的工作环境中慢慢消磨殆尽。

现在的她就纠结于是跟老同事们一样跳槽去很好的公司工作，还是继续在这里得过且过。去好的公司工作，固然收入与能力都能提高，但是以现在自己的水平是否能应聘成功，还是一个问题；其次，现在比自己技术好的人越来越越多了。如果是继续留在这里，那每天对着冰冷的机器和电脑，真的会崩溃，且不说收入与能力得不到提升，再者自己的外向性格天天待在这沉闷的环境中，日子难熬啊！

点评

三百六十行，行行出状元。问题的关键不是你选择什么职业，而是你有没有明确的目标。一个人一生当中的生涯发展，宛如茫茫大海中破浪前进中的航道，虽然“视而不见”，但有其方向可循，职业目标是人生航程的总体方向，虽然现代社会变化快，行业职业更新快，使得每个人的航程都充满着莫测的暗流和多变的风浪，而在变化和更新中总会呈现有规律的洋流和季风的规律，好的水手总能不断调整航道，驶向理想的目的地。所以，设立职业目标就是一个遵循社会发展与个体发展的规律，进行生涯决断，又不断修正的途径。虽然每个人职业目标不同，但科学有效地制定职业目标的准则是相似的，依据这些准则总是能在结合自己的兴趣、能力、价值观与社会需求、职业要求中找到最能照亮自己生命航程的那颗星。

思考题

1. 你是如何确立自己的职业生涯目标的？
2. 你在进行职业决策中都会考虑哪些因素？
3. 浅谈你所知道的设定职业目标需遵循的原则。
4. 根据所学的知识，全面评价自己的职业决策及特点。

一、职业目标设定的原则与方法

职业目标的设定并不容易，需要我们花费时间仔细考虑、综合评估，充分考虑和权衡个人、组织与和环境等因素，从而确保职业目标的设定具体明确、高低适度、留有余地，并与组织目标相一致。设定职业目标一般要遵循的原则如下。

1. 具体和明确性

职业目标的设定必须清晰、具体和明确，并可产生行为导向。大多数人之所以到达不了自己孜孜以求的人生境界和理想，关键原因是他们的目标不够具体和明确，无法衡量。如“我要成为一个优秀的人”就不是一个具体的目标，而“我今年要成为获得班级一等奖学金的学生”就算得上是一个具体和明确的目标。当然在确立目标的时候要注意一下几点：

（1）目标既要敢想敢做，又不能搞假、大、空。

（2）切合自身的能力和环境条件，实事求是，既不是高不可攀，也不是毫不费力就可以完成，而是定在通过努力可以实现的水平上。

（3）目标的严肃性和灵活性。定了目标就要锲而不舍地努力奋斗。

2. 可度量性

职业目标必须要用数据和指标进行量化。如“要获得今年班级一等奖学金的学生”的目标就对应着许多需要量化的指标，如学分绩点、德育成绩优秀、体育成绩要良好以上、第二课堂学分是否达标、班级综合分排名等。再如“要好好孝顺父母”这个可以衡量吗？不能，因为没有办法计算。怎样才算“好好孝顺父母”没有标准。没有标准就没有足够的动力，很容易自己给自己台阶下。如果把这个目标分解成：要每天陪父母吃一顿饭，每个月给父母1000元零花钱，每个季度带父母去国内旅游一次（最好把去的城市、乘哪种交通工具去等都写上），每年带父母去海外旅游一次……当你把这些都罗列出来，这个目标就是可衡量的。

3. 可实现性

可实现性包括两个方面的含义：①目标必须是合理的，并且应该在能力和控制的范围内；②目标应该有一定的高度，必须是“要经过努力”

才可能实现的。一般人在这点上往往只注意前者，其实后者也相当重要。目标经常达不到的确会让人沮丧，但同时也应该注意，太容易达到的目标也会让人失去斗志。

4. 时限性

时限性是指在特定的时间内完成。目标要在哪年哪月哪日完成，一定要写清楚，否则，就可能永远也没有完成的那一天。一个没有期限的目标就等于是幻想。比如有人说：总有一天我要成功。这算是目标吗？总有一天，是哪一天？没有期限的目标等于白写。有期限才有压力，有压力才能激发潜能，没有压力怎么激发潜能！有人说，不能写期限，因为万一到了时间没有做到，怎么办？尽量做到，万一没做到还可以拖延啊，再给个期限，总比没有期限好。当然，设定期限时也要慎重考虑评估，最好争取一次完成。如果你设定了一个根本就不能完成的期限，心想反正完不成再延后就行了，延后了又不能完成，再延后……这样，就同没有期限一个样。安东尼·罗宾讲过："没有不合理的目标，只有不合理的期限。"

5. 相关性

个人的目标要与个人的职业发展目标相关联，既有挑战性又是可实现的。有这样一个故事：1984 年，在东京国际马拉松邀请赛中，名不见经传的日本选手山田本一出人意料地夺得了世界冠军。全世界的人都好奇他凭什么取得如此惊人的成绩，而他在自传中这么写道：每次比赛之前，我都要乘车把比赛的线路仔细地看一遍，并把沿途比较醒目的标志画下来，比如第一个标志是银行，第二个标志是一棵大树，第三个标志是一座红房子……这样一直画到赛程的终点。比赛开始后，我就以百米的速度奋力地向第一个目标冲去，等到达第一个目标后，我又以同样的速度向第二个目标冲去。40 多公里的赛程，就把我分解的几个小目标轻松地跑完了。起初，我并不懂这样的道理，我把我的目标定在 40 多公里外终点线上的那面旗帜上，结果我跑到十几公里时就疲惫不堪了，我被前面那段遥远的路程给吓倒了。从这个故事可以看出：大目标统率小目标，小目标牵制大目标，大目标是实现小目标的动力和催化剂，而小目标是实现大目标的阶梯。所以，我们在制定职业目标时，要学会目标分解，抓住设定职业目标的相关性，达到人生的终极目标。

6. 授权激励性

如果你的目标难以激发你的想象，无法给你带来足够的动力，甚至没法驱动你的任何热情和行动，那么你实现目标的机会将会变得遥遥无期。比如有人设定的目标是：今年要买三双拖鞋和几双袜子，这样的目标能带给人足够的动力吗？肯定不会。有个人在 30 岁时给自己设定的目标是：要拥有一匹汗血宝马，成为行业冠军以及当选全国优秀企业家！当时他一想到自己的目标就兴奋得睡不着觉，就热血沸腾！正是这样的目标带给他足够的动力去拼搏去努力。记住，只有不可思议的目标，才能创造不可思议的结果。人因梦想而伟大，你的成就不会超越你的梦想。

7. 重点集中性

目标不可太多，太多就意味着没有重点，一般 3～5 个即可。

8. 重要等级性

个人在目标设定时，要把全部的权重依重要性不同分配给不同的关键任务。这样我们才能分清不同工作的轻重缓急，才能有的放矢。简单介绍 ABC 排序系统：在所有的职业目标规划当中，无论是长期、中期，还是短期，你都必须：（1）列出一张清单；（2）确定优先次序。

列出清单之后，在那些你最为重视的条目左侧写上 A；在那些一般重要的条目左侧写上 B；在那些最不重要的条目左侧写上 C。在这个过程当中，你只是在进行猜测——因为你并不确定自己现在的判断是否正确，然后将不同的条目进行对比，通过这种方式，你可以将清单上的所有条目次序完全标记出来。

考虑到你每天的时间有限，而且不同条目的紧迫性也不相同，所以你可以对所有级别的条目做进一步细分，比如说你可以把A级活动分解为A-1，A-2、A-3。记住，这里的ABC只是相对的，他们完全取决于你的价值标准，你可能会因为某件工作所带来的结果而把这件工作列为A级活动，但如果在完成工作的过程当中，你发现自己并不喜欢这件工作，你很可能会将其改变为B级活动。同时，他们的优先次序还会跟时间的变化与项目的变化有很大的关系，总而言之，在那些价值不高的活动上投入太多精力是毫无意义的。另外，那些比较重要的活动往往需要你付出更多努力。只有仔细的规划才能让你用最少的时间获得最大的收益。

9. 丰富性

丰富性是大自然的法则，目标也应该遵循这个法则。在确立目标时，长远目标是你人生的终极意义，而是否拥有短期目标并实现它们，则是你快乐和成功的源泉。所以你的目标应该是丰富的，既要有长期目标，也要有短期目标；既要涉及事业，也要涉及生活的方方面面。因为不同的目标会带来不同的能量。如果目标太单一，没有长、中、短期的层次，那么就会印证那句话：人生有两大悲哀，第一是目标没有达成，第二是目标达成了。目标一旦达成又没有新的目标，那么能量就消失了。另一方面，你不是正在计划成功，就是正在计划失败；如果你没有一个快乐的计划，那么痛苦就会乘虚而入。而一个快乐的计划应该是多元的、平衡的、全面的，而不是片面单一的，它应该至少包括健康、财务、家庭、旅游、顶尖人脉、学习、伙伴、社会贡献八个方面，而每个方面又有长、中、短期目标。

10. 一致性原则

一致性原则指的是，主要目标与分目标一致，目标与措施一致，个人目标与组织发展目标一致。

11. 可评估原则

可评估原则主要是通过对个人的需求、能力、兴趣、性格、气质的分析，以确定自己所具备的能力和自己适合从事的职业。同时，目标的设计规划应有明确的时间限制或标准，以便评估、检查，使自己随时掌握执行情况，并为规划的修正提供参考依据。

总的来说，人生的目标不是单一的，而是多维的。要适时加以调整，充实和完善使之符合实际，保持目标的先进性和可行性。在实际操作过程中，规划的时间年限如果太长，会因为个人和环境的变化而难以准确把握；但如果太短，规划的意义和作用又难以完整体现。因此，比较理想的职业生涯规划首先是中期规划，其次是长期规划，既便于根据实际情况设定可行目标，又便于随时根据现实的反馈进行修正和调整。

职业目标就是人们在人生航程里寻求的那颗导航星，遵循以下黄金法则，就能找到那颗导航星。

（1）择己所爱

从事一项你所喜欢的工作，工作本身就能给你一种满足感，你的职业生涯也会从此变得妙趣横生。兴趣是最好的老师，是成功之母。调查表明，兴趣与成功几率有着明显的正相关性。在设计自己的职业生涯时，务必要考虑自己的特点，珍惜自己的兴趣，择己所爱，选择自己所喜欢的职业。

（2）择己所长

任何职业都要求从业者掌握一定的技能，具备一定的能力条件，而一个人一生中不能将所有技能都全部掌握，所以你必须在进行职业选择时择己所长，从而有利于发挥自己的优势。运用比较优势原理充分分析别人与自己，尽量选择冲突较少的优势行业。

（3）择世所需

社会的需求不断演化着，旧的需求不断消失，新的需求不断产生，新的职业也不断产生。所以，在设计你自己的职业生涯时，一定要分析社会需求，择世所需。最重要的是，目光要长远，能够准确预测未来行业或者职业发展方向，再做出选择。不仅是有社会需求，并且这个需求要长久。

（4）择己所利

职业是个人谋生的手段，其目的在于追求个人幸福。所以你在择业时，首先考虑的是自己的预期收益——个人幸福最大化。明智的选择是在由收入、社会地位、成就感和工作付出等变量组成的函数中找出一个最大值，这就是选择职业生涯中的收益最大化原则。

二、职业目标设定的方法

在设定职业目标时可以采取多种方法，主要包括职业测评、故事叙说、典型人物分析法、实习、实地参观考察、“5W”法等。这里对常用的方法进行简单说明。

（1）职业测评

职业测评就是运用测评工具帮助个体进行自我评定的过程，包括个体对自己的性格、行为方式、情感反应、价值观、社会角色等与求职有关的个人特征的认识。目前，常用的测评工具包括劳动和社会保障部的职业素质测评系统（CETTIC）、MBTI（Myers-Briggs Type Indicator，麦尔—碧瑞斯类型）个性类型测试、霍兰德职业兴趣测验、美国劳工部的一般能力倾向测试（GATB）等。

（2）故事叙说

在职业目标设计中，故事叙说是另一种协助学生进行自我评定的方法，它将“叙事心理治疗（narrative therapy）”的方法用于帮助个体了解真实的自我，破除在求职过程中存在的种种心理障碍。在故事叙说中，学生以说故事的方式沉浸在故事的情节中，充实故事的内容。通过改写故事，在新的故事中创造新的可能，引导学生看清新的自我，发现新的未来。

（3）典型人物分析法

典型人物分析法是通过分析与学生背景相似的典型人物的方法，引导学生选择和确定自己的职业目标和发展方向。典型人物往往都是具有成功职业生涯或者失败职业生涯的典型特征的人。以典型案例对学生进行教育活动，为学生提出如何设定职业目标的范例。

（4）实习

实习是快速了解职业的最有效方法。在实习中，学生不仅可以真实地参与相应的职业活动，而且可以真实地融入大社会的文化氛围中，从而更现实地评价自己对该职业的胜任程度和喜好程度。

（5）实地参观考察

实地参观考察也是真实体验、了解职业的方法。通过实地参观考察，学生对自己未来可能的职业有一个更直接的感触，使得他们能够重新审视自己对该职业的看法，从而做出相应的决策，或者改变自己的决定。

（6）“5W”法

“5W”法是一种有效的思考模式。从问自己是谁开始，然后顺着问下去，一直问 5 个问题。自己问自己回答，回答好了这五个问题，你就能找到它们的最高共同点，你就有了自己的职业生涯规划。

第一个问题：“我是谁？”自己进行一次深刻的反思，比较清醒地认识自己的优点和缺点，并一一列出来。

第二个问题：“我想干什么？”检查自己职业发展的心理趋向。每个人在不同阶段的兴趣和目标并不完全一致，有时甚至是完全对立的。但随着年龄和经历的增长而逐渐固定，并最终锁定自己的终身理想。

第三个问题：“我能干什么？”全面总结自己能力与潜力。一个人职业的定位最根本的还要归结于他的能力，而他职业发展空间的大小则取决于自己的潜力。对个人潜力的了解应该从对事的兴趣、做事的韧力、临事的判断力以及知识结构是否全面、是否及时更新等方面去认识。

第四个问题：“环境支持或允许我干什么？”环境支持，客观方面包括本地的经济发展、人事政策、企业制度、职业空间等各种状态，主观方面包括同事关系、领导态度、亲戚关系等，要综合这两方面的因素来看。有时我们在职业选择时常常忽视主观方面的东西，没有将一切有利于自己发展的因素调动起来，从而影响了自己的职业切入点。而在国外通过同事、熟人的引见找到工作是最正常也是最容易的。

第五个问题：“自己最终的职业目标是什么？”明晰了前面四个问题，

就会从各个问题中找到对实现有关职业目标有利和不利的条件，列出不利条件最少的、自己想做而且又能够做的职业目标，那么自然就有了一个清楚明了的框架。最后将自我职业生涯计划列出来，建立形成个人发展计划书档案，通过系统的学习、培训，实现就业理想目标：选择一个什么样的单位，预测自我在单位内的职务提升步骤，个人如何从低到高逐级而上；预测工作范围的变化情况，不同工作对自己的要求及应对措施；预测可能出现的竞争，如何相处与应对，分析自我提高的可靠途径；预测发展过程中出现偏差，如果工作不适应或被解聘，如何改变职业方向。

职业目标训练之二

如何确定自己的目标

1．目标对于成功快乐的生活，为什么那么重要？列出三项理由。

（1）____

（2）____

（3）____

2．假如你还没有设定白纸黑字的目标，与达成此目标的行动计划，以下四个原因是否是你内心的写照：

（1）不了解目标的重要性；（2）不知道如何设定；

（3）害怕被拒绝的恐惧感；（4）对失败的恐惧感。

这些原因中，哪一个是你无法设定目标的最主要的原因？你打算如何处理这些原因？____

3．害怕失败的恐惧感是人们为什么会失败的主要原因，需要把你的害怕具体化， 想出三件你想要达到但是又害怕达不到的事件。

（1）____

（2）____

（3）____

4．你可以从每一个挫折中学习，将失败转换为成功。请列出三项你经历过的曾令你非常沮丧的事情，并至少举出一件你学习到最有价值的经验。

失败的事件	经验
（1）＿＿＿＿＿＿	（1）＿＿＿＿＿＿
（2）＿＿＿＿＿＿	（2）＿＿＿＿＿＿
（3）＿＿＿＿＿＿	（3）＿＿＿＿＿＿

5．每个人都需要了解自己，你确定你了解自己吗？自己喜欢什么，你自己真的清楚吗？

（1）什么样的话题最能吸引你的注意力？当你在逛书店的时候，你会拿起什么样的书来看，你又会忽略什么书？电视上所报道的哪一种资讯你绝对不会错过？

＿＿＿＿＿＿＿＿＿＿＿＿＿＿＿＿＿＿＿＿

（2）你最喜欢做些什么事？

＿＿＿＿＿＿＿＿＿＿＿＿＿＿＿＿＿＿＿＿

（3）你发现自己最能够吸收、接受什么样的事情？

＿＿＿＿＿＿＿＿＿＿＿＿＿＿＿＿＿＿＿＿

6．为目标更加坚定地练习。

现在，回到你所写的目标中，找出一个目标，这个目标是使你能否获得成功中最重要的一个目标：这个目标必须是可以衡量的，是很明确的，是最具体的，这个目标很可能会变成为你的生活宗旨。

行动承诺：以下所做的练习，是为了帮助你看清楚你的目标，并集中注意力在你的生活宗旨上。最好你能够每一个月做一次这个练习，直到你能立刻回答每一个问题为止，这些问题是：

（1）在你生活中，你认为哪五件事情最有价值？

（2）在你的生活中，有哪三个最重要的目标？

（3）假如你只有6个月的生命，你会如何运用这6个月？

（4）假如你立刻成为百万富翁，在哪些事情上你的做法会和今天不一样？

（5）有哪些事是你一直想做，但却不敢尝试去做的？

（6）在生活中，有哪些活动你觉得最重要？

（7）假如你确定自己不会失败，你会敢于梦想哪一件事？

案例 4-3

职业生涯规划助你成长

李明亮毕业于机械工程专业，今年 26 岁，3 年的职业生涯中他已经换了六份工作，并且每份工作的时间都呈递减趋势。第一份工作做的最长，在一家日资企业做工程师，干了一年两个月；第二份工作是一家民营企业的技术员，做了七个月；而今年的九个月内，他走马观灯似的做了四份工作，做过市场推广、计算机程序员、工厂电工，最后一份工作仅一个月就辞掉了。现在又回到他已非常熟悉的人才市场，重复习以为常的动作：投简历、面试、再投简历、再面试……他感到非常苦恼和迷茫：不知道自己究竟适合什么职业？他感到自己迫切需要做一个全面的职业规划，不然的话，只是虚度青春。于是他拨通了职业顾问的电话。

点评

求职者找不到自己的位置，没有自己的生命坐标系，也没有心中的罗盘、生活没有重心。没有目标当然也就没有方向、没有动力、没有追求、没有激情 、没有信心，最后只会意志消沉，得过且过，混个文凭了事。

目标是工具，它赋予我们把握自己命运的方法；目标是方向，他把我们引向充满希望和机会之途。若能按照梦想的方向，充满信心地前进，并竭力去过属于自己所憧憬的生活，便能获得出乎意料的成功……追求目标的真正目的，乃是让你在这个过程中塑造自己，看看最后变成一个什么样的人！

目标设定者要切合自己实际情况来制定目标，根本上这还是一个“自知”，即认识自己的过程。禅宗讲“明心见性”，老子讲“自知者明”。很多人对自己的能力和特长从不去分析，也不去发现和挖掘，甚至自贬和自卑，这当然是愚蠢的。目标设定的本身是具有完整性、清楚性和合理性的。设立的目标太大，令人望而却步，容易在追求目标的过程中丧失冲劲而无法坚持到底；目标太小，投入很多精力和时间达到一个很容易的目的，也不能充分发挥自己的潜能，提高自我。

模块十一 时间管理

一、模块目标

1．了解职业生涯规划中时间管理的价值及基本概念。

2．了解时间管理的要素、基本方法及基本原则。

3．了解时间管理在高职三年中的实际运用。

二、模块内容

主题 1：时间管理的概念

教学目标：了解职业生涯规划中时间管理的价值及基本概念。

主题 2：时间管理的要素

教学目标：了解时间管理的要素、基本方法及基本原则，掌握时间管理在高职三年中的实际运用。

主题 1 时间管理的概念

案例 4-4

学会管理时间是走向成功的第一步

张萍和刘芳是高中同学，2005 年一起考进了浙江某高职院校。张萍在入校的时候，就想过自己三年后的出路，她觉得自己不属于那种能静下心来做学问的，而且自己也想进入外资企业工作。于是，高职三年，她一步步坚定地朝着自己的目标努力，合理安排课内外时间，认真对待各门专业课程，平时的成绩保持在优秀之列，并多次获得学校奖学金。针对外企对语言要求较高的特点，她重点强化了自己在英语方面的能力：前两年认认真真地考完了四、六级之后，并取得了高级口译证书，使得自己具备了英语流畅交流的能力。课余时间，参加班级、社团的一些活动，并利用暑假期间找了两家不错的外资公司实习，积累一些待人接物的经验，并借此更加了解了外企工作的特性和他们对于人才的一些要求。2008年6月，她如愿以偿地被一家外资银行聘用。这三年她觉得自己过得很充实，在同学眼里她是相当成功的。其实她的成功并不意外，是她朝着目标脚踏实地努力的结果，是有效进行大学三年的时间管理的结果，也是她合理规划意料中的结果。

相比之下，刘芳同学的三年过得就不那么“成功”了。进入大学，她就觉得高职生活比高中的生活开心很多，于是十分得意地享受起高职生活。对于未来，她认为不需要想得太多，到时总会有出路。于是她在三年中，完全根据自己的兴趣来安排大学学习生活，上网、游泳、溜冰，日子看上去过得十分悠闲，但却没有目标可言。在专业、外语、实习等方面她也完全是顺其自然，也不多花时间和精力，认为能过得去就行，更谈不上管理自己的时间。最终在大三毕业时，她开始郁闷：专升本因为基础太差考上的概率很小，找工作吧，许多公司往往是面试了一两次就没有了回音，有时投了简历就像石沉大海，直到大三临近结束仍未找到工作。刘芳在感叹自己运气不好时，常常说：“要是在学习上多花点时间，成绩说不定会再好点，能拿过一次奖学金就好了；要是我英语再好点，能在面试时和面试官侃侃而谈就好了；要是我有在大公司实习经历，能力再强一点就好了，这样我的工作就不会至今没有着落！”然而，这些都只是假如而已，“逝者如斯”，过去的难以追回，没有规划、没有好好管理自己的大学时光而带来的结果只能自己去接受。

点评

同样的大学环境，却造就了两种不同的结果。以上案例告诉我们，大学时做生涯规划是必需而又重要的，不要总认为未来是个未知数，日子永远过得浑浑噩噩，没有目标，没有追求，到了临近毕业才恍然大悟，发现自己已经浪费了大好时光，美好岁月一去不复返。到时再想重新认识自己，寻找适合自己的出路，恐怕已经为时太晚了。时间对于每个人来说都是宝贵的，对于高职生来讲也不例外。当代的高职生，学习内容越来越广泛，信息量越来越大，课余生活越来越丰富多彩，能否珍惜这段大学时光，充分利用好时间，几乎就决定了你高职生活的成败，而能否在大学里培养出管理时间的本领，也在很大程度上决定了你将来能否适应快节奏的社会生活并取得事业的成功和人生的幸福。因此，学会管理时间就成为你在大学要掌握的重要技能。

一、时间管理的基本概念

1. 时间的本质

时间看不见、摸不着，是物质运动的顺序性和持续性，其特点是一维性，是一种特殊的资源。时间具有如下特性：

（1）不可回溯。时光的隧道是单向的——只有前进，没有后退，昨天过完是今天，接着是明天，逝去的永远不会再回头，一切都将成为历史，不像空间，到过的地方可以“旧地重游”。

（2）不能买卖。一般人都认为时间是公平的、免费的，每天清晨只要张开眼睛，一天24小时就摆在眼前，不需花钱就能到手，所以大多数人认为时间没有什么了不起。它不能买、不能卖、不能租、不能借，不论是富翁还是乞丐都不能改变这个事实。

（3）无法暂停。我们毫无选择的余地，被迫以每天24小时固定的速率消耗它，时间一过，一切都将成为往事。我们无法像操纵机器一样操纵它，决定何时“开”，何时“关”。没有人能阻挡它前进，它更不会像火车到站一样，为了让旅客上下车而暂停。

（4）毫无供给弹性。时间的供给量是固定不变的，在任何情况下不会增加，也不会减少，每天都是 24 小时，所以我们无法开源。

（5）无法积累。时间不像人力、财力、物力和技术那样可以被积蓄储藏。不论愿不愿意，我们都必须消费时间，所以我们无法节流。

（6）无法取代。任何一项活动都有赖于时间的堆砌。这就是说，时间是任何活动所不可缺少的基本资源，因此时间是无法取代的。

（7）无法失而复得。时间无法像失物一样失而复得。它一旦丧失，则会永远丧失。花费了金钱，尚可赚回，但倘若挥霍了时间，任何人都无力挽回。

补充资料

算算时间的价值

每个人的平均寿命大概 74 岁，大约 27 000 天。当他走出学校开始工作的时候，就过去二十多年的时间了，退休以后的二十多年，算是“多余的时间”。所以，我们大有作为的时间便是中间的 30 多年，即 1 万多天。而在这段时间里，我们又将有休息、生病、放假等，剩下来真正工作的日子，只有七八千天，甚至还不到。

如果你今年的目标是赚 12 万元，那你一个月应赚 1 万元。如果你一个月工作 22 天，每天工作 8 小时的话，那就是 176 个小时，也就是说 176 小时赚 1 万元。换句话就是 1 小时赚 56.8 元。如果你今天浪费了 4 小时，你就浪费了 227 元，每浪费 1 小时你就会损失 56.8 元。

2. 时间管理的含义

时间管理的含义就是指在同样的时间消耗情况下，为提高时间的利用率和有效性而进行的一系列的控制活动。应用现代科学技术的管理方法对时间的耗费进行预测、预控、计划、实施、检查、总结、评价及反馈等程序，以克服时间浪费，达到既有效率又有效果，既合理又经济地完成预期的目标。

所谓时间的浪费，指对实现目标毫无贡献或较少贡献的时间消耗。“时间管理”所探索的是如何克服时间浪费，以便有效地完成既定目标。

时间管理实际上就是自我管理，它针对自己在时间管理上的种种困难，通过详尽的检讨，进而了解如何运用有效方式提升自己的工作和学习效率。时间管理的重点不在于如何管理自己的时间，而在于从如何善用时间的角度来管理自己，自我管理才是时间管理的核心任务。

时间管理学者杰克·费纳对时间管理的定义是，有效地应用时间这种资源，以便我们有效地达成个人的重要目标。需要注意的是，时间管理本身永远也不应该成为一个目标，它只是一个短期内使用的工具。一旦形成习惯，它就会永远帮助你。一个人之所以成功，时间管理是非常重要的关键因素。如果我们想要成功，就必须把我们的时间管理工作做得更好。

综上所述，时间管理就是自我管理，就是事前的规划或者长期的计划；自我管理即是改变个人习惯，以令自己更富绩效，更富效能。研究造成时间浪费的所有因素，改掉浪费时间的恶习，这些都是成功者必备的武器。高职生应该在读书期间学会或者养成管理自己时间的习惯。

高职生时间管理的关键就是事件的控制，即把每一件事情都能够控制得很好。时间管理是日常事务中执行的一种有目标的、可靠的工作技巧。例如，如何安排你的生活，怎样去规划你的学习或工作的步骤，关键是合理有效地利用可以支配的时间。

3. 时间管理的内容

（1）决定时间的耗费标准，选定目标，制订计划。

（2）实施分割与集中的方法来增加自由时间，进行合理消耗。

（3）总结自己的时间消耗情况，诊断自己的时间利用状况，找出浪费时间的活动并消除之。

（4）应用现代系统科学和定量方法来控制自己的时间。

（5）应用各种技巧和方法来节约自己的时间。

高职生时间管理的核心在于如何合理地安排时间来完成既定的目标。无论做什么事情，在时间的选择上都有一个最佳点。把本应该昨天做的事情放到今天来做是失时，失时的后果往往是坐失良机。高职生应合理地利用时间。高职院校课程安排相对比较灵活，高职生首先应该合理地安排好作息时间。曾经有一份调查显示：人在早晨五点和晚上九点左右记忆力相对较好。高职生可以根据人的生理规律及个人的实际情况安排适合自己的学习时间，这样不仅有助于身体健康，而且能够大大提高学习效率。其次，要安排好学习与参加活动的时间比例。高职生活是丰富多彩的，除了学习任务外，学校里开展了各种形式的活动来促进学生的全面发展，高职生应该在管理自己学习的基础上，依据个人的兴趣爱好参加课外活动，合理地利用时间，促进自身的发展。

高职生时间管理的目的在于提高工作效率、学习效率，既要抓紧时间、合理利用，又要在单位时间内取得更多的工作成果和学习成果。学习是学生的本职，因此，高职生的时间管理内容主要包括：学习时间的管理，即大学三年上课时间、自习时间、交流时间和课外学习时间等；工作时间的管理，如班、团干部、社会实践实习等；此外还有生活时间管理、休闲时间管理等。高职生应该有效地使用时间，做好手边的事。哲学家卡莱里在一本启蒙读物中这样写道："最重要的就是不要去看远方模糊的，而要做手边最具体的事情。"的确，一个人无论有多么远大的理想，都需要一步步实现；无论多么浩大的工程，都要一砖一瓦垒起来。高职生应该充分重视并做好手边的事情。读书、看报、参加活动，这些看似小事，但是每一件都是理想大厦的一砖一瓦。

案例 4-5

王熙凤的时间管理

时间意识是王熙凤管理的一大特色。王熙凤一到宁国府就明确提出时间管理的要求。因此，当王熙凤第一天"卯正二刻"正式到宁国府点卯，那宁国府中婆娘媳妇闻得到齐，她们的生物钟仿佛一下子就被王熙凤调整过来了。王熙凤对宁国府的人说："素日跟我的人，随身自有钟表，不论大小事，我是皆有一定的时辰。横竖你们上房里也有时辰钟。"为了彻底扭转宁国府纪律涣散的颓风，王熙凤每天亲自点名，狠抓劳动纪律。

有一天，王熙凤按名查点，各项人数都已到齐，只有迎送亲客上的一人未到。即命传到，那人已羞愧恐惧，百般求饶。王熙凤说道："本来要饶你，只是我头一次宽了，下次人就难管。不如现开发的好。"登时放下脸来，喝命："带出去，打二十板子！"一面又掷下宁国府对牌，"出去说与来升，革她一月银米！"这时人们才真正知道凤姐厉害。众人不敢偷闲，自此兢兢业业，执事保全。当然，王熙凤谙熟恩威并施的管理之道。她一方面强调纪律，严格执法，同时也不忘让大家有个奔头。她鼓励大家说："咱们大家辛苦这几日罢，事完了，你们家大爷自然赏你们。"

二、时间管理理论的发展阶段

1. 第一代时间管理理论

第一代时间管理理论基本是备忘录型。一方面顺其自然，另一方面也会追踪时间的安排。备忘录型管理的特色就是写纸条，这种备忘录可以随身携带，忘了就将它拿出来翻一下。如果今天一天完成了大部分的事情，就可以在备忘录上删掉；否则，就要增列到明天的备忘录上。这就是第一代时间管理，叫做备忘录的时间管理。这种时间管理理论的优点是，当重要的事情变化时的应变力很强，是顺应事实的，没有压力，或者压力比较小。备忘录型的管理便于追踪那些待办事项，但备忘录管理没有严整的组织架构，比较随意，所以往往会漏掉一些事情。忽略了整体性的组织规划，有时候会面临一种好像在应付状况或者应付一些工作上的事情，这是第一代时间管理的缺点。

2. 第二代时间管理理论

第二代时间管理理论强调的是规划与准备，特色是记事簿，特点是制定时间表、记录应该做的事情、表明应该完成的期限、注明开会的日期等。这种管理模式的优点是追踪约会以及应该做的事情，通过制定的目标而规划完成的事情达成率比较高，缺点是容易产生凡事都要安排的习惯，而找不到思考的空间。

3. 第三代时间管理理论

第三代时间管理理论主旨是规划、制定优先顺序。这一代的管理理论强调的是价值，制定长中短期的目标以期实现一种价值观。因此它的特色就是将每天活动写在纸上或者输入计算机，仔细地规划各式各样的规划表或者组织表，以提高工作和生活效率。

该时间管理理论的优点是比较强调价值观，以价值为依据，或者以价值为导向。它能够发挥长期、中期或者短期目标的效果，也能通过每天的规划、安排优先的顺序，提高生产力；它的效率比较高，井然有序。其缺点表现在忽略了自然法则，缺乏远见。因为它以价值为导向，所以在安排上往往会有些疏忽，其实价值观未必是自然法则。

4. 第四代时间管理理论

第四代时间管理理论是强调一切以自然法则为中心的罗盘理论。这种管理法超越传统上追求更快、更好、更具有效率的观念。它不是换一个时钟，而是提供一个罗盘，因为人走得多快是一回事，方向对才是最重要的。怎么走，不是求快，而是怎么向未来的目标接近。这种管理理论强调的是第一天的行动、每一个时段的行动都要与未来的目标很接近，所以它强调的是一种方向，也叫做正北理论。关于时间管理的理论也有一个不断演化、不断发展的进程，如表 4-2 所示。

表 4-2　时间管理的理论演变

时间管理理论	主要特点	优点	缺点
第一代时间管理理论	属于备忘录型，在忙碌中调配时间与精力	应变能力很强，压力小	随意，忽略整体规划
第二代时间管理理论	属于记事簿规划与准备	追踪约会事件，达成率比较高	产生安排的习惯
第三代时间管理理论	强调价值规划，制定优先顺序	以价值为导向提高效率	忽略了自然法则，缺乏远见

续表

时间管理理论	主要特点	优点	缺点
第四代时间管理理论	属于自然法则和罗盘理论，强调个人管理	效率方向正确	

主题2　时间管理的要素

案例4-6

某高职院校一年级学生的高职生活规划

1. 高职一年级阶段目标：充实高职生活，了解职业状况

实施方案：首先，要转变由高中生到高职生的角色，重新确定自己的学习目标和要求。其次，要开始接触职业和职业生涯的概念，特别要重点了解自己未来所希望从事的职业或与自己所学专业对口的职业，进行初步的职业生涯设计；熟悉环境，建立新的人际关系，提高交际沟通能力，在职业探知方面可以向高年级学生尤其是大三的毕业生询问就业情况；积极参加各种各样的社团活动，增加交流技巧；在学习方面，要巩固专业基础知识，加强英语、计算机能力的学习，掌握现代职业人所应具备的最基本技能；如果有必要，为可能的转专业、专升本、留学计划做好资料收集及课程准备，多利用学生手册，为将来的就业选择打下良好的基础。

2. 高职二年级阶段目标：初步确定毕业方向以及相应能力与素质的培养

实施方案：认识自己的需要和兴趣，确定自己的价值观、动机和抱负。考虑未来的毕业方向（深造或就业），以提高自身的基本素质为主，通过参加学生会或社团等组织，培养和锻炼自己的领导组织能力、团队协作精神，同时检验自己的知识技能；可以开始尝试兼职、社会实践活

动，并要坚持，最好能在课余时间长时间从事与自己未来职业或本专业有关的工作，提高自己的责任感、主动性和受挫能力，并从不断的总结分析中得到职业的经验；增强英语口语和计算机应用的能力，通过英语和计算机的相关证书考试，并开始有选择地辅修其他专业的知识以充实自己。

3. 高职三年级第一学期阶段目标：掌握求职技能，为择业做好准备

实施方案：在加强专业知识学习的同时，考取与目标职业有关的职业资格证书或通过相应的职业技能鉴定。因为临近毕业，所以目标应锁定在提高求职技能、搜集公司的信息上。参加和专业有关的暑期工作，和同学交流求职工作心得体会，学习写简历、求职信等求职技巧，了解搜集就业信息的渠道，如果有机会要积极尝试。加入校友网络，向已经毕业的校友了解往年的求职情况；如果决定专升本，也要做好复习准备；希望出国留学的学生，可多接触留学顾问，参与留学系列活动，注意留学考试资讯，向相关教育部门索取简章参考。

4. 高职三年级第二学期阶段目标：成功就业

实施方案：这个阶段高职生的毕业方向已经确定，大部分学生的目标应该锁定在工作申请及成功就业上。这时，可先对前二年多的准备做一个总结：首先检验自己已确立的职业目标是否明确，前二年多的准备是否已充分；然后，开始毕业后工作的准备，积极参加招聘活动，在实践中校验自己的积累和准备；最后，预习或模拟面试。积极利用学校提供的条件，了解就业指导中心提供的用人公司资料信息、强化求职技巧、进行模拟面试等训练，尽可能地在做出较为充分准备的情况下进行施展演练。在撰写毕业论文时，可大胆提出自己的见解，锻炼自己的独立解决问题的能力和创造性。另外，要重视实习机会，通过实习从宏观上了解单位的工作方式、运转模式、工作流程，从微观上明确个人在岗位上的职责要求及规范，为正式走上工作岗位奠定良好基础。

点评

高职生活规划有两个重要目标，即度过充实的高职生话和顺利就业，

学习专业知识、提高实践技能是充实高职生活的应有内容，也是顺利就业的有效保障。所以，制定高职生活规划，就是要将我们的未来融入现在，保持学习和实践的针对性和连贯性。本案例中的规划很好地融合了以上所述的两个方面。

对追求事业成就的人而言，时间永远不够用。在高职有限的几年学习时间里，如何合理规划、科学利用自己的时间，做到学有所获、玩有所得，是高职生们值得认真思考的一个重要问题。下面介绍3个时间管理的原则。

1. 80/20 原则

高职生应该把精力用在最见成效的地方。80/20 原则是由意大利经济学家巴莱多发现的，因此也叫做巴莱多定律。

花 80%的时间、精力和资金做 20%的最有价值的事情。

花 80%的时间、精力和资金学习 20%的最有用的知识和技能。

花 80%的时间、精力和资金建立和不断维护 20%的最优质的人际关系。

用 80%的时间、精力照顾好能给你带来 80%销售额的 20%的优质客户。

用 80%的时间、精力学习能给你产生 80%的效果的 20%的知识和技能。

……

80%最佳效果的工作来自 20%的时间，20%较为次要的工作花去 80%的时间，去寻找用 20%的努力就可得到 80%的效果的领域。

举例说明：

80%的销售额是源自 20%的顾客。

80%的电话是来自 20%的朋友。

80%的总产量来自 20%的产品。

80%的财富集中在 20%的人手中。

80%的票房是由 20%的影片创造的。

……

我们要集中精力解决少数重要问题，而不是解决所有问题，同时要统筹管理时间。一是要善于统筹学习和社会活动的时间。一年级把握在

7∶3，二年级为 8∶2，三年级为 6∶4。二是要善于统筹各门课程所占用的时间。难学的课程多用时间，保证“过关”。三是善于集中自己零用的时间，做一些生活中的必需之事。注意合理利用时间还包括路线设计的合理，不走冤枉路等。

2. SMART 原则

（1）具体的（Specific）

有人说：“我将来要做一个伟大的人”，“我将来要成为一个成功人士”，“我将来要赚很多很多的钱”……这些都是不具体的目标。目标一定要是具体的，比如你想把英文学好，那么你就制定一个目标：每天一定要背十个单词、一篇文章，等等。 建议制定一个比较详尽的大学期间的目标规划。这个规划由三个部分组成：总目标、分目标和行动规划。总目标是毕业时所要达到的目标，分目标是大学期间每一个时期应达到的目标，然后做出具体的行动计划。

（2）可衡量的（Measurable）

任何一个目标都应有可以用来衡量目标完成情况的标准，你的目标越明确，就能提供给你越多的指引。比如你毕业时找工作，先要在心里有个底：哪一行？具体岗位？省内还是省外？基本薪资？其他待遇？工作条件？发展前景？有了这些明确的标准，你才有可能顺利地找到你梦寐以求的好工作。

（3）可达到的（Attainable）

目标如果定得太低，没有挑战性，不能激发潜能，就没有任何意义；如果定得太高，往往会中途流产。有句话说得好：“目标只要踮点脚尖就能够得着，就是合理的；如果不用踮脚尖就能够到，那就没有挑战性；跳起来都够不到，那就不是目标。”不能达到的目标只能说是幻想、白日做梦。

（4）相关的（Relevant）

目标的制定应考虑和自己的生活、工作有一定的相关性。比如一个高职生，整天考虑的不是怎样把学习搞好，却一心做着“超女”梦，又不肯努力奋斗，在一天一天消耗中丧失学习能力，不思进取，不努力提高自身水平，最终将会被社会遗弃。

（5）有明确的时间限制（Time-based）

任何一个目标的设定都应该考虑时间的限定，比如你说："我一定要拿到律师资格证书。"还有人说："我一定要拿到思科网络认证。"目标应该很明确了，只是不知是在一年或两年内完成，还是十年后才完成？你是不是总是在拖延，将要做的事情一拖再拖？

3. 优先原则

根据事情的重要和紧急程度的不同，可以划分成四种类型。

	紧急	不紧急
重要	✧ 危机 ✧ 急迫的问题 ✧ 有限期的任务，会议，准备事项 ✧ 考试	✧ 平时的学习 ✧ 准备及预防工作 ✧ 计划 ✧ 关系的建立
不重要	✧ 干扰，一些电话 ✧ 一些会议 ✧ 一些紧急事件 ✧ 凑热闹的活动	✧ 细琐的工作 ✧ 浪费时间的闲聊 ✧ 无关紧要的信件 ✧ 看太多的电视

① 既重要又紧急的事情，诸如完成马上要交付的工作、临考前的学习等。这是考验我们的经验和判断力的时刻，也是可以用心耕耘的田园。

② 紧急但不重要的事情，表面看似重要而紧急的事情，因为迫切会让我们产生"这件事很重要"的错觉——实际上就算重要也是对别人而言。电话、会议、朋友邀玩都属于这一类。我们花很多时间在这个里面打转，自以为是重要而紧急事情，其实不过是在满足别人的期望与标准。

③ 重要但不紧急的事情，主要是与生活品质有关，包括平时的学习、工作等。荒废这个领域将使重要而紧急的事情日益增多，使我们陷入更大的压力，在危机中疲于应付。反之，多投入一些时间在这个领域有利于提高实践能力，减少重要而紧急的事情。要做好事先的规划、准备与预防措

施，防患于未然，很多急事将无从产生。这个领域的事情暂时不会对我们造成压力和迫切感，所以必须主动去做，这是发挥个人领导力的领域。

④ 既不重要又不紧急的事情，简而言之就是浪费生命，所以根本不值得花半点时间在这上面。但有时候却需要劳逸结合。这类事情倒不见得都是休闲活动，因为真正有创造意义的休闲活动是很有价值的。然而像阅读令人上瘾的无聊小说、毫无内容的电视节目、办公室聊天、上网玩游戏等，这样的休息不但不是为了走更长的路，反而是对身心的毁损，刚开始时也许有滋有味，到后来你就会发现其实是很空虚的。

综上所述，我们要善于把握事情的重要性和紧急性的关系，把时间用在重要的事情上，远离琐碎杂事。“重要的事情”是和你的目标关系紧密的事情。建议：既紧急又重要的事情抓紧做，如学期考试、英语计算机过级考试、专升本等；虽然紧急但并不重要的事情少做，如打扑克、老乡聚会等；既不紧急也不重要的事情不做，如看电视、网络游戏等；虽不紧急但很重要的事情坚持做，如体育锻炼、考研知识的积累、外语水平和社交能力的提升等。

思考

现在你不妨回顾一下上周的生活与学习，你在哪些事务上花的时间最多？

补充资料

时间管理五要诀

时间是最稀有的资源，如果时间管理不好，其他事物一定也管不好。

——彼得·杜拉克

在异常繁忙的工作中，许多人都没有足够的时间把每件该他做的事做好。想要重新掌握对时间的主控权，请注意：

✧ 每半小时登记时间，以便记录及分析自己运用时间的现况。

✧ 腾出一段时间不受干扰，以便完成重要任务。

✧ 建立自己学习生活的优先顺序。

✧ 优先从重要的事情开始做。
✧ 学习有效地授权。

主题3 时间管理的注意事项

时间就像海绵里的水，只要愿挤，总还是有的。

——鲁迅

一、掌握时间管理理论

掌握时间管理理论，也就是如何进行时间管理的问题。对于如何进行时间管理，可谓“仁者见仁，智者见智”。不过归纳起来，最常见的无非有以下几种：

1. “备忘录”法

这种方法简言之，就是写纸条。这种备忘录可以随身携带，忘了就把它拿出来翻一下。当一天的工作结束后，做完的事情就在备忘录上画掉，没完成的就增列到明天的备忘录上。

2. “规划与防备”法

这种方法的具体操作方式是，使用记事簿来做好时间规划。在记事簿上制定时间表，记录应该做的事情，标明应该完成的期限，例如注明开会的日期等。

3. “制定优先顺序”法

这种方法就是将每天的活动写在纸上或者输入计算机，详细地制定出规划表或组织表。该方法主要强调的是提高学习效率和工作效率。

4. “一切行动以未来目标为中心”法

这种方法强调的是超越传统，追求更快、更好、更有效率的观念。

它不是“换一个时钟”的问题，而是要确定一个目标。因为走得快并不重要，走得快有可能走了很多弯路，方向正确才是最重要的。怎么走，不是盲目求快，而是如何向未来的目标靠近。换句话说，就是每一天的行动，每一个时段的行动，都要向未来的目标慢慢靠拢。

下面让我们来看一个故事，从故事中的主人公身上，或许你也能学到一些时间管理的方法。

张先生是一家公司的主管，他看上去总是有很充足的时间，从不把工作带回家。别人向他请教秘诀，他说，以前他也曾被时间不够用的问题搞得焦头烂额，不知道该怎样有效地利用时间。后来他读了一些与时间有关的书籍，并试着将一些管理时间的方法在工作中加以应用，结果情形渐渐好转起来。张先生根据切身体会，认为以下四点很重要：

第一，要提前进行准备。将自己的目标列出来，并制定可能实现目标的方法。

他说，做一件事之前应该学会进行准备，以免临时抱佛脚。有一次，我要在规定的日期向上级递交汇报单，我没有等到上级下达通知后才开始操作，而是在此之前就已经着手准备了。

第二，确定优先顺序，统筹安排，这是一种巧妙地利用时间的艺术，可以提高办事效率。有一次，我既想打开电脑看看文件，又想削个苹果。为了尽快完成这两件事，我是这样做的：先打开主机开关，在电脑启动过程中，抓紧时间削苹果，这样一来，当电脑界面呈现在我眼前时，我的苹果也已经削完了，可以边吃苹果边看文件。

第三，借人之力达到目的。身为主管，我并不凡事都亲自上阵，有些事情我会依赖员工去完成。同时，加强对人员的培训工作，使他们能够迅速胜任工作。

第四，使用那些对个人有用的技能。比如，我不一定每天都列一张待办事件清单，因为我每天工作是日常性的。但当事件有堆积现象时，我会列一张清单，进行严格的规划分类，然后从上往下逐步实施。

二、时间管理的基本方法

1. 80/20 法

这是经济学中的巴莱多理论，意思是说，在工作或生活上可能有一现象，就是少数的几桩事却成就了大部分的价值。如果我们能管理好这少数的几桩事，就掌握了大部分的利益；反之，如果不善管理，忙着处理 80%的事情，到头来可能发现这些效益不过只占 20%而已。所以，做事做重点，成为重要的时间管理要诀。

什么才是重点？比如对一个公司来说，你整理一下工作的资料，可能发现公司 80%的业务来自 20%的客户，80%可以用的资料集中在 20%的档案中，80%出去吃饭的时候我们都去那 20%的餐厅，80%的电话来自认识的 20%的人。因此，掌握这些 20%就是掌握关键。例如你的工作有十几二十项，但关键的工作可能只有三四项。时间管理就是掌握关键工作，掌握关键人物，参与关键活动，会让你少花时间得大功效。

2. 象限法

究竟什么占据了人们的时间？这是一个经常令人困惑的问题。著名管理学家科维提出了一个时间管理的理论，把工作按照重要和紧急两个不同的维度进行了划分，基本上可以分为四个象限：既紧急又重要（如学习任务、英语考级等）、重要但不紧急（如建立人际关系、新的机会等）、紧急但不重要（如电话铃声、不速之客进入等）、既不紧急也不重要（如客套的闲谈、无聊的信件、个人的爱好等）。时间管理理论的一个重要观念是，应把主要的精力和时间集中地放在处理那些重要但不紧急的学习和工作上，这样可以做到未雨绸缪，防患于未然。在日常生活和工作中，人们很多时候往往有机会去很好地计划和完成一件事，但常常却又没有及时地去做，随着时间的推移，造成学习和工作质量的下降。因此，应把主要的精力有重点地放在重要但不紧急这个象限的事务上。然而做到这些，需要很好地安排时间。

3. 一周观点法

把时间从每天观点改为一周观点，这样时间变多，调配的弹性加大，可以同时兼顾急迫性和长期性。有些事无法每天做但可以一星期做一次或两次，长期下来会累积出相当好的成果，不会有好几天没做就有借口不做的理由，尤其是重要的事情。

4. 集中处理法

把类似的事情或顺道可以完成的事情集中处理，把同类别的档案资料集中放在一起，方便集中阅读或存取，可以节省许多时间。

5. 角色平衡法

每个人身上可能会有好几个角色，让这些角色利用时间保持动态的平衡。有一种迷失认为角色越多，时间越不够分配，一益则一损，这是因为把角色之间看成是冲突的、竞争的、分割的。其实各种角色是一个整体的不同面，就好像一个活的生态系统，生活的均衡不是靠穿梭在各角色之间，而是一种动态的平衡，使各角色之间的关系是双赢的，彼此共同组合成紧密的整体，一个角色的成功无补于另一个角色的失败，事业成功不能弥补家庭的失败。

《大学》里有一句话是这样说的，“物有本末，事有始终，知所先后，则近道矣”。希望高职生们都能掌握抓住时间、利用时间的金钥匙，度过欢乐、美好、充实的大学时光。

让我们先来看一位大忙人的告白：

因为我们不知道，
究竟什么对我们最重要，
所以每件事好像都很重要。
因为每件事好像都很重要，
所以我们不得不每件事都做。

有些人知道我们每件事都做，
所以，他们期望我们什么都做。
每件事都做让我们非常忙碌，
所以我们没有时间去思考，
究竟什么对我们最重要。

时间是世界上最充分的资源，每天我们有 24 小时，每小时有 60 分钟，每分钟有 60 秒，总计就是 8.64 万秒。上天非常公平，每个人都有 24 小时的一天，为什么有人成功，有人失败？其实成功和失败的分水岭可以用五个字来表达——“我没有时间”。

案例 4–7

张秘书的一天

张小姐是一家公司的行政秘书，人勤奋、关心下属、听从上司，但是每天工作之后她却感到自己这一天无所事事，自己的许多理想、宏图大志等都只有在梦中实现，心中常常产生懊恼之情，没有时间多读书、没有时间尝试新的事，一天到晚忙的不是地方。让我们来看看她一天的活动：

8：30 经理打电话让张小姐去商谈下周公司承办行业会议事宜，中间经理接听电话、有客人来访等使他们的谈话一直延续到 10：00。

10：00 准备布置保洁员工作，又有电话打来询问有关订购鲜花的问题，给予解释到 10：20。

10：20 准备起草会议通知，中间不断有其他同事进来聊天，张小姐的思路和时间被分割和耽误，会议通知一直写到 11：30。

11：30 阅读文件、各类报告、建议书等，到 12：00 还有一部分没有过目。

中午匆匆吃过饭，看了一会儿报纸，与同事聊了一会儿天，猛然想起经理主持的会议安排还没有写好，明天就要上交，于是赶紧冲进办公室。

14：00 与公司采购人员商谈购买会议纪念品的事宜，但终究不放心，张小姐还是和采购员一同到商场去选购。此项工作又占去 2 个半小时时间。

16：30 刚要写自己明天要提交给经理的会议报告，仍又有一名同事进来借一份文件，同时聊了一会儿个人的私事和公司最近的传闻，一直持续到将近 17：00。

同事走后，张小姐一看马上就要到下班时间了，已经没有时间来完成报告，只好挟着自己未写完的报告和需要处理的文件回家，看样子晚上又得加班到午夜了。

点评

仔细分析一下，张小姐的时间为什么不够用，她真的没有足够的时间吗？是她在不自觉地把时间浪费掉了呢，还是一些她不能够控制的因素挤占了她宝贵的时间呢？她把时间究竟浪费在哪里了呢？

小测试一

下面用最简单的办法测试你是否浪费时间，你只需回答“是”或“否”。

（1）你是否作息没有规律？

（2）你是否经常感觉很无聊？

（3）你时常在学习时被打断吗？

（4）你经常长时间不看书吗？

（5）你是否经常上网到深夜？

（6）你每天是否有具体学习和工作安排？

（7）你是否每天总结归纳当天所做的事情？

（8）你感到很少花时间去做你想做的事吗？

（9）你是否没有短期、中期和长期的学习计划？

（10）当你休假了一段时间，你是否没什么感觉？

（11）你觉得找借口拖延你不喜欢做的事容易吗？

（12）在近一个月里，你是否缺席了一些重要的课程？

（13）如果你没有完成你所希望做的任务，你有没有紧迫感？

（14）即使没有出现严重问题，你也经常感到学习有很多压力？

（15）你是否沉醉于过去的成功或失败之中而没有着眼于未来？

（16）你是否常忙于解决一些琐碎的事而没有去做与个人长期目标一致的大事？

结果分析

（1）12～16 个“是”：要命，你再这样浪费时间的话，你一定后悔终生。

（2）8～12 个“是”：当心，你需要重新审视你的时间安排。

（3）4～8 个“是”：可以，方向正确，但需要提升。

（4）0～4 个“是”：恭喜，坚持并保持你的方法。

三、时间管理的技巧

时间管理意味着掌握自己的工作与时间，而不是由他人来支配。只有通过有意识的、持续的、坚持不懈的时间管理，才能更好地或者更理想地运用宝贵而有限的时间。

古人云：“一寸光阴一寸金，寸金难买寸光阴。”对于生命来说，时间是无情的，“如果说空间总是那么不公正，那么，时间是相当公正的”。每天 24 小时对于每个人都是一样的，没有任何差别。所不同的是，在相同的时间里，每个人创造的价值、存在的意义是不一样的。高职生拥有更多自由支配的时间，正确地把握时间，对于高职生在校的学习生活及未来的发展都是十分重要的。因此，如何在有限的时间内创造出更多的价值，是高职生在自我管理中应当认真思考的。这里，重点强调的是高职生要合理地利用时间、有效地使用时间。

1．设立明确的目标，制订合理的计划

成功等于目标，时间管理的目的是让你在最短时间内实现更多你想要实现的目标。如果要使生活获得成功，就要有一份时间与生活计划：我们用以支配的时间，必须要有意识地投入到实现职业和个人目标中去。

只有这样，每天的工作与活动才能完成，才能取得令人满意的结果，才能实现自己的目标。

在正式开始你的职业生涯之前，你必须确定你在生活的每一个领域要达到什么样的目标。你对自己要实现的目标非常明确，并且对实现这一目标必须完成的事情把握清晰，你就有足够的能力去克服各种干扰和障碍，也就越容易着手完成任务。

要制定能够指引我们走向成功的目标。首先，你必须了解自己想要做什么，也就是你的愿望。或许我们每个人都在穷尽一生去思索这样的问题："这一生我到底想要什么?"其次，你必须了解自己能够做什么。每个人对自己的目标定位，包括工作、生活等诸方面，主要由当时的个人心态所左右。从个人能力的发挥与个人心态的关系角度分析，可以把个人的能力大致分为三种：低能力、中能力和高能力。这三种人中，每一部分人对自己的心理定位也有三类：第一类是他的定位比自己能力高；第二类就是定位适当，跟自己的能力相适应，即我有多大的能力就发挥多大的作用；第三类就是定位低。给自己一个良好的定位，在自己的能力不断发展的过程中，不断提高自身的定位水平，这就需要良好的素养，实际上就是平和的心态。最后，将你的愿望和能力结合起来，确定你的目标。为了实现这个目标，你必须学会放弃。

沃克教授在讲授成功学时，帮助学生算过这样一笔账："如果你现在30岁，希望自己在65岁时有100万美元，你只要每个月存90美元，再加上复计算的利息，便可以实现这个愿望。你也可以期望在未来的某一天有100万美元，但如果你不采取任何实际行动，你就只能寄希望于摸彩票中大奖了。"（利用技术经济学的方法，算一算25～65岁之间，每月存多少，到65岁时，能获得100万元？）

在当今社会中，激烈的竞争使得我们的生活和工作节奏加快，我们急需一些简单、实用的技巧，以使投入的时间产生更大的价值。

技巧：列一张目标清单，把所要做的每一件事情都列出来，并进行目标细化。

确定你要实现的目标。你可以自己决定，也可以请求你的老师或者上级领导的帮助，请他协助你确定你的目标，并且明确你该完成哪些任务和这些任务的轻重缓急次序，把你的目标列成清单。定好了你的目标之后，将它写下来，放在你经常看得到的地方。不断揣摩写下来的目标，认真地思考使之细化。

确定为实现目标所要做的每一件事。把自己要做的每一件事情都写下来，这样做首先能让你随时都明确自己手头上的任务。不要轻信自己可以用脑子把每件事情都记住，而当你看到自己长长的清单时，也会产生紧迫感，随时遇到新的任务随时添加进去。

把你的清单变成一个计划。这个计划要有每项任务的轻重缓急排列次序，同时要有明确的任务完成时间。将上述内容列成一系列表格，那么你的计划将会一目了然。

根据你的计划立即采取行动。立即执行你的计划，是实现目标的最好的方法。

2. 制订每日计划

将年度目标分解成季度目标，列出清单，每一季度要做哪些事情。

将季度目标分解成月目标，并在每月初重新再列一遍，碰到有突发事件而更改目标的情形便及时调整过来；每一个星期天，把下周要完成的每件事列出来；每天晚上把第二天要做的事情列出来。

如果你刚开始运用时间计划，我们建议你首先采取最重要的一步——每日计划：在系统化的时间计划中，一天是最小、最显而易见的单位；如果今天没有成功，第二天又可以重新开始；通过时间规划，一天的事情如果不能尽在掌握，更长的时间计划（如月度计划、年度计划等）便无从谈起；从原则上讲，一个切合实际的每日计划，只包含你当天要（或者必须，而且能够）做的：因为你认为你制订的目标计划越容易达到，你就越会集中精力，激励自己实现目标。

下面的“有效计划五步法”十分简便易行，每天花费你 10 分钟，但你却可以节省更多时间，去做重要的事情。

（1）把工作、行动及日期写下来。

① 工作日程表中本周或者本月该完成的必要工作；

② 前一天尚未完成的工作；

③ 今天将要新增加的工作；

④ 要处理的电话及来往信件；

⑤ 定期所要做的工作（如下午两点到三点的部门例会）。

（2）估计行动时间的长短，记录下你每次行动大约所需要的时间。

经验表明，原计划做某项工作所用的时间常常比实际所用的时间要多，这只能导致不必要的懊丧。所以，你要大致估算完成任务所需要的时间。

另一经验告诉我们，一项工作需要多长时间，常常视你有多少时间而定。在完成一项任务的过程中，你对预先规定的时间就如同对待自己的钱包一样，应该遵守一个极限。如果给具体的工作也规定出具体的时间，那么你就会更加聚精会神、更加坚定不移地禁止他人打扰。

（3）预留弹性时间。“经常出其不意”，这是我们总能遇到的问题。把你工作时间的一部分列入计划即足矣，按照经验大约为 60%（时间计划的基本规则）。一些不可预见因素、他人干扰、时间窃贼以及个人需求等，要求你不要把所有的时间都列入计划。为了谨慎起见，应该把工作时间的 50%列入计划，另外的 50%则视为弹性时间。

（4）做出决定：优先原则，缩短时间，工作转移。从时间计划的基本原则来看，人们倾向于把工作时间的 50%～60%做出计划，所以，必须采取措施把工作日程限制在一个严格的时间范围内：采用优先原则，缩短工作时间，授权他人工作，余下的工作任务要么推迟，要么一笔勾销，要么由他人来完成。

（5）核查，将未完成的工作推迟。如果你已经将一项工作多次推迟，那么就会对它产生厌烦情绪。这导致两种可能：硬着头皮把它干完，将它划掉——让它自行消失。

你花了多少时间在哪些事情上，把它详细地记录在表 4-3 中。每天从来到公司开始，完成每一项任务的时间、谈话的时间、开会的时间、出去拜访客户的时间，把每天花的时间一一记录下来，做了哪些事，你会发现浪费了哪些时间。只有找到浪费时间的根源，你才有办法改变。

表 4-3 个人工作日志

时间	常规性活动	需要花时间做的工作	必须做的工作	非本职性工作
8：30				
9：00				
9：30				
10：00				
10：30				
11：00				
11：30				
12：00				
12：30				
13：00				
13：30				
14：00				
14：30				
15：00				
15：30				
16：00				
16：30				
17：00				
17：30				

3. ABC 时间管理法

19 世纪帕累托首先将 ABC 管理法引入经济管理领域。它是运用数理统计的方法，对种类繁多的事物因素，根据其特征进行分类排队，以抓住主要矛盾、分清重点与一般、有区别地实施管理的一种定量科学分类管理技术。其目的是把主要精力集中于重点问题的管理，并兼顾其他问题，以收到事半功倍的效果。

ABC 管理法将被分析的对象按照极其重要、重要性一般和不重要三种情况分为 A、B、C 三类，因而也叫做 ABC 分析法。通过分析，对 A 类工作进行重点管理，对 B 类工作进行一般管理，对 C 类工作再次之，如表 4-4 所示。

表 4-4　ABC 分析法的核心

任务等级	A 级任务	B 级任务	C 级任务
重要性	极其重要	重要性一般	不重要
数量	15%	20%	65%
价值	65%	20%	15%
管理方法	自己干，不授权	策略性规划，规定期限	授权，删减

ABC 分析法是一种每天都用得着的确定事物轻重缓急顺序的方法。根据头一天所制定的任务清单，确定清单上每一项工作的先后次序，在前面标注 A、B、C，然后再开始做第一项最重要的工作。

A 级任务是极其重要的工作，是“必须做的事”，如项目实施的关键环节、拜见重要的客户、完成重要的会议报告等。

B 级任务是较重要的工作，也是“应该做的事”，这些工作的后果不是很严重。列出你目前工作中所有觉得可以授权的事情，把它们写下来，然后开始找人授权。找适当的人来授权，这样效率会更高。

C 级任务是最不重要的工作，这些工作是价值最低的工作，它们可以拖后完成，也可以授权给他人完成。

思考

一次上课，老师为同学们布置一个有趣的实验，采用的实验材料有：

- 容量为 1 加仑的广口瓶；
- 水；

- 鹅卵石；
- 沙子；
- 小碎石 1 桶。

实验要求：用到全部实验材料，请你思考一下：

- 正确的填充顺序是什么？
- 有何启示?

老师在做的是一个关于时间管理的实验。如何分配时间，才能在有限的时间中依序放进“鹅卵石、小碎石、沙子和水”，这是这个实验的重点内容。

时间管理没做好，忽略事情的轻重缓急顺序，就如同把鹅卵石留到最后，却放不进瓶子里的道理是一样的。重要性最高的事情，最后分配的时间所剩无几，怎可能有工作绩效可言呢！

我们可以借助艾森豪威尔定理来进行分析，如图 4-1 所示。

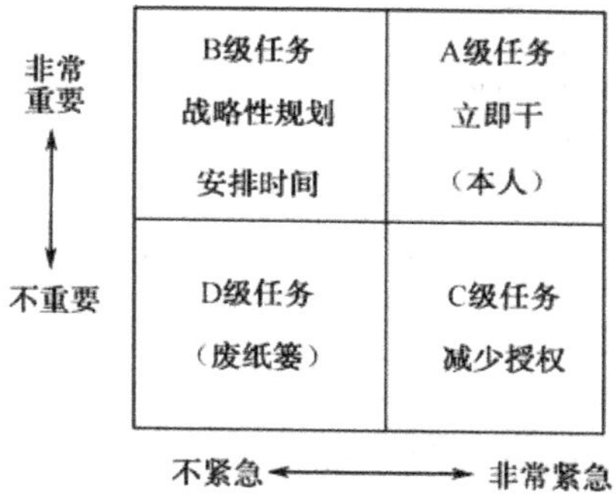

图 4-1　艾森豪威尔定理

这样，你的任务就可以划分为四类：重要而紧急的任务、重要但不紧急的任务、紧急但不重要的任务、既不重要又不紧急的任务。

思考

A．请你尝试将讲授的时间管理实验按照上面的图表进行归类，并指出鹅卵石、小碎石、沙子和水分别对应哪一类的任务。

B. 请你为每个类别举几个例子，然后进行课堂讨论。

➢ 重要而紧急的任务________________

➢ 重要但不紧急的任务________________

➢ 紧急但不重要的任务________________

➢ 既不重要又不紧急的任务________________

4. 为自己预留“清静时间”

许多人常常是在正式下班之后才干“自己的”活。他们一整天都找不出时间来，因为有太多的干扰因素——同事、客户、不速之客、争执、打电话和开会等。如果一个人持续被打扰，或者工作被打断，便会出现所谓的“锯齿效应”：哪怕在工作中分散一小会儿注意力，那么他要在原来岗位上重新开始继续工作，就需要额外时间，再一次准备和熟悉工作。要是把这段效率损失计算在内，我们就有可能损失28%的时间。

对于十分重要的工作（A 类工作）来说，不受干扰是非常有意义的。

实践表明，我们每天都必须给自己安排出“清静时间”或者“封锁时间”，在这段时间里禁止他人打扰。事实上，我们没有必要昼夜不停地守在电话机旁，也没有必要时刻准备着和他人谈话。即使你离开一小时，谈话还会进行下去。如果你另外约了人，或者参加一个会议，那你通常情况下也不能被打扰。所以，要将这个“清静时间”视为你的重要时间，也许是最重要的时间。

每天至少要有半小时到一小时的“清静时间”。假如你能有一小时完全不受任何人干扰，把自己关在房间里面，思考一些事情，或是做一些你认为很重要的事情。这一小时可以抵过你一天的工作效率，甚至有时候这一小时比你两天工作的效率还要好。

时间管理的根本是对价值观的管理。爬错梯子是人生的最大失败。因为人的一生中没几次从头再来的机会。花费几十年的时间和精力追求一个错误的目标，到头来不但不能实现人生的辉煌，反而成为错误的典范，这真是人生最大的悲哀！所以在追求目标伊始，我们就应该找对梯子，做对事情。

你一定要确立你个人的价值观，假如价值观不明确，你就很难知道什么对你最重要，当你的价值观不明确时，时间一定分配不好。时间管理的重点不在于管理时间，而在于如何分配时间。你永远没有时间做每件事，但你永远有时间做对你来说最重要的事。

补充资料

抢在时间前面的7条捷径

第一条捷径：制订计划，明确目标。

（1）把你的目标列出来；

（2）事先做出每天的计划；

（3）把20/80规则运用于每一件事情；

（4）考虑后果；

（5）不断地实践ABC管理法。

第二条捷径：把重点放在关键结果领域。

第三条捷径：遵守强制增效规律。

第四条捷径：事先准备。

（1）充分准备，然后开始；

（2）做必要的准备工作。

第五条捷径：发现限制元素。

（1）利用你的特殊才智；

（2）确认主要限制因素。

第六条捷径：自我激励。

（1）迅速完成近期目标；

（2）自己激励自己。

第七条捷径：现在就做。

（1）有选择地拖延；

（2）从难入手；

（3）加强紧迫感。

——[美]史蒂文·凯斯

小测试二

1. 为了避免对棘手的难题采取行动，我于是寻找理由和借口。(　　)

A. 非常同意　B. 同意　C. 不同意　D. 极不同意

2. 路漫漫其修远兮，吾将慢慢学习之。(　　)

A. 非常同意　B. 同意　C. 不同意　D. 极不同意

3. 我经常采取折中办法以避免或延缓不愉快的事情或困难的事情。(　　)

A. 非常同意　B. 同意　C. 不同意　D. 极不同意

4. 我遭遇了太多足以妨碍学习或完成任务的干扰与危机。(　　)

A. 非常同意　B. 同意　C. 不同意　D. 极不同意

5. 当被迫要求做一件我不想做的事情时，我避免直截了当地答复。(　　)

A. 非常同意　B. 同意　C. 不同意　D. 极不同意

6. 今天的学习工作计划没有完成不要紧，明天还可以继续。(　　)

A. 非常同意　B. 同意　C. 不同意　D. 极不同意

7. 我一般等到交作业的前几天写作业。(　　)

A. 非常同意　B. 同意　C. 不同意　D. 极不同意

8. 我经常将学习安排在夜晚，或者周末。(　　)

A. 非常同意　B. 同意　C. 不同意　D. 极不同意

9. 我在过分疲势（或过分紧张、或过分泄气或太受压抑）时，无法处理所面对的困难任务。(　　)

A. 非常同意　B. 同意　C. 不同意　D. 极不同意

10. 每做一件事情之前，我喜欢整理我的资料和小东西。(　　)

A. 非常同意　B. 同意　C. 不同意　D. 极不同意

评分标准：每一个“非常同意”评 4 分，“同意”评 3 分，“不同意”评 2 分，“极不同意”评 1 分。

结果分析

总分小于 20 分，表示你不是拖延者，你也许偶尔有拖延的习惯。

总分在 21～30 分之间，表示你有拖延的毛病，但不太严重。

总分多于 30 分，表示你或许已有严重的拖延毛病。

四、时间管理的自我诊断

绝大多数人对自己每一天能够完成多少工作感到非常乐观、自信。据一份调查显示，企业工作人员相信他们一天能多完成 48%的工作，事实上，他们有时连分内的工作都无法按时完成。时间仿佛变得不受控制，难以掌握。时间为什么难以把握，人类为此困惑了数千年，墨菲提出了他的三条法则。

墨罪第一法则：做任何事情都不是看上去那么容易；

墨菲第二法则：做任何事情能够花费的时间都要比你以为的长；

墨菲第三法则：凡有可能出错的事情终将出错。

你新接手了一个项目，开始感觉它很简单，所以你认为时间很充裕；当完成第一和第二阶段时，你发现花的时间比设想的时间要长一些；你匆匆进入第三阶段，刚刚做到一半就发现工作不能按时完成了，于是你的工作陷入了困境。这就是墨菲法则的困扰，看似计划完美的事情，往往会因太多的意外而出轨，我们可以把它归咎于墨菲，然后重新优化自己的任务，争取将一切必要的步骤回到原计划来。

墨菲法则——牢牢把握时间。我们必须“想在前头”，即在实施计划前就预想可能遇到的麻烦和危机，因为正如墨菲法则所描述的那样，这些意外是不可避免的。“想在前头”，可以使你有充裕的时间解决意想不到的干扰，迅速回到原计划中来，大大提高工作的效率。时间管理就是对时间的运筹与控制，它具有让每一秒、每一分、每一小时、每一天都发挥其最大效益与最大效率的能力。

下面我们通过 2 个测试来考核一下你的时间观念和时间管理能力。

小测试三

个人时间观念测试

1. 每天晚上做好第二天工作的计划
2. 从不赖床
3. 灵活利用上班途中时间
4. 到了公司立即投入工作
5. 从最重要的工作着手做起
6. 记录工作日程安排
7. 尽量授权
8. 希望一下子做完一项工作
9. 能随时处理完的事情随时处理完
10. 同时处理几项任务
11. 为了工作尽早完成，凡事竭尽全力
12. 当日工作当日完成，筹备次日工作并作记录
13. 灵活运用节省时间的各类工具
14. 合理安排作息时间
15. 有灵活运用时间的意识
16. 不花费太多的时间读报
17. 充分利用零星时间
18. 尽量打短电话
19. 希望尽快结束意义不大的会议
20. 尽早处理掉不必要的物品
21. 尽早处理掉文件和信函
22. 尽早回复私人信件
23. 所有文件的收存场所都有明确规定
24. 希望尽量少写信函和文件

结论：在上述测试中，如果你对较多题目持肯定意见，说明你具有很强的时间观念；如果你给出的否定答案较多，说明你的时间观念偏弱，

有待加强。

实践表明，凡是成功的管理者都具有强烈的时间观念和极强的事业心和成就欲，对时间有较强的紧迫感、不足感，从而会自觉地和科学地管理时间。所以，强烈的时间观念比时间管理更重要。

小测试四

你的时间管理水平有多高？

序号	题　目	很少	有时	经常
1	我觉得我可以更努力地工作	0	1	2
2	我可以告诉你上个星期我工作了多少个小时	0	1	2
3	我常常把事情留到最后一分钟才开始做	0	1	2
4	对我来说，开始一项工作是很难的	0	1	2
5	我对下一步要做什么不很确定	0	1	2
6	我要开始做某件事之前，要拖延很长时间	0	1	2
7	我不知道我做的是否足够多	0	1	2
8	我常常把几项工作放在一起做	0	1	2
9	我在某些地方的工作效率比在其他地方要高	0	1	2
10	我在某些时间的工作效率比在其他时间要高	0	1	2
11	我工作起来没有规律，往往在某件事上花费很多时间后又将它搁置起来	0	1	2
12	我不可能完成我想做的全部事情	0	1	2
13	我不肯定自己是否在优先处理最重要的事情	0	1	2
14	我工作时没有任何计划	0	1	2
15	我在开始学习一门课程时，不敢肯定自己是否会坚持到底	0	1	2

结论：

0～15 分：你自己并无时间规划，而是让别人牵着鼻子走。

16～20 分：你试图掌握自己的时间，却不能持之以恒。

21～25 分：你的时间管理良好。

26～30 分：你是值得学习的时间管理典范。

思考题

1. 如何理解高职生活规划和高职生职业生涯规划的关系？
2. 时间管理的意义是什么?如何做好时间管理?
3. 高职学业规划应注意哪些问题？

模块十二 职业决策

一、模块目标

1. 了解职业决策的内涵。
2. 掌握职业决策的方法及过程。

二、模块内容

主题1：职业决策的内涵

教学目标：了解职业生涯决策的内涵和要素，了解职业决策的影响因素，了解职业生涯决策的阻碍与应对。

主题2：职业决策的方法与过程

教学目标：通过针对高职生的SWOT分析，进行具体的应用与点评，使学生了解并有效地掌握SWOT分析法的相关知识，并能够使用SWOT法给自己的职业决策提供帮助。

主题1 职业决策的内涵

一、职业决策的内涵

我国资深传媒人士杨澜曾经有过这样一句话："决定你是什么的，不是你拥有的能力，而是你的选择。"这句话指明了选择对人生的重要意义。

职业选择就是我们众多选择中的一项重要选择。对于高职生来说，他们也处在职业选择的十字路口，也需要他们做出不同的决策。那么什么是职业决策呢？

职业决策也称为生涯决策，这一概念最早源自于英国经济学家凯恩斯的理论，即一个人选择目标或职业时，会选择使用一种使个人获得最高报酬而将损失降至最低的方法。职业生涯决策就是个人根据对客观规律的认识，在职业生涯发展中在多项选择之间权衡利弊，选择最佳行动方案的活动。

我国《教育大辞典》对生涯决策的定义为："人们根据自身特点和社会需要做出合理的职业方向的抉择过程。"其内容包括个人的价值探讨和澄清、关于自我和环境的使用、谋划和决定过程。比如有些人毕业后选择去经济发达的沿海城市发展，有些人则积极响应国家号召，到边远的山区奉献自己的青春；有些人喜欢在本专业就业，然而在另外一些人看来，专业是否对口并不很重要，所以他们会选择薪水丰厚的职业。这些其实都是职业的决策过程。

二、良好职业生涯决策的重要意义

在漫长而曲折的职业发展道路上我们都会面临无数次的选择，尤其在选择人生的第一份职业时所做出的关键决策在一个人的职业生涯发展中有着非常重要的意义，它不仅会影响我们以后的职业发展方向，成为人生成长过程个的里程碑，而且还会直接影响我们的成败。具体来说，职业决策的重要意义体现在以下几个方面。

1. 正确的职业决策有利于理性地确定未来的职业和工作岗位

有不少这样的高职生似乎对自己的性格、兴趣、价值观和技能有着很好的自我认知，具备了相当的专业知识，但做出的决策仍然错误百出。还有一些学生尽管花费了大量时间了解就业的相关信息，对某一领域的就业行情分析得头头是道，但制定的决策总是与自己的实际情况不相符。

产生这种现象的最根本原因是他们在制定决策时只凭自己的感觉，缺乏相关理论的指导，而职业决策为高职生理性地确定未来的职业和工作岗位提供了科学的依据。

2. 正确的职业决策有利于把握机遇

机遇对个人职业的发展来说是可遇而不可求的，也是稍纵即逝的，它不允许在选择时花费过多的思考，一旦错失良机将会给我们带来不尽的遗憾。这就要求我们在进行选择时快速做出判断并采取相应的行动。而正确的职业决策可以让我们利用科学的决策方法和技巧迅速而准确地把握有利于自我职业发展的大好机遇。

3. 正确的职业决策有利于生产要素的双向优化配置

高职生求职的过程就是双向选择的过程，一方面高职生在选择最称心如意的职位，另一方面企业职位也在选择最合适的人才，最理想的结果就是达到人-职双向优化配置。这就要求高职生在制定职业决策时，对自身信息和岗位信息进行全面分析，在此基础上制定出既满足个人主观需求，又符合实际情况的有效决策。

4. 正确的决策有利于促进人的发展

制定一个有效的职业生涯决策绝不是一件容易的事情，尤其是时代变化的迅猛步伐使得职业生涯规划变得更加复杂，但这也是对人的多方面能力的锻炼。通过职业决策提高自身的文化水平和专业技能，以更好地适应社会发展的需要，有利于培养人们积极进取、自强自立、独立思考的能力和生活态度。

总之，正确的职业决策对整个人生有着非同一般的意义，我们一定要承担起自己做职业决策的责任，而不能让自己的父母、朋友或者专业的咨询师代劳，但是他们的意见可以作为我们决策的参考。

三、生涯决策者的类型

1. 根据果断程度划分的职业决策者类型

时勘、钟谷兰等人在他们的译著中将决策者划分为 3 种果断型和 4 种不果断型。

（1）非常果断型。这种人有眼光、充满自信，相信自己做出的决定是明智的，相信自己对生活的掌控能力，因而在做决策时显得非常果断。但是这类决策者也有可能会在信息尚不充分的情况下过早地做出职业决策。

（2）比较果断型。这种人虽然已经做出了职业选择，但是对其持有某些疑虑，觉得存在不完善的地方，就主动通过各种渠道获取更多的职业信息，确认最初的某个职业选择或对其进行完善。

（3）果断而不稳定型。这种类型的人自信心不够，对自己的职业决策满意度很低，还会存在某种程度的焦虑。范·马特和库柏发现：此类型的人容易长时期处于担忧状态，可能常常感到自己确实已经选择了某个职业方向，但这种确定却会阻碍他们获得某种帮助。

（4）尝试而不果断型。这种类型的人因为对目前社会或工作环境的信息太过缺乏，还没有决定下来要从事的具体职业类型，只是抱着一种尝试的心态弄清自己有哪些选择，哪种选择更适合自己。这类人对职业决策不太了解，在制定决策时较多地依赖直觉，有时会有回避职业决策的表现。

（5）发展性的不果断型。这种类型的人注重完成某一任务所需要的技能培养，这是一种成熟的职业心态，但是有时会表现得犹豫不决，迟迟无法展开实际行动。

（6）非常不果断型。这种类型的人自信心很差，在职业选择过程中感到担心、害怕、焦虑不安，不能果断地做出决策，还有可能经常受到困扰而感到筋疲力尽，影响到职业选择活动的正常进行。

（7）长期性犹豫不决型。这种类型的人在进行职业选择和决策时会比非常不果断型的人感到更加的焦虑，而且长期处于这种状态，这类人不仅需要获得职业规划课程或职业生涯辅导等形式的帮助，还需要得到心理上的帮助。

科学合理的职业决策是从事某一具体职业的基础，当然随着社会的发展，个人的职业生涯道路也不是随着进入前的决定就固定下来，还会出现一些变化，怎样避免在职业生涯道路上少走弯路，获得更大的成绩，还需要人们不断地探索。

2. 按照在决策时的价值追求，职业决策者可以分为安全型、期望型、逃避型和综合型

（1）安全型。所谓安全型是指在职业选择时比较注重职业的稳定性和长久性。比如福利保障是否健全，被辞退的可能性是否较小，像公务员、医生等，至于是否有成就、自主性强不强、薪水是否丰厚则不是他们关注的重点。

（2）期望型。所谓期望型是选择自己最希望得到的东西，并将其作为决策的主要依据。比如自己最看重薪水待遇，就将其放在首要位置，至于是否是自己喜欢的职业、是否有利于发挥自己的潜能、是否有利于自己的长远发展不会做太多的考虑。

（3）逃避型。所谓逃避型是指不知道自己到底最喜欢哪种职业，但是知道哪些职业是自己最反感的，而且尽量躲避这些职业中的风险。然而这并不能完全规避风险，因为自己不反感的职业之间存在很大差异，并不能保证你百分之百的安全。

（4）综合型。所谓综合型是指对多方面的因素进行权衡后再制定决策，如薪水、权力、成就感、稳定性等，而不是仅仅注重某方面的因素。这种决策方式与以上方式相比，既有优点又有缺点。由于决策会受到多种因素的影响，而且各种因素之间存在着直接或间接的关联性，如果对各种因素都做分析，无疑会加大决策的难度，还有可能错失机遇，但是与抓住某一方面制定决策相比，其风险度又较小。

3. 彼得斯、桑普森和里尔登的三种生涯决策者的状态

1991年，彼得斯（Peterson）、桑普森（Sampson）和里尔登（Reardon）三位专业人士在对决策领域的理论进行综合研究的基础上，总结出了三种状态的生涯决策者：做出决策的、尚未决策的、无法决策的。

（1）做出决策的。这种类型的决策者能够在对可供选择的各类信息和自我信息进行整合的基础上制定出对自己、对社会都有益处的职业规划。当然，在这类人群当中也不排除并未真正做出决策者，他们做出的决策并不能让他们清楚接下来应采取的行动措施，只是为了暂时缓解眼前的压力。

（2）尚未决策的。这种类型的决策者指的是那些还没有最终确定下职业选择的人。他们对自己的选择已经有所思考，但是一时无法做出最后的决定。为了做出最佳选择，他们正在努力了解更多的有关职业选择的信息，或者正在咨询有关的专业人士。已经做出了选择，但尚未公开他们的选择。

（3）无法决策的。这种类型的决策者指的是那些经常无法做出职业决策的人。他们不仅对职业不能做出决策，而且由于担心太多、压力较大，他们感觉在生活的任何方面都难以做出选择，也很难对各种选择进行探索。

在职业生涯决策中，我们很难对生涯决策者的以上三种状态做出准确的判断和区分，但是这种分类法的意义在于，它可以在一定程度上帮助决策者了解自己需要什么样的生涯援助，尤其是最后那类决策者对他人帮助的需求度最大。

决策过程的影响因素很多，考虑越周全，决策难度越大。事实上，许多主要的决策内容与其他方面是有联系的。比如敢于冒险的人，大多是承受力比较强、能力也不错的人；喜欢追求事业成就的人，其领导能力、分析问题和解决问题能力也会比较强。抓住一个方面进行决策，尽管风险大，但难度小、时间短。

如果职业生涯决策科学、合理，就为个人职业生涯发展奠定了良好

的基础。当然随着社会经济的发展和变化，个人的职业生涯道路也并不是一成不变的，还会出现一些变化。要使自己在职业生涯路上少走弯路，取得较高的职业生涯成就，还需要人们不断地努力。

主题2 职业决策的方法与过程

案例4-8

何同学是我校08级毕业生，由于面临择业选择的时候犹豫不决，所以迟迟未能找到合适的实习单位。当他看到寝室里的同学一个个每天在忙碌工作的时候，心里不免有些着急。于是就主动和老师交流想法，在交流的过程中老师终于找到了他迟迟未能确定实习单位的原因。首先，何同学在就业和创业之间犹豫不决，他自己感觉工作的收入微薄，如今的生活压力很大，以目前的学历和技术水平难以支持自己的生活所需，而创业就有着不一样的机会，但是创业需要一定的资金支持且风险较大，尤其是起步阶段比较困难。何同学经过考虑认为，先找个工作锻炼自己也了解一下市场环境，然后在有一定积累和准备的情况下再去创业。但是摆在他面前的有三家单位，他不知道如何选择。一家是培训机构的兼课教师，他觉得吸引他的地方是教师职业受人尊重，但是收入和发展机会都让他感到渺茫；另一家是律师事务所的助理，文员工作，相对稳定，没有什么大的挑战，收入相对其他两份工作都要高，但是他本人是工科背景，在律师事务所发展前景受限；最后一家是外贸公司，岗位是业务员，吸引他的地方是他性格开朗，喜欢与人打交道，并且在交流上有优势，感觉比较适合自己，但是收入基本是提成的方式，很不稳定，如果业绩不好一日三餐都成问题。

了解到这些情况以后，老师问了他四个问题：（1）你觉得自己的优势在哪里？什么样的工作能发挥你的优势？（2）你觉得自己的缺陷是什么？哪些是你工作中最怕碰到的问题？（3）在你备选的职业当中哪些行业和岗位你认为最有发展机会，有哪些机会？（4）在你的备选职业当中哪些行业和岗位你觉得存在潜在的危机，这些危机分别是什么？何同学一时回答不上来，回去以后仔细地考虑了一番。他认为自己的专业学得并不非常突出，但是沟通能力和表达能力突出，又有一定的工科技术背景。自己的缺陷主要是不够细心，经常忘事，做事情缺少计划，由于是学理工科的文字功底差。在备选职业当中他认为制造业，零售业，还有物流行业是他目前有机会涉足并且发展前景相对好的。

经过对老师问题的一番思考，何同学立刻明白了自己的选择，他选择了第三家公司的销售岗位。老师问他为什么会有这样的选择，他的回答是："我喜欢与人沟通并且在顺利的沟通中可以收到事半功倍的效果，而且我的目标是创业，在发展业务的同时能够为自己积累经验和客户，还能锻炼自己这方面的能力。相对律师事务所的工作，由于自己的专业和学历受限随时有被淘汰的危险。"

点评

（1）很多同学在面临职业选择的时候表现得十分迷茫，关键在于吸引自己的职业因素不够集中，分散于多个职业机会当中，而不懂得如何决策，SWOT分析法作为一个重要的决策工具这个时候就体现出了价值，案例中的何同学就是在老师的帮助下运用了SWOT法最终决定了自己的目标职业。

（2）案例当中老师所提的第一个问题就是SWOT分析法中的S也就是优势，第二个问题也就是W劣势，第三个问题是O机会，第四个是T威胁。在老师的引导下，何同学找到了自己的优势和职业选择当中的机会，也发现了自己的劣势和潜在的威胁。而在老师引导之前，也就是使用SWOT法之前，他不懂得从什么样的角度去探索这个问题。

（3）当何同学把自己的优势、劣势、机会、威胁都列明以后，他很自然地做出了正确选择。如何发挥自己的优势，利用存在的机会，回避或者是弥补自己的劣势，规避潜在的威胁，最后何同学的选择就是SWOT分析法中的SO战略又称"优势机会战略"，发挥自己的优势把握存在的机会。所以，有效地了解和掌握SWOT分析法，为将来的决策提供了重要的决策工具。

一、SWOT分析法的内涵

SWOT四个英文字母代表的含义分别是Strengths（优势）、Weaknesses（劣势）、Opportunity（机会）、Threats（威胁），是由哈佛商学院的K.J.安德鲁斯教授于1971年在其著作的《公司战略概念》一书中第一次提出来的。他把企业面对竞争时所处的环境分为内部环境和外部环境，而SWOT中的S（优势）和W（劣势）的分析是属于对企业内部环境分析的部分，其中O（机会）指企业所面临的机会和T（威胁）的分析则是属于对企业外部环境分析的部分。这种针对企业的内外部环境进行综合分析，凭借分析的客观结论为企业的发展制定发展战略的方法就是SWOT分析法。

SWOT分析法就是通过调查分析将研究对象的优势、劣势、机会、威胁因素罗列出来，并依照一定的次序排列成矩阵形式，然后将各种因素相互匹配起来进行全面、系统、准确的分析，根据得出的结论制定相应的策略。

SWOT分析法也称为态势分析法，这种方法主要运用于市场营销领域，是市场战略分析家最常用的战略分析方法，他们运用这种方法对企业所处的情景进行准确的分析，根据分析结果制定企业最终发展战略，从而提高决策的科学性。

二、SWOT分析法的内容

1. 环境因素分析

环境因素包括企业所处的内部环境和外部环境两个方面。企业内部环境包括企业生产、管理、人力资源和财务等几个方面，这几个方面既有有利于企业发展的环境因素，即积极因素，如充足的财政来源、雄厚的技术力量、较低的成本优势、有利的竞争态势等，也有不利于企业发展的因素，即消极因素，如管理混乱、资金短缺、生产设备陈旧、研发力量不足等。企业外部因素包括企业所处的经济、政治、文化、市场等几个方面。这几个方面既有有利于企业发展的机遇，如外国市场壁垒解除、竞争对手失误等，也有不利于企业发展的威胁因素，如竞争对手不断增多、替代产品增多、市场紧缩等。

2. 构造 SWOT 矩阵

将以上分析得出的影响企业发展的内外环境因素按照一定的顺序排列构造 SWOT 矩阵。将那些对企业发展非常重要、紧迫和有直接影响的因素排列在前面，而将那些不太重要的、不紧急的和间接的影响因素排在后面。

3. 制订行动计划

在分析完环境因素和构造好 SWOT 矩阵之后，接下来就是运用系统分析的方法对各种影响因素进行系统的分析，最后制订出企业未来发展的行动计划，以便扬长避短、化不利因素为有利因素。

三、SWOT 分析法在职业选择中的运用

在职业生涯决策的过程中，运用 SWOT 分析法可以对自身的长处和短处以及一生中可能会有哪些机遇、职业生涯中可能有哪些威胁进行全面分析，并将自身条件和外部环境结合起来，制定出科学合理的职业生涯规划。

1. 构建 SWOT 矩阵

我们每个人都有自己的独特天赋和长处，也有自己的短处和弱项；我们每个人所处的环境都存在对自身发展有利的因素和不利的因素。在对自身的优势和劣势以及周围职业环境存在的发展机会与外在威胁因素的分析的基础上，构建个人 SWOT 矩阵对做出正确的职业选择会有很大

的帮助。

（1）自身优势分析——与竞争对手相比自己最出色的地方，包括以下几个方面：

- 自身具备的竞争能力和优秀品质；
- 具有竞争优势的教育背景；
- 曾经拥有过的最宝贵的经历；
- 广泛的个人关系网络。

（2）自身劣势分析——与竞争对手相比处于不利地位，包括以下几个方面：

- 学习成绩一般或较差，
- 负面的人格特征，如缺乏自律、害羞、性格暴躁、不善于交际等；
- 以往失败的经验或能力的缺陷；
- 缺乏目标，且对自我的认识不足。

（3）机会分析——有利于职业选择和职业发展的外部积极因素，包括以下几个方面：

- 国家政府出台的相关政策支持；
- 专业领域急需人才；
- 职业道路选择带来的独特机会；
- 社会舆论的宣传和肯定；
- 亲朋好友的支持。

（4）威胁分析——外部环境中存在潜在危险的方面，包括以下几个方面：

- 职业指导咨询行业尚不规范；
- 就业机会减少；
- 同专业竞争人数的增加；
- 专业领域发展前景不乐观；
- 所选择的单位环境不利于自身的发展。

通过这样步步追问，将以上分析得出的自身优势和劣势、外部的机会和威胁构建成一个完整清晰的 SWOT 矩阵。个体职业决策中的 SWOT

矩阵如表 4-5 所示。

表 4-5　SWOT 矩阵表

	优　势	劣　势
内部因素	个体可控并可利用的内部积极因素： • 工作经验； • 教育背景； • 丰富的专业知识和技能； • 特定的可转移技巧（如沟通、职业道德、团队合作、领导能力等）； • 人格特性（如职业道德、自我约束、承受工作压力的能力、创造性、乐观等）； • 广泛的个人关系网络； • 在专业组织中的影响力	个体可控并努力改善的内部消极团素： • 缺乏工作经验； • 学习成绩差或一般； • 缺乏目标，且对自我的认识不足； • 较差的领导能力、人际交往能力、沟通能力和团队合作能力； • 较差的寻找工作的能力； • 负面的人格特性（如职业道德较差、缺乏自律、缺少工作动机、害羞、性格暴躁等）
	机　会	威　胁
外部因素	个体不可控但可以利用的外部积极因素： • 就业机会增加； • 专业领域急需人才； • 专业晋升的机会； • 职业道路选择带来的独特机会； • 地理位置的优势； • 强大的关系网络	个体不可控但可以使其弱化的外部消极因素： • 就业机会减少； • 由同专业的高职毕业生带来的竞争； • 具有丰富技能、经验、知识的竞争者； • 名校毕业的竞争者； • 专业领域发展有限

虽然做此类个人 SWOT 矩阵会占用时间，但是详尽的个人 SWOT 分析却是值得的。通过观察职业选择中的 SWOT 矩阵，你可以决定如何发挥你各方面的优势，如何克服自身不足；如何把握有利的外部因素，如何规避不利的外部因素。

2. 制定策略

在进行内外因素分析和构造个人 SWOT 矩阵之后，接下来就是运用系统分析法将优势、劣势、机会和威胁四项因素相互匹配起来加以排列组合，制定出适合自己的策略。这些策略包括以下几种：

（1）劣势和威胁组合而成的 WT（Weakness Threat）策略。劣势和威胁都是对自身发展的不利因素，将二者组合起来综合考虑，目的是使这些因素都趋于最小。比如自身工作经验不足，在与同专业的高职毕业生竞争时处于不利地位，那就有必要在以后多参加社会实践活动，多积累经验。

（2）劣势和机会组合而成的 WO（Weakness Opportunities）策略。将二者组合起来考虑目的是尽量将自身劣势的不利影响降到最低，将机会的作用发挥到最大水平。比如你所在的学校在全国来说无法与那些名牌大学相比，这使得你在教育背景上处于劣势，但是学校没有名气并不代表你的能力不行，如果你的专业素质和实战技能足够硬的话，面试官也会对你刮目相看。

（3）优势和威胁因素组合而成的 ST（Strength Threat）策略。将二者组合起来考虑目的是尽量发挥个人的优势，减小外界环境威胁因素对自己职业发展的负面影响。例如，全球金融危机的爆发使得就业机会锐减，但是并不是说实现就业的可能性为零，这种情况下，如果你拥有广泛的关系网络可以较为轻松地找到理想的工作。

（4）优势和机会因素组合而成的 SO（Strength Opportunity）策略。将二者组合起来考虑目的是尽量使这两种因素的作用最大化。比如你比较擅长计算机编程，今后可以继续强化这一优势，增强这方面的竞争实力。

SWOT 分析法是管理学中的重要分析工具，通过对企业进行 SWOT 分析可以客观地反映企业目前面临的机遇和挑战，从而制定长期的发展战略。职业生涯规划也称生涯规划，是指个人对自己的学习、今后的发展、专业领域的选择以及自己所从事的行业的选择和变更所做的一个长期的发展规划。因此，在我们为自己的职业生涯做规划的时候，就需要借助有效工具，尽可能对自己所处的环境有一个客观的了解和分析，从而制定出科学有效的规划方案，并且从中受益。虽然 SWOT 分析法源自企业管理，特别是针对市场营销领域，通常是被市场分析人士和市场营销策略制定者用来分析企业的内部以及外部环境，从而有针对性地制定出企业的营销策略以及发展规划的重要技术，但是此项技术本身却不具有专业性，可以被运用于各个领域。

由于 SWOT 分析法是科学的行之有效的分析工具，我们可以通过它来搞清个人的能力、知识、自己的职业喜好、在职业中的发展机会，通过它来了解自己的个人优势在什么地方，劣势又会体现在哪些方面，通过对上述的了解才能仔细地评估出自己的职业兴趣和自己应该怎样为自己选择职业道路，扬长避短，最大限度地发挥自己的优势弥补自己的劣势。完全能够解决我们在职业生涯规划中的自我内外部环境分析问题，因此，SWOT 分析法被引入我们的职业生涯规划领域成为职业生涯规划中重要的分析工具。SWOT 分析法的意义就是，使自己在职业规划的过程中不再是一味地等待机会，而是在充分考虑自身条件和外部环境所能提供的最大机会的基础上选择最优的组合，解决自己在职业发展过程中的一系列问题。

对于高职院校的学生，如果能用科学的方法对自己的高职生涯和整个职业生涯进行合理的规划和计划，可以使个人在目前的学业中和今后的发展道路上少走弯路，并且 SWOT 分析法本身就是一种可以使你终身受益且使用简单的科学分析方法。要使人才得到合理的利用这就需要对自己有正确的职业定位，要想对自己有正确的职业定位就必须要准确、客观、全面地了解自己，而 SWOT 分析法是帮助我们客观全面地认识自己的最好方法。

四、使用 SWOT 分析法应注意的问题

使用 SWOT 分析法制定策略，其依据是对研究对象在某一时间段内的内外因素所做的具体分析，这些因素并不是一成不变的，当内外因素发生变化时直接影响到分析结果的准确性和制定出的策略的可行性。这就要求我们在使用 SWOT 分析法时要敏锐地捕捉市场环境的变化因素，并提高对外在形势变化的预见性，根据最新情况对 SWOT 分析策略进行

相应的调整。

一般来说，高职生对自身的高职生涯规划以及职业生涯规划进行SWOT分析时，可以分为以下几个步骤：

1. 自我评估

每个人从一出生就有着与别人不同的性格和成长经历，因此隐含在个人身上的天赋、喜好、能力和内在的潜力都是各不相同的。在如今的社会，市场经济环境下的全球化经济合作，社会分工非常细致，每个人只需要在自己最擅长的领域把自己的工作做好，而不要求每个人都是独当一面的全才。也由于分工的细化，使得每个领域对于人的要求也越高，不要求面面俱到，但是专业程度和深度的要求有所提高。正因为如此，我们更需要全面地对自我进行准确的评估，找到真正最适合自己的选择，不仅要从自我能力的角度考虑，也必须充分考虑性格和心理因素。比如有些人很有思想，但是却不喜欢表达，他们可以把学习和科研工作做得很好，但是一旦需要过多地与人接触，过多地涉及人情世故的交往，他们就会非常苦恼。相反，有些人在与人交流时反应敏捷，思维活跃，但是让他们从事事务性工作他们就会感到非常的力不从心。我们可以把自己喜欢从事的事情、自己感觉自己的优势的地方罗列出来，同样也用这种方法把你最惧怕面对的工作、你最没信心的事情罗列出来。找出自己的优势与发现自己的劣势一样重要，因为当你找出自己的优势与劣势之后，你就能根据这些信息做两件事情：第一，你可以努力去克服你的劣势，通过有意识的锻炼提高你的不足和所欠缺的能力，发现经常出错的地方加以注意和改正。第二，在做出选择的时候，尽量避开那些对你不擅长的领域要求偏高的职业。列出你认为对你的职业影响很大的优势、强项和那些能够对你的职业选择产生一定影响的劣势和弱点，然后在这些项中标出你认为对你很重要的优势和弱点。如果自己觉得自己来界定自己的强项和弱点比较困难或者是不够客观的话，还可以请他人帮助你分析，身边的同学、老师或者是专业的咨询师，看看在大家眼中自己的优势和弱点是什么，分析的参考越多，分析结果越接近现实。

进行自我分析时，你可以用向自己提问的方式。可以问自己：我是不是真正地了解自己？我能做些什么，我想要做什么？我有什么样的优点？缺点又体现在哪些方面？我与周围的人相比有什么样的不足，有什么样的优势？什么是我在众人之中脱颖而出的砝码？人是社会生活中独立而活跃的细胞，人与人之间都存在着相同这就是共性，也都存在着不同这就是个性。世上没有两个完全一模一样的人，即使是双胞胎也不例外。正因为如此，因为存在着巨大的个体差异，所以每个人所定的目标和实现目标的道路方式都会存在差异。那么在职业生涯规划的道路上，没有任何一条别人的道路是可以完全遵循的，必须要考虑和根据自己的特长、爱好、性格、思维习惯、知识结构、个人兴趣、生活经历以及处理各种不同事物的能力来制定具有自己个性的规划。绝不能盲从他人的结论，膜拜成功偶像，成功者的精神往往是值得借鉴的，但是如果追寻别人的道路，却是极不可取的。

自身的优劣条件我们可以将之分为先天条件和后天条件两种。先天条件是与生俱来的，但是也可以通过后天的努力锻炼加以改变，而所谓后天条件是个人在生活和学习的过程中逐渐形成的。

先天条件包括智商、情商和性格。一般来说智商的差异都不大，人的智商有一个分布标准，100 分就是标准状态，数值越高证明人的智商也越高，100 上下都是属于正常智力范围。智商过低的人和智商很高的天才是极少的，大部分人都是属于正常状态。加之我们的高职生都经历过高考的洗礼，说明在智力水平上基本是不相上下的。而智力越高的人就是平常人们所说的聪明的人，体现在思维敏捷、反应快、记忆力好、想象力丰富，而对于这些都可以通过后天的锻炼加以提高。心理学家的研究表明，情商在个人事业成功与否中起的作用是远远大于智商。情商是人们对客观事物的体验感受及做出的相应反应，与我们的处事习惯、方式方法、个人情感息息相关，如如何待人接物，与人相处；面对突发事件能否沉着冷静；考虑问题是感性还是理性，能否克制自己的某些心理状态等。性格是每个人独立表现出来的固定的心理状态，也是自己独特的人格特性。每个人在进行职业选择和职业规划时应该注意尽量做到性格与职业岗位的吻合，提高性格与职业的匹配程度。性格对人的职业发展起很大的作用，霍兰德的任职匹配理论阐述的就是这方面的理论，它可以指导你如何根据自己的性格选择合适的职业。

后天条件包括学校教育、专业和技能。人们通过自己的努力和选择进入不同的学校深造，通过学校教育和后天系统化的学习，人们的智力以及所学的知识和实践相结合形成了人的能力，当然在学习中的付出和个人先天条件的不同，这种能力也各不相同，但是都能得到不同程度的发展和提高。专业是与每个人的职业生涯联系最为紧密的，每个人根据自己的喜好和特点选择所学的专业，这就初步设定了自己将来所涉及的行业领域。由于专业不同受到的教育就不同，掌握的技能也就不一样。怎样选择一个好的专业，并不是说专业越热门就越好，冷门的就是不好的，而是要根据自己的性格和特点选择一个适合自己发展的专业，现在看来冷门的专业也许在不久的将来会变得炙手可热。但是专业对自己的行业领域的设定只是初步的，有一半以上的人所从事行业与自己的专业联系并不紧密。但是如果能有幸在自己的专业领域发展，可能会使你更加得心应手。至于技能，它包含了技术，但不仅仅是技术。首先你会做什么？你能做什么？你能做好什么？你有没有特长，与别人相比你哪些方面更为突出？当你了解了这些，你就可以相应地选择你的职业，比如你拥有英语六级证书及水平，那么使用英语就成为你的技能，你就可以选择一个对英语有一定要求的职业。技能还包括语言表达、文艺、写作、与人沟通等。

2. 找出职业机会和潜在威胁

众所周知，由于市场经济的包罗万象，在我们的身边存在着许多不同的行业，就是在同一行业内也还有许多不同的企业，然而这些行业之间和同一行业的不同企业之间都会面临着各不相同的外部环境（外部机会和外部威胁）。因此，找出这些外部环境的机会和威胁是非常重要的，它能够让你把握当前的社会趋势，找到一份适合自己的工作，这些因素的把握将决定你的这份工作和影响今后的职业生涯发展。在当今社会，有些行业表现得蒸蒸日上；有些行业虽然目前不是发展最快的，但却是朝阳产业，前途无量（如环保、新能源）；有些行业虽然过去创造过经济神话，但是却在走下坡路。这就要看你如何去判断你的目标企业所处的行业受到的外界影响，是有利因素为主，还是不利因素主导。在同一时代背景下，不同的地域，对行业的发展影响也不相同。那么外界因素非常有利的企业，它能提供职位和就业机会就相对充足，而且个人的职业发展前景广阔。相反，如果是不利因素成为主导的行业，能够提供的就业机会就非常少，而且职业前景受到很大限制。综上所述，我们采取的方法是列出几个你感兴趣的行业或专业领域，然后仔细地对这些行业或专业领域的外部环境进行分析，找出它们所面临的外部机会和潜在威胁，然后相比较得出最后结论以作为参考。

3. 给自己制定5年计划列出目标

首先运用SWOT法给自己做一个分析评估，然后根据个人的具体情况列出你在未来5年内最想实现或者是认为最有意义的5个职业目标。什么是职业目标？它是指毕业以后你想进入哪一个行业从事何种职业，你认为自己通过努力应该到一个什么样的职位，你通过努力能够达到一个怎样的收入水平。有一点是贯穿始终的，那就是你必须淋漓尽致地发挥出自己的优势，希望必须建立在合理的基础上，在具备前提条件的情况下提希望，这样才能使之与外部提供的有利机会完美结合。

4. 制定职业行动计划

之前我们制定了计划和目标，而这一步我们主要是要制定如何去实现那些计划的具体内容，即行动计划。根据你所制定的个人职业5年计划中的目标，拟出一份针对实现每个目标的行动计划，并且要详细地阐述你准备如何为现实这个目标而努力，要实现这个目标你需要做什么，打算付出什么，打算用多长的时间去完成这些事情，达到这个目标。有些目标不仅要靠个人的努力，还需要援引外界因素的支持，那么你要阐述你需要什么样的外界有利条件，在什么情况下能够成就这样的外部条件或者是你如何去争取这种来自外界的帮助。例如在你做了个人分析后，可能对于你的理想职业来说你的外语需要提升，你就要在行动计划当中阐述你要如何提升外语，上补习班或者要如何通过自修达到一个什么样的水平或者等级，是否考取证书等。行动计划力求详尽，才能作为你的行动指导，帮助你如何一步一步实现你的职业目标。

5. 借助专业指导寻求外界帮助

通过上述的分析方法找出自己在职业道路发展以及本身性格习惯中存在的劣势和缺陷并不难，但是要想改变或者弥补这些缺陷却是一件很难的事情。这个时候你要寻求来自你的家人、朋友、老师、同学或者是专业的咨询师、职业规划师的帮助，目前有许多专业的规划师和规划机构，如果有条件的话借助他们的力量可以帮助你更快更好地完成目标。做一份个人高质量的 SWOT 分析是需要投入很多精力的，而且要求你必须认真对待，即便如此，要做好你的个人职业分析难度也还是很大。无论如何，不管你通过什么方式，对自己做一个客观、详细、充分的 SWOT 分析还是非常有必要的，当你有了这样一份详尽可靠的个人分析结果后，你就会在你的职业道路甚至是人生道路上有一个贯穿始终而且是切实可行的参考策略，所谓知己知彼，才是走向成功的保障。在社会竞争日益激烈的今天，每个人都想拥有一份各个方面都适合自己，且能得到乐趣和不菲收入的职业。因此，不要把理想变成空谈，及时地给自己一个全面的了解，一个可行方案，一个详细的规划，然后监督自己，还可以请家人帮助监督自己，一步一步实现自己的目标。其实不只是规划本身，在你处理规划当中的目标时，也可以对此做一个 SWOT 分析，前面也说过 SWOT 法是不具有专业性的，可以成为你各种决策的有效分析工具，帮助你实现目标。

案例 4-9

高职学生的学习生涯规划

如今市场竞争日趋激烈，而如何勾画自我职业生涯，职业生涯规划已成为人才争夺战中的另一重要利器。对每个人而言，职业生命是有限而宝贵的，需要我们细心去规划。作为一个还未涉足社会的高职生，了解职业生涯规划至关重要！在此，我试着为自己拟定一份职业生涯规划，将自己的未来好好地设计一下。有了准备，才会更好地迎接来来的挑战。

（1）自我分析

我是一个大一学生，性格开朗、活泼，喜欢看小说、散文，尤其是抒情散文，平日喜欢结交朋友，涉足新鲜事物。我的优势在于我能够接受他人意见，知错就改。懂得开导自己，并以己推人。己所不欲勿施于人，己所不乐勿施于人。我的家庭收入状况一般，因此促使我更加努力学业。感情方面没有牵绊，可以将精力放在充实自身上。我的缺点是兴趣虽广，但没有专长的一面；在众人面前有点内向，不大喜欢喧哗的场面，人多的场合不擅口头交际，这让我有时在人际交往中处于被动状态；不大活跃，不主动参加积极性高的活动，比如晚会等；有时多愁善感，喜欢随遇而安，缺乏进取心；学习虽也用功刻苦，但有些课程成绩总是上不去，对自己的相貌缺乏信心，以致有时自卑。

（2）SWOT 分析

内部环境因素	优势因素（S）	劣势因素（W）
	开朗 目标明确 思想积极 勤于思考 逻辑分析能力强 写作能力强 个人求职能力 综合素质较强	急躁、追求完美 组织协调能力不够扎实 英语沟通能力一般 不善与人交流
外部环境因素	机会因素（O）	威胁因素（T）
	所学专业很好，获得工作机会不错 中国急需生物科研人才	就业单位少，竞争激烈 全国生物类科研人才剧增

（3）未来人生职业规划

现在的我，即将进入大二，根据自己的兴趣和所学专业，在未来应该会向生物学和英语两方面发展。围绕这两个方面，本人对未来作初步规划如下。

1）总体计划

充分利用校园环境及条件优势，认真学好专业知识，培养良好的学习、工作、生活习惯，全面提高个人综合素质。提升自身学历层次，从专科走向本科，熟练专业技能。英语四级、六级争取优秀，开始接触社会，熟悉工作环境。

2）我的大二学习计划

① 大二上学期9～1月，打基础。

目标与任务；掌握考试内容的基础知识，建立考试内容的基本体系。

英语——用1个月的时间突破单词量，边阅读边记单词。尽量用文体法背单词，听力训练不断，以四级听力要求为准，整体达到四级水平。

② 假期，提高阶段。

目标与任务：解决重点难点，每周小结，每章自测。

英语——历年真题阅读或试卷实战。循序渐进，分项突破。单词、听力不断。

专业——从学长那里吸取经验心得，提前学习，笨鸟先飞。

③ 大二下学期3～7月，重点阶段。

目标与任务：稳定提高复习到位。

英语——做习题，多和别人交流，然后专攻，查漏补缺。

专业——参照大纲，进入系统复习，战线拉开。

3）我的大三学习计划

① 大三上学期9～1月，在打基础的同时巩固复习，为考研做准备。

目标与任务：掌握考试内容的基础知识，建立考试内容的基本体系。

英语——用1个月的时间突破单词量，边阅读边记单词。尽量用文体法背单词，听力训练不断，以六级听力要求为准，整体达到六级水平。

② 假期，提高阶段。

目标与任务：解决重点难点，开始单元习题每天9小时，每周小结，每章自测。

英语——多做习题，多练习。

专业——以复习的方式学习。

③ 大三下学期3～7月，重点阶段。

目标与任务：稳定提高复习到位。

英语——做习题，多和别人交流，查漏补缺。

专业——参照大纲，进入系统复习，战线拉开。

请分析：

（1）该同学的这份高职生涯规划书有什么可以借鉴的地方吗？

（2）你会怎样规划你的高职生涯？

思考题

1．什么是SWOT分析法？

2．在职业生涯规划中还有哪些分析工具？请列举3个。

3．你对自身的定位是什么？

4．使用SWOT分析方法对自己进行分析，并说明分析结果。

5．通过SWOT分析，给自己做出职业定位，并说明原因。

模块十三　评估与调整

一、模块目标

1．了解职业生涯规划路径实施的评估与调整必要性。

2．掌握评估与调整的方法。

二、模块内容

主题 1：评估与调整的方法

教学目标：了解职业生涯规划路径实施的评估与调整必要性，掌握评估与调整的方法。

主题 2：职业选择备选

教学目标：了解职业备选方案的确定方法，科学地进行自己职业规划的备选。

主题 1　评估与调整的方法

事物总是在不断变化着的。现实社会中种种不确定因素的存在，使我们与原来制定的职业生涯规划目标有所偏差，这就要根据自己的学习生活情况及时评估、修正及调整自己的职业生涯目标，找出相应对策。调整内容可以是职业的再选择、职业生涯路线的重新确定、职业目标的修正、实施措施与计划的变更等。但是，无论如何调整变化，其目的不是放弃职业规划，而是保证职业规划能够更有效地实施。

一、评估与调整的必要性

成功的职业生涯需要不断地调整职业定位，而一个合理的职业定位则基于对自己有一个清晰的认识、准确的判断和合理的把握。你的性格特征、兴趣爱好适合做哪一类职业？是什么使你在职场中受挫？又是什么使你的职业定位产生了偏差？只有讲求实际，合理准确地评估自己，并不断地加以调整，才能合理定位职业方向，才能每天朝着这个方向努力前进。

案例 4-10

蒋波，某大学 05 届楼宇智能化专业毕业，曾想出国留学，因英语口语不合格，与留学擦肩而过。于是他开始四处寻找工作，也曾在网上投递了多份简历，大都是弱电工程师助理和智能化设备管理之类的岗位，但由于缺乏工作经验，很少有面试的机会。一家销售公司给予了他面试机会，但因专业不对口，又无销售工作经验，结果又以失败而告终。后来他进了一家朋友开的公司工作，主要从事简单的计算机操作。但干了几个月，他觉得长此以往，不仅对自己的职业发展相当不利，而且三年的所学将付诸东流。

从这个案例中可以看出，职业定位不仅是已在职场人的事情，高职生的职业定位比已在职场人的职业定位要来得更为重要。在职业发展的初期，就应该给自己制定出合理的职业规划以及相应的职业定位，并不断地加以调整。

由于失去留学机会，蒋波心情沮丧，所以盲目应聘。由于缺乏对自己职业生涯的合理定位，从而陷入盲目找工作的误区，越是急于想找到工作，却越是找不到。当朋友给予了他就业机会，他就像是抓住了救命的稻草，不管是否适合自己，先就业了再说。但回过头来，却失去了自己的专业优势。当蒋波冷静下来，发现自己的个性与职业发展不相符时，能及时地调整方向，找到了知识技能资质与市场需求的契合点，并能降低择业标准，应聘与智能化设备管理相关的操作类岗位。相信拥有 3 年专业知识的他，一定能将理论与实践良好地结合，同时不断地根据职位要求积累相应的知识、技能和工作经验，完善个人的综合素质，从而提升个人的职业含金量。提升个人的职业含金量的过程就是个人事业逐步走向成功的过程。这样，不仅能够迅速走出失业阴影，而且走上了职业发展的正轨，从而为下一个目标的实现做好准备。

由此可见，降低期望值，对自己的职业合理定位，并不断地加以调整，致力于能够实现也容易实现的计划，以充分获取收益，并在这些收益的滋润中一步步健康成长。目标低了，就容易成功。一个人有了成就感，就能够培养自信，也能够有良好心境去对待面前的问题。

暂时降低眼前的目标，并不等于是说不需要长远目标。长远的目标是一条主线，要保持它的稳定，在这条主线上，需要一些现实目标，在现实目标的实现中壮大自己，因为前面不远处，就是你的未来。

二、评估与调整的方法

职业生涯规划是一个动态的过程，必须根据实施结果的情况以及因素变化进行及时的评估与修正。评估与修正的内容包括：

1. 职业目标评估

人生的职业发展要有明确的目标，学业和专业都要与职业目标协调一致。如果职业没有目标，职业随时有可能陷入停滞状态。

（1）盘点自己

如果一个人清楚地知道了自己想做什么，适合做什么，能做什么，他就一定能够找到发展自己的人生舞台，并演绎出多彩的职业人生。盘点自己主要是指了解个人的能力、个人的兴趣与爱好、个人的性格与气质、个人的学识水平、个人的技能，进而综合评价职业自我。

（2）分析自己

这是一个非常有用的机会评估工具（SWOT 法）：优势分析：你曾经做过什么？你学习了什么？最成功的是什么？劣势分析：性格的弱点；经验或经历中所欠缺的方面。机会分析：对社会大环境的分析、对自己选择企业的外部分析、人际关系分析、潜在的危险分析。分析自己学业、专业与职业。学业是职业发展的基础，根据自己的能力与专业来选择自己的职业，确立职业目标。清楚地认识自己，就是要对自己的专业和职业进行完美组合，处理好专业与职业的五种关系：专业包容职业，以专业为核心，专业与职业部分重合，专业与职业相切，专业与职业分离。确定自己的职业发展路线，询问自己，想往哪一条路线发展？我适合往哪一路线发展？我可以往哪一路线发展？

（3）职业目标的标准

职业目标必须是自己认真选择的：对选择的结果要认真评估，对目标充满信心，愿付诸行动来完成，适合你的生活模式，符合你的价值观。同时要注意：不要太贪心，目标要具体明确，高低适度，兼顾平衡，个人目标与企业目标要一致。

（4）目标的设定

目标的设定要以自己的最佳才能、最优性格、最大兴趣、最有利的环境等信息为依据。通常设定目标时分短期目标、中期目标、长期目标和人生目标。微软公司针对不同岗位员工的工作性质，和每个人不同的成长需要，采取一对一的方式，来具体规划员工的职业发展道路。每年员工都有两次机会向公司提出自己未来半年中的职业发展方向，以及需要什么帮助。然后，人事部门会做出基本的职业规划，直接经理会和员工谈具体的职业发展道路，最终将具体提供什么培训、发展空间和资源支持紧密结合在一起。李万军从一个普通的工程师提升为微软公司最年轻的部门经理，他的成功，首先是源于个人的兴趣和对技术的痴迷，其次得益于公司的大力支持。现在，微软全球都在使用他发明的系统，公司内部的管理效率大大提高了。他不仅为公司作出了贡献，也为自己创造了价值。

2. 职业路径评估

职业路径在帮助员工了解自我的同时使组织掌握员工职业需要，以便排除障碍，帮助员工满足需要。另外，职业路径通过帮助员工胜任工作，确立组织内晋升的不同条件和程序来对员工职业发展施加影响，使员工的职业目标和计划有利于满足组织的需要。

职业路径主要有三种：职业梯、职业策划和工作进展辅助。在进行评估时要看看是否符合以下三种。

（1）职业梯

职业梯是决定组织内部人员晋升的不同条件、方式和程序的政策组合。职业梯可以显示出晋升机会的多少，如何去争取，从而为那些渴望获得内部晋升的员工指明努力方向，提供平等竞争的机制。

（2）职业策划

职业策划是在员工进行个人评估和自我评估中给予他们有效的援助，帮助员工确认自身的能力、价值、目标和优劣势。职业策划同职业计划既有联系又有区别，职业计划中涉及的员工自我评估无须同特定组织相联系。另外，形式和准确性也各有差异，时间上也很难趋于一致。职业策划由组织中有专业知识的人力资源部门提供正规的帮助服务，可以确保员工评估在形式、时间、内容范围上的一致性和一定的准确度。职业策划后，组织可以利用这些收集到的评估结果，因此，职业策划同时和组织的需要密切相关。

（3）工作进展辅助

工作进展辅助是组织为帮助员工胜任现时工作，顺利完成各项工作任务而提供的各种辅助行为。工作进展辅助的方式灵活多样，视组织内工作性质、条件不同而不同。总体来说，工作进展辅助是以协助员工在工作中成功累积工作经验为目的的。

3. 实施策略评估

实施策略是职业规划的关键，一个科学的实施方案会让规划顺利地开展；相反，一个不科学的实施方案，会阻碍职业规划的顺利进行。在进行评估时，要科学地把握实施策略的几个关键点，如阶段目标是否实现、未实现的原因是什么、是否有变化因素等。

案例 4-11

1. 大学一年级：探索期

【阶段目标】适应高职生活，树立规划意识。

【实施策略】

——了解就业形势，树立新的奋斗目标。如果说之前的努力是为了考上大学，那么现在的任务就是为了以后的就业和职业发展。

——完成从中学生到高职生的角色转变，尽快适应高职生活。虚心请教师兄师姐，积极参加集体活动，建立新的人际关系圈。熟读学生手册，关注辅修专业和第二学位的申请条件，保证一定的学习成绩。

——开始自我和职业的探索，树立职业规划意识。通过职业测评等工具全面客观地探索自己，思考有哪些职业与自己所读的课程、专业相吻合，通过互联网、报纸杂志和访谈等渠道进一步了解这些职业。

2. 大学二年级：定向发展期

【阶段目标】确定主攻方向，培养综合素质

【实施策略】

——虚心请教师长和校友，根据自己的发展意愿选定专业或主攻方向，有必要、有条件的话同时辅修其他课程和专业。

——建立合理的知识结构，注重专业能力的培养，参加英语、计算机等工具性证书的考试。

——积极参加学生会或社团工作，培养自己的组织协调能力和团队合作精神，提升自己的综合素质。

——尝试兼职、实习等，积累一定的职业经验。

——加强专业知识学习的同时，考取与职业目标相关的职业资格证书。

——增强兼职、实习的职业针对性，积累对应聘有利的职业实践经验。

——扩大校内外交际圈，加强与校友、职场人士的交往，提前参加校园招聘会，与用人单位招聘人员进行沟通。

——学习求职技巧，学会制作简历、求职信，了解面试技巧和职场礼仪。

——如果决定考研，要做好复习准备；如果希望出国，要注意留学资讯和动向，准备 TOEFL、GRE 考试。

——在大二后期要查漏补缺，检查当下与毕业后目标的差距，及时采取纠偏措施，为大三目标的顺利完成打下坚实的基础。

3. 大学三年级：冲刺期

——留意学校就业中心通知和其他重要的招聘渠道，不要遗漏关键的招聘信息。

——登陆招聘单位网站或通过咨询、访谈等方式，了解招聘单位的相关信息，为面试做好准备。

——选择实用性高的毕业设计题目，借机证明自己的应用研究能力。

——学会就业心理调节，始终保持自信和主动。

——了解劳动法规和政策，学会保障自己的劳动权益。

三、评估与修正内容

1. 实施策略评估与修正

规划应看重各方面的综合发展，在规划职业的同时考虑自身追求、自身因素、愿望、家庭等方面，再根据外部环境的改变和自己每阶段目标达成的情况适时调整。如果工作与生活出现尖锐矛盾会改变原有计划，保证工作家庭协调发展。如果工作过程中出现种种阻碍因素，要及时分析评估，分析存在的问题找出解决方法，调整行动策略。大学期间，主要以每年的计划为标准，参考完成情况，进行评估修正。进入职场的 5 年内，评估次数会比较多，根据发展状况，考虑原有规划与现实情况的差距，及时进行调整。职业生涯稳定后主要是对照现实情况进行小的修正。

2. 职业路径评估与修正

职业路径较为灵活，如果发展不顺利职业生涯可能会延长。如果 30 岁左右还没有达成目标，要进行一次全面、深入的评估；如果是由于不可改变的原因考虑离开单位选择更适合发展的公司或直接创业；如果是由于自身原因，在短期内可预见的改变将会是努力完善自己，争取升迁；如果不能在短期内改变，考虑离开公司。如果 38 岁左右没有实现目标，也会进行全面评估，如果是不可改变的原因同样考虑离开公司寻找更合适的企业或创业，如果是自身原因短时间内可以改变，能够在 1～2 年内有望升迁，会继续努力争取更好的表现。45 岁左右如果没有达到更高一级目标同样进行深入评估改变行动策略。

3. 职业目标评估与修正

目标分为远期和近期，职业目标与人生阶段特征相符合，远期目标与初期目标又相互关联，目标的可达成性较高，如果工作晋升不顺利，可能无法达到预期目标，考虑积累资本后自行创业等。由于远期的目标较高，可以作为奋斗方向，但如果30年内无法达到有可能放弃此目标，将精力放在社会服务类工作中，在充实自己的同时为社会作贡献，更大程度地实现自身价值，与人生目标仍然统一。

4. 其他因素评估与修正

如果条件成熟，或者职业生涯路径不能顺利进行，要提前实施备选方案。比如当有了自己的家庭和孩子后可能会将更多的精力放在家庭，这时如果工作与家庭可以很好地协调，建议继续，但如果无法协调，则要好好考虑一下如何改变。

主题2　职业选择备选

案例4-12

王某该走哪条路

王某，浙江某高校学前教育专业毕业，学习期间获建设部全国城建培训中心颁发的全国物业管理企业经理岗位证书。实习期间在一家幼儿园任教，后又负责文秘、档案、行政、人事、培训管理以及物业项目的投标工作。不过小王感觉这些工作做着不如当老师开心，但当老师又太累，收入也不高，不知道该如何给自己定位。

职业发展方向及优劣势分析：

（1）幼儿教育方向：该行业在国内刚刚市场化，为外资、港台及国内的资金关注的热点之一，目前已经有企业化运作方式的幼儿教育产业在运作，能够投身到该领域中，应该是既符合小王的理想又能够发挥其优势。

（2）人力资源方向：该方向比较适合王某这样个性特点的人长期从事，但由于人力资源管理工作的定位和时间的问题以及年龄限制，王某的机会只会局限在比较初级的职位。

（3）物业管理方向：王某具有全国物业管理企业经理岗位证书，但由于其只在笔头上的工作比较多，投身该行业弱势比较明显。

思考题

1. 结合王某的事例，你觉得应该如何确定自己的职业发展方向？
2. 王某可以将其中的某个方向确定为备选职业吗？

职业生涯规划不是一成不变的，期间会遇到很多情况阻碍计划的顺利实施，因此，科学地确定备选方案非常的必要。

一、必须实事求是

准确的自我认识和自我评价是制订个人职业计划的前提。在人生道路上学习要有个过程，生活要有个过程，写职业生涯规划更要有个过程。职业生涯规划是属于论文的其中一种。第一步是借鉴，第二步是摘抄（所谓的摘抄不是盲目地去复制，而是有策略的、符合你意愿的），要记得第二步是组成一篇完美论文的中心。

二、必须科学确定

其实职业生涯规划是给自己人生描绘了一条通往小河对岸的地图以及路标。首先，个人的职业目标一定要同自己的能力、个人特质及工作适应性相符合，一个学历不高又无专业特长的员工，却一心想进入管理层，在现代企业中显然不切实际。其次，个人职业目标和职业道路确定，要考虑到客观环境条件。例如，在一个论资排辈的企业里，刚毕业的高职生就不宜把担当重要管理工作确定为自己的短期职业目标。

（1）树立正确的生涯发展思想信念。生涯发展的思想信念是事业成功的基本前提。没有发展向上的信念，事业的成功也就无从谈起，俗话说“志不定，天下无可成之事”。立志是人生的起跑点，反映着一个人的理想、胸怀、情趣和价值观，影响着一个人的奋斗目标及成就的大小。所以，在制定生涯规划时要切记这一点，这是制定职业生涯规划的关键，也是你的生涯规划的思想转变。

（2）自我评估。自我评估的目的是认识自己，了解自己。因为只有认识了自己，才能对自己的职业做出正确的选择。一般来说，自我评估包括自己的兴趣、特长、性格、学识、技能、智商以及组织管理、协调、活动能力等。

（3）生涯机会的评估。生涯机会的评估主要是评估各种环境对自己生涯发展的影响，每一个人都处在一定的环境之中，离开了这个环境，便无法生存与成长。所以，在制定个人的职业生涯规划时，要分析环境条件的特点，环境的发展变化情况，自己与环境的关系，自己在这个环境中的地位，环境对自己提出的要求，以及环境对自己有利条件与不利条件等。

（4）职业方向定位。通过对自我评估及生涯机会评估，结合生涯发展愿望，我们可初步确立个人的职业发展方向，如具体的行业/领域，职业，职位，希望发展的高度等。

（5）设定发展目标：一个人事业的成败很大程度上取决于有无正确适当的目标。没有目标如同大海的孤舟，不知道自己应走向何方。只有树立了目标，才能明确奋斗的方向，犹如海洋中的灯塔，引导你避开险礁暗石，走向成功。首先要根据个人的专业、性格、气质和价值观以及社会的发展趋势确定其自己的人生目标和长期目标，然后再把人生目标和长期目标进行分化，根据个人的经历和所处的组织环境制定相应的中期目标和短期目标。

（6）制定行动方案与实施计划。在确定了生涯目标后，行动变成了关键的环节。没有行动，就不能达成目标，也就谈不上事业的成功。这里所指的行动是指落实目标的具体措施，主要包括工作、训练、教育、轮岗等方面的措施。例如，为达成目标，你通过什么样的通道来实现；在工作方面，你计划采取什么措施提高你的工作效率；在业务素质方面，你计划如何提高你的业务能力；在潜能开发方面，采取什么措施开发你的潜能等；这些都要有具体的计划与明确的措施，并且这些计划要特别具体，以便于定时检查。

（7）生涯评估与反馈。俗话说“计划赶不上变化”。影响生涯规划的因素很多，有的变化因素是可以预测的，而有的变化因素难以预测。在这种状况下，要使生涯规划行之有效，就必须不断地对生涯规划进行评估与修订。其修订的内容包括职业的重新选择、生涯路线的选择、人生目标的修正、实施措施与计划的变更等。

参 考 文 献

[1] 王熙兰．职业生涯规划与就业指导［M］．北京：高等教育出版社，2010.

[2] 王兆明，顾坤华．大学生职业指导:职业生涯规划［M］．苏州：苏州大学出版社，2009.

[3] 张再生．职业生涯规划［M］．天津：天津大学出版社，2009.

[4] 杨丽敏．职业生涯规划与就业指导［M］．昆明：云南大学出版社，2005.

[5] 汪莉．职业生涯规划与管理［M］．北京：中国华侨出版社，2008.

[6] 章达友．职业生涯规划与管理［M］．厦门：厦门大学出版社，2005.

[7] 史梅，万金淼，应金萍．职业生涯规划与就业指导［M］．武汉：武汉大学出版社，2008.

[8] 刘保胜，彭贤．大学生职业兴趣存在的问题及解决策略［J］．江苏教育学院学报（社会科学）．2010（7）：73-75.

[9] 徐敏．大学生职业生涯设计［M］．北京：冶金工业出版社，2009.

[10] 杨琴．浅谈职业兴趣的内涵及其培养［J］．湖南科技学院学报．2006.5（5）：261-263.

[11] 刘广珠．职业兴趣的测量与应用［J］．青岛化工学院学报（社会科学版）．2000（2）：49-53.

[12] 刘少文，龚耀先．职业兴趣调查表的结构效度研究［J］．中国临床心理学杂志．2000（2）：112-113.

[13] 吴俊华，王蕾．职业兴趣研究的历史、现状与发展［J］．职业教育研究．2005（11）174-175.

[14] 李海萍，陈喜．论职业心理素质与职业选择［J］．中国职业技术教育．2006（15）：22-24.

[15] 张光宗．大学新生职业性格测评的调研报告——以江汉大学为例［J］．出国与就业．2011（7）：53-54.

[16] 卓安妮. MBTI 职业性格测试在职场上的应用［J］. 知识经济. 2009（2）：5.
[17] 何龄修. 读南明史［J］. 中国史研究. 1998（3）：167-173.
[18] 测量：MBTI 职业性格测试完整版（静态题库）http://www.apesk.com/mbti/dati.asp.
[19] 谢晓翠，王静. 职业生涯设计与就业指导［M］. 杭州：浙江大学出版社，2007.
[20] 王创峰，王朝庄. 高职大学生职业生涯规划与就业指导［M］. 杭州：浙江大学出版社，2007.
[21] 高桂娟. 对大学生职业生涯规划的分析与思考［J］. 中国高等教育，2007.
[22] 谢元锡. 大学生职业素质修养与就业指导［M］. 北京：清华大学出版社，2007.
[23] 周明星，咸桂彩. 现代职业生涯设计［M］. 北京：清华大学出版社. 北京交通大学出版社，2007.
[24] 卜欣欣，陆爱平. 个人职业生涯规划［M］. 北京：中国时代经济出版社，2004.
[25] 曾美英，窦秀明. 大学生职业生涯规划与辅导［M］. 北京：北京航空航天大学出版社，2008.
[26] 曲振国. 大学生就业指导与职业生涯规划［M］. 北京：清华大学出版社，2008.
[27] 张乐敏，吴纬，宋丽珍. 大学生职业生涯规划与管理［M］. 上海：复旦大学出版社，2008.
[28] 曹广辉，王曲彪. 大学生职业生涯指导［M］. 天津：天津大学出版社，2007.
[29] 郭训武. 大学生就业与创业教程［M］. 北京：中国人民大学出版社，2007.
[30] 俞涛. 大学生行为指导与训练［M］. 上海：上海大学出版社，2006.
[31] 余玲. 职业兴趣研究的历史与发展趋势［J］. 科技信息，2008.
[32] 俞文钊. 职业心理与职业指导［M］. 北京：人民教育出版社，1996.